Die Gegenwart der Vergangenheit

Charles S. Maier lehrt als Krupp Foundation Professor of European Studies Geschichte an der Harvard Universität. Er veröffentlichte u.a. »Recasting Bourgeois Europe« (Princeton 1975) und »In Search of Stability: Explorations in Historical Political Economy« (Cambridge 1987). Gemeinsam mit Stanley Hoffman und Andrew Gould gab er den Band »The Rise of the Nazi Regime« heraus (Boulder 1985). Zuletzt hat er herausgegeben »The Marshall Plan and Germany« (New York/Oxford 1991); erschienen in deutscher Übersetzung: »Der Marshall-Plan und Deutschland« (Baden-Baden 1992).

Charles S. Maier

Die Gegenwart der Vergangenheit

Geschichte und die nationale Identität der Deutschen

Aus dem Englischen
von Udo Rennert

Campus Verlag
Frankfurt/New York

Die amerikanische Originalausgabe erschien 1988 unter dem Titel »The Unmasterable Past. History, Holocaust, and German National Identity« bei Harvard University Press, Cambridge, Massachusetts.

Kapitel 1 und 2 der Originalausgabe wurden für die deutsche Ausgabe vom Autor in gestraffter Form zu Kapitel 1 zusammengefaßt.

Die Deutsche Bibliothek – CIP-Einheitsaufnahme

Maier, Charles S.:
Die Gegenwart der Vergangenheit : Geschichte und die nationale Identität der Deutschen / Charles S. Maier. Aus dem Englischen von Udo Rennert. – Frankfurt/Main ; New York : Campus Verlag, 1992
Einheitssacht.: The unmasterable past ‹dt.›
ISBN 3-593-34523-4

Umschlaggestaltung: Atelier Warminski, Büdingen
Satz: L. Huhn, Maintal
Druck und Bindung: Druckhaus Beltz, Hemsbach
Printed in Germany

Inhalt

Vorwort zur deutschen Ausgabe

Der deutsche Historikerstreit scheint weit zurückzuliegen; in einer Vergangenheit, die kaum noch in die Gegenwart reicht. Als ich 1987 begann, dieses Buch zu schreiben, war die Kontroverse jedoch noch höchst aktuell. Damals stellte sie, so glaubte ich, mehr dar als eine bloß akademische Auseinandersetzung über die Vergleichbarkeit des Holocaust mit anderen Genoziden. Ich habe sie als ein Historiker des zwanzigsten Jahrhunderts, als ausländischer Beobachter der Bundesrepublik seit drei Jahrzehnten und als amerikanischer Jude deutscher Abstammung zugleich verfolgt. Die Kontroverse erschien mir als ein Kampf um die Kontrolle der politischen und kulturellen Diskurse in der Bundesrepublik.

Auf der einen Seite standen diejenigen, die die ›Natürlichkeit‹ des Nationalstaats und dessen bindende Identität befürworteten, sei es, weil der von ihnen ersehnte ›normale Staat‹ bereits gleichberechtigtes NATO-Mitglied war, sei es, weil die deutsche Mittellage zur alten Einzelgängerrolle verlockte. Die andere Seite, allen voran Jürgen Habermas, argumentierte gegen eine ›Normalisierung‹ der westdeutschen Republik als Nation. Stattdessen müsse die Last der deutschen Vergangenheit durch das Bekenntnis zu den universellen Werten der Aufklärung kompensiert werden, jedoch nicht bloß als Zeichen der Buße, sondern als stolze Errungenschaft der Moderne.

Ein Disput unter Gelehrten eignet sich gemeinhin zu Spott und Satire. Doch der Historikerstreit war eine Debatte, die über den universitären Rahmen hinaus Konsequenzen hatte. Hier wurde – initiiert durch eine historische Fragestellung – erstmals eine Auseinandersetzung über die Orientierung und die Grundwerte der Bundesrepublik geführt. Ihr Beitrag zur politischen Kultur in der Bundesrepublik geht somit über frühere Debatten zu Grundsatzfragen der Westbindung hinaus. Als Beispiele seien hier die Wiederbewaffnungsdebatte der frühen fünfziger und die Diskussionen um den NATO-Doppelbeschluß Anfang der achtziger Jahre genannt. Unter den Bedingungen des Kalten Krieges war die Möglichkeit eines dritten Weges (Neutralismus) für Deutschland ausgeklammert worden. Vielleicht hat es deswegen nach 1949 keinen Diskurs um die politische Orientierung der Bundesrepublik gegeben, in dem liberale und verfassungsrechtliche Grundwerte ohne Rücksicht auf strategische Optionen hätten diskutiert werden können. (Die Ideologien von 1968 waren viel zu zweideutig, die APO war potentiell viel zu illiberal, um solche Fragen aufzuwerfen und hat eher das Gegenteil bewirkt.

Diese Gelegenheit aber bot nun endlich der Historikerstreit, der die alten Fronten umkehrte – mit dem Ergebnis, daß die Verfechter eines ›Verfassungspatriotismus‹, d.h. einer liberalen politischen Gemeinschaft des Westens, sich nicht zu den Befürwortern des atlantischen Bündnisses zählten. Für Habermas mußten die NATO-Prediger Feinde des emanzipatorischen Gehalts der Nachkriegspolitik sein: Aufklärung *oder* Allianz lautete seine Alternative. Bei aller Sympathie für Habermas fand ich, und sei es nur wegen meiner amerikanischen Staatsbürgerschaft, diese Alternative nicht sehr überzeugend.

Nach der Wende von 1989 stellt sich zu Recht erneut die Frage nach der Bedeutung dieser Kontroverse. Mir scheint jetzt, der Historikerstreit war die letzte große intellektuelle, sogar staatsbürgerliche Auseinandersetzung in der alten Bundesrepublik. Eine klare Positionsbestimmung zu Auschwitz war damit jedoch nicht verbunden, obgleich der Holocaust ein zentrales Thema war. Vielmehr brach ein Konflikt über die kollektive Identität der Westdeutschen als Nation auf. In gewisser Hinsicht hat also Ernst Nolte sein Ziel erreicht. Zur Erinnerung: In seinem ersten Beitrag anläßlich der Römerberg-Gespräche bedauerte der Berliner Historiker, daß die deutsche Vergangenheit nicht vergehen wolle. Wie die Obsession eines neurotischen Patienten bleibe sie ungeheilt und sei unmöglich aus dem politischen Körper der Bundesrepublik herauszulösen. Diese – in Noltes Terminologie – Lähmung des Gewissens wird nicht von Dauer sein. Wie die gelassene Zustimmung zur deutschen Einigung seitens der Nachbarländer und der Siegernationen von 1945 beweist, ist der Zweite Weltkrieg endlich bloße Geschichte geworden. Die NS-Vergangenheit ist, wenn nicht bewältigt, so doch begraben. (Ich verweise hier auf die Überschrift des zweiten Kapitels: Was mir damals zynisch erschien, muß ich heute als Tatsache anerkennen.) Sofern das vereinte Deutschland seine bisherige gemäßigte Politik weiter betreibt, wird es die Gespenster der Vergangenheit nicht heraufbeschwören.

Doch es gibt auch Gegenstimmen, die erst mit der Wiedervereinigung Deutschlands die Bedeutung der Geschichte des Dritten Reichs heraufkommen sehen, die bisher, unter den Bedingungen einer geteilten Nation, nie hatte sichtbar werden können. Vergangenheit zu bewältigen sei bisher unmöglich gewesen, weshalb von nun an das furchtbare Erbe der deutschen Geschichte schwerer wiege denn je.

Der Historiker verwirft nur ungern ein Plädoyer für die Relevanz seines Faches. Trotzdem erscheint mir diese Argumentation psychologisch nicht überzeugend. Entscheidend wird die einfache Tatsache sein, daß die NS-Genozide nicht mehr unmittelbare Vergangenheit sind, sondern das Vernichtungsprogramm eines jetzt weit zurückliegenden Staates. Die Bonner Republik hatte die schwierige Aufgabe übernommen, die Rechtsnachfolge des Dritten Reichs anzutreten. Gerade diese Bereitschaft, mag sie auch von den westlichen Nationen verlangt und auferlegt worden sein, wurde im sogenannten Historikerstreit zur Disposition gestellt.

Bisher beugte sich die Mehrzahl der Historiker sowie der politischen Repräsentanten der Bundesrepublik dieser moralischen Pflicht. Doch die vergrößerte Bundesrepublik, die »Berliner Republik«, befindet sich nicht mehr in unmittelbarer Nachfolge des Dritten Reichs; die »Bonner Republik« dient ihr jetzt als »Pufferstaat« gegenüber der Vergangenheit. Zudem entfällt für das wiedervereinigte Deutschland der doppelte Konsens, ihr konstitutives Merkmal, zugleich antifaschistisch und antikommunistisch sein zu wollen; das kommunistische Element des Feindbildes existiert nicht mehr, und damit hat auch seine nationalsozialistische Entsprechung nicht länger Bestand. Das neue Deutschland ist eine Nation, die nicht von den Siegern, sondern durch das deutsche Volk geschaffen worden ist.

Dadurch wird die NS-Vergangenheit noch nicht ›normalisiert‹, doch sie wird zu einem abgeschlossenen Kapitel deutscher Geschichte. (Im Juli 1990 besuchte ich eine Art Teach-in über »Unbewältigte Vergangenheit« in der Berliner Sophienkirche. Nachdem Christa Wolf, Bischof Forck, Friedrich Schorlemmer u.a. ihre Redebeiträge vorgetragen hatten, löste sich die Veranstaltung in kleine Diskussionsgruppen auf. Unbewältigt erschienen nun nicht mehr so sehr die Probleme der NS-Vergangenheit als vielmehr die Maßnahmen der Staatssicherheit während der Demonstrationen in Berlin im Herbst 1989.) Auch für Israel, seit den fünfziger Jahren als kollektiver Vertreter der jüdischen Vergangenheit von der Bundesrepublik anerkannt, wird die »Endlösung« als aktuelles Thema an Bedeutung verlieren. Die Einwanderung von Juden aus der Sowjetunion schafft eine neue raison d'être und erfordert gleichzeitig die Entwicklung von neuen Lösungskonzepten. All das drängt das Gedenken an das Trauma, von dessen Bann sich die jungen Israelis allmählich lösen werden, immer mehr in den Hintergrund.

Wozu also heute noch dieses Buch? Zum einen, weil es die letzte wichtige Debatte der alten Bundesrepublik aufrollt, die einen aufschlußreichen Einblick in das National- und Geschichtsbewußtsein der Westdeutschen gewährt. Der Historikerstreit wurde von allen ausländischen Beobachtern der politischen und geistigen Strömungen in der Bundesrepublik mit größtem Interesse verfolgt; die Originalausgabe des vorliegenden Buchs wurde als die umfassendste und am wenigsten voreingenommene Darstellung dieses Streits bezeichnet. Zum anderen ist die Beschäftigung mit seinem Gegenstand weiterhin wichtig, weil die Verharmlosung der NS-Vergangenheit immer eine latente Gefahr bleiben wird.

Da die Geschichte nicht Gegenstand der Relativierung und Manipulation werden darf, habe ich versucht, die Regeln des historischen

Vergleichs zu beherzigen, um auch für die Zukunft irreführende Analogiebildungen zu vermeiden. Ernst Nolte hatte das gute Recht, eine vergleichende Geschichte des Nationalsozialismus und des Kommunismus zu fordern. Jeder Historiker des zwanzigsten Jahrhunderts muß es als eine lohnende Herausforderung betrachten, beide Systeme mit ihrem Streben nach totaler Herrschaft einer vergleichenden Analyse zu unterziehen. Auch die Frage nach einer gemeinsamen Entwicklungslogik beider Herrschaftssysteme darf gestellt werden. Aber die Methode des Vergleichs verlangt, daß die Behauptung etwaiger Beeinflussung argumentativ begründet wird. Wissenschaftliche Verfahren und erkenntnisleitende Prinzipien dürfen nicht vernebelt, historische Daten und Fakten nicht mit bloßen Begriffen verwechselt werden. Transparenz bleibt ein wesentliches Kriterium. Dies habe ich im zweiten Kapitel herauszuarbeiten versucht. Die methodologischen Erwägungen bleiben relevant, auch nach dem Historikerstreit.

Schließlich will das Buch einen Beitrag zur Diskussion um die Bedeutung historischer Identität leisten. Obwohl mir dieser Begriff problematisch erscheint, ist er doch tief verankert in den Diskursen unserer Zunft. Gruppenidentität kann als eine maßgebliche Größe kollektiven Zusammenlebens betrachtet werden. Daß die deutsche Identität jetzt einen tiefen Wandlungsprozeß erfährt, vermindert die Bannkraft und den Einfluß dieses Konzepts nicht. Obwohl es nicht genau zu bestimmen ist, wurde es zu einem zentralen Thema des Historikerstreits, der unter anderem auch eine Kontroverse über die Komponenten der deutschen Nationalidentität war. Die Rahmenbedingungen auch dieses Diskurses haben sich geändert. Meines Erachtens wird es das vergrößerte Deutschland schwerer haben, die Züge postkonventioneller Identität, so wie sie Habermas vorschwebt, zu bewahren. Vielmehr wird sich Deutschland, zumal mit Regierungssitz in Berlin, zu einer Nation wie die anderen entwikkeln müssen. Geschichte ist nicht statisch. Alle Nationen mit offenen Grenzen, durchlässig für Madonna und Migranten, für Kapital und CNN, gehen in eine neue Phase über.

Gelegentlichen Orgien des Nationalismus zum Trotz – erinnert sei an den Siegeszug auf dem Kurfürstendamm nach der Weltmeisterschaft im Juli 1990 oder an unseren amerikanischen Siegesjubel nach dem Golfkrieg – löst sich das traditionelle Nationengefüge langsam auf. Wir sind Zeugen eines zweifachen Prozesses: Einerseits können die Nationalstaaten das Streben ihrer ethnischen Gruppen nach Autonomie nicht länger unterdrücken, wie die Beispiele Jugoslawien und Sowjetunion zeigen. Andererseits übertragen sie zunehmend Souveränitätsrechte an supranationale Organisationen wie die EG: mithin also ein Auflösungsprozeß nach unten und oben.

Wir alle werden postkonventionell. Habermas hat mit diesem Begriff jedoch keine bloße Funktionsabwälzung, sondern eine Wert- und Normenstruktur intendiert, die mir als die Idee eines übergreifenden Engagements für die liberalen und humanitären Werte des Westens (seien diese auch noch so oft in der Praxis verraten worden) außerordentlich attraktiv erscheint: eine aktualisierte *République des lettres,* die heute nicht nur Intellektuelle, sondern die Völker errichten sollen. Ich habe versucht, die im Laufe der Kontroverse sich wandelnde Formulierung dieses Konzepts zu verfolgen und kritisch vorzustellen. Auch zu Zeiten der Bonner Republik besaß die Idee utopische Züge, was nicht gegen sie sprach.

Vor 1989 waren die Bedingungen zur Ausbildung einer westdeutschen Identität höchst kompliziert. Trotz der Teilung ist es Westdeutschland gelungen, innerhalb von vier Jahrzehnten ein konventioneller Staat zu werden. Gerade der *de facto*-Verzicht auf die Wiedervereinigung ermöglichte die Ausbildung eines konventionellen Nationalbewußtseins und schuf die Voraussetzungen für den gepriesenen Verfassungspatriotismus. Unter den besonderen Verhältnissen eines geteilten Deutschlands konnten beide Orientierungsprojekte Plausibilität beanspruchen. Habermas hat einen Begriff von nationaler Gemeinschaft angeboten, der mehr beinhaltet als Prosperität und der die Tendenz zur Selbstgefälligkeit des »Modells Deutschland« vermeidet. Meiner Meinung nach bleibt dies eine wichtige Herausforderung auch für das vereinigte Deutschland. Doch jeder, der der Bundesrepublik mit Sympathie gegenübersteht, wird wohl zugeben, daß es gerade jetzt schwierig ist, diesen Begriff überzeugend vorzutragen: Das neue Deutschland ist nicht mehr darauf angewiesen, postkonventionell zu sein. Hoffentlich wird es dennoch nicht darauf verzichten.

Man kann, wofür Thomas Nipperdey plädiert hat, die Nation als ›natürliche‹ Gemeinschaft betrachten, aber entscheidend bleibt doch, welche Werte diese Gemeinschaft verkörpert.

Den Gegensatz zwischen der Unbefangenheit der Franzosen und dem Unbehagen der Deutschen gegenüber ihrer nationalen Identität hat Michael Stürmer betont. Die Idee der Franzosen von der Nation ist verknüpft mit der Idee des Verfassungsengagements; »Patriot« zu sein hieß, die Revolution zu verteidigen. Sicher gilt dasselbe für die Amerikaner, deren Identität sich aus Grundtexten wie der Verfassung und der Bill of Rights schöpft. Auch die »natürlichste« Nation bleibt eine Wertegemeinschaft. Renan schrieb, Nation sei die tägliche Volksabstimmung. Dies gilt ohne weiteres für die Deutschen von heute, deren lange unterdrückte Bürger in der Budapester Botschaft und auf dem Platz der Republik in Leipzig die Vereinigung erzwangen. Auch in Berlin (wie in Bonn) sollte die deutsche Identität, wenn ein Ausländer diesen Wunsch aussprechen darf, Engagement für Verfassungsideale und Freiheitsnormen miteinschließen. Der Historikerstreit sollte uns allen deutlich gemacht haben, daß das Leben mit der Geschichte und die Pflicht zur Vernunft miteinander verwoben werden müssen.

Juni 1991

Kapitel 1

Der deutsche »Historikerstreit«

> Die Deutschen und ihre Vergangenheit: das ist wahrhaftig kein neues Thema. Aber es scheint sich nicht abzunutzen, im Gegenteil ... Darf das Dritte Reich, so die Frage, die damit aufgeworfen worden ist, historisch so behandelt werden, daß es nicht mehr als düster-monströses Monument den Zugang zu unserer Vergangenheit versperrt, sondern eben »Geschichte« wird, vergangene Zeit, Epoche unter anderen Epochen? Oder soll es gleichsam als Mahnmal erhalten bleiben, weil, in der Sprache des biblischen Gleichnisses gesprochen, dieser Stein des Anstoßes in der Tat zum Eckstein des Neuanfangs nach dem Zweiten Weltkrieg geworden ist? Und: soll Geschichte Orientierung bieten, Stolz und Selbstbewußtsein wecken und damit zum Ansatzpunkt für »Identität« und »nationalen Konsens« werden – oder ist es vielmehr ihre Aufgabe, Gewohntes zu erschüttern, Überkommenes in Frage zu stellen und den Blick für die Gegenwart zu schärfen?
>
> (Rudolph 1986: 24)

Bitburg

Beginnen wir dort, wo die geschichtliche Erinnerung so oft ihren Ausgang nimmt – bei den Toten: in diesem Fall bei den wenigen Dutzend Toten, deren Ehrung auf dem deutschen Militärfriedhof in Bitburg in der Eifel eine politische Kontroverse entfachte über die Millionen von Toten, die das Dritte Reich und letztlich auch dessen Kriegsgegner hinterließen. In Bitburg sollte Ronald Reagan bekanntlich im Rahmen der 40-Jahrfeiern zum Sieg der Alliierten einen Kranz niederlegen. Der Besuch, als Ritual der Versöhnung gedacht, endete als verpaßte Gelegenheit zur Läuterung. Als Zeremonie schlug er fehl, weil er gegensätzliche historische Emotionen auslöste. Die Erinnerung entglitt der Kontrolle derer, die sie üblicherweise bewahren – Politiker, die sie für ihre eigenen Zwecke nutzen, und Akademiker, die davon leben, sie zu erforschen. Dabei wurden unberechenbare Kräfte frei, die ähnlich bedrohlich schienen wie Unruhen in wirtschaftlichen Krisenzeiten. Die Gräber in der Eifel wurden der Friedhofsruhe entrissen und zum Zankapfel einer Debatte, die die Aufmerksamkeit eines breiten Fernsehpublikums fesselte, ganz zu schweigen von den offiziellen Sprechern der Regierungen, von Veteranenverbänden, jüdischen Organisationen und der Vielzahl von Gruppen, deren Existenz mit den traumatischen Ereignissen des Dritten Reichs und des Zweiten Weltkriegs zusammenhängt. Die wirkliche Geschichte, die schmerzliche Erinnerung rächte sich für eine mißglückte Show der Politiker.

Kanzler Helmut Kohl und seine politischen Berater wollten den Besuch des amerikanischen Präsidenten als symbolische Beendigung der Bewährungsfrist für eine historische moralische Schuld inszenieren, von der sich die Bundesrepublik noch immer nicht freimachen konnte. Das demonstrative Übergehen westdeutscher Repräsentanten bei den Feiern zum 40. Jahrestag der Landung der alliierten Streitkräfte in der Normandie war noch nicht verwunden. Waren die Bundesdeutschen nicht die zuverlässigsten Verbündeten innerhalb der NATO? War die Bundesrepublik Deutschland nicht ebenso stabil und demokratisch wie jede andere Regierung des Westens? Hatte sich dieses Land nicht kollektiv darum bemüht, seiner historischen Verantwortung gerecht zu werden durch umfangreiche Wiedergutmachungszahlungen an Israel und die jüdischen Überlebenden? Wozu sollte es also gut sein, immer wieder auf Untaten herumzureiten, die von den meisten heutigen Westdeutschen weder unmittelbar begangen noch mittelbar unterstützt worden waren? Ein Akt wahrer Versöhnung mußte also die auf beiden Seiten erfahrene Waffenbrüderschaft in den Mittelpunkt stellen, wobei den Opfern hier wie dort nunmehr die Gloriole einer historischen »Tragik« verliehen wurde.

Leider stellte sich heraus, daß der Friedhof in Bitburg auch 49 Angehörigen der Waffen-SS als letzte Ruhestätte diente, und von dem Augenblick an war der schöne Schein des Rituals zerstört. Kanzler Kohl war der Meinung, ein Rückzieher des US-Präsidenten von dem geplanten Besuch komme einer öffentlichen Desavouierung gleich. Der verstorbene Parteifreund Kohls, Alois Mertens, als führender Parlamentarier einer der wichtigsten Befürworter enger deutsch-amerikanischer Beziehungen, vertrat den Bitburger Wahlkreis als Abgeordneter und widersetzte sich einer Verlegung des Besuchs an eine weniger belastete Grabstätte. Die Berater des Präsidenten hatten den Eindruck, schlampige Vorbereitung oder verborgene Hintergedanken der Deutschen hätten Reagan in diese mißliche Lage gebracht, so daß ihm nur die Wahl bleibe, der Regierung Kohl eine Abfuhr zu erteilen oder sich im eigenen Land mit anhaltenden Protesten konfrontiert zu sehen. Elie Wiesel und andere prominente Bewahrer der Erinnerung an Auschwitz beschworen den Präsidenten inständig, nicht nach Bitburg zu fahren.[1]

Die Deutschen mochten auf den Unterschied zwischen verschiedenen Abteilungen der SS verweisen – Heinrich Himmlers Staat im Staate umfaßte 1944 über eine Million Mitglieder mit den unterschiedlichsten Aufgabenbereichen. Die Waffen-SS hatte primär die Funktion einer militärischen Elite, sie bildete Stoßtruppen zur Verstärkung der zusammenbrechenden Fronten, als die Alliierten gegen Deutschland vorrückten. Die Vernichtungslager waren von den berüchtigten Totenkopfverbänden bewacht worden. Ein weiterer wichtiger Zweig der SS, der Sicherheitsdienst (SD), hatte zivile Geheimdienstaufgaben und die politische Polizei einschließlich der Preußischen Gestapo übernommen.

Sollte man die in Bitburg begrabenen SS-Angehörigen nicht einfach als Soldaten behandeln, die ein Recht darauf hatten, in die Trauerfeierlichkeiten einbezogen zu werden, wie sie den Tapferen zustanden? Der CDU-Abgeordnete Alfred Dregger schrieb an US-Senatoren, eine Absetzung des Besuchs vom Programm wäre ein Affront, und betonte später vor deutschen Zuhörern, alle Gefallenen hätten ein Recht darauf, in gleicher Weise geehrt zu werden.[2] Doch, so fragte man, war die Waffen-SS nicht besonders brutal bei ihren Repressalien vorgegangen? War es nicht denkbar, daß in den Gräbern von Bitburg die sterblichen Überreste jener Abteilung lagen, die die Bewohner von Oradour-sur-Glane niedergemetzelt hatte? (Tatsächlich waren Angehörige der Waffen-SS auch zum Wachdienst in KZs eingeteilt worden z.B. in dem wegen seiner hohen Todesrate besonders berüchtigten Mauthausen.) Und sollten die USA wirklich die Feststellung des Internationalen Militär-Tribunals in Nürnberg unterlaufen, das die SS insgesamt als eine »verbrecherische Organisation« verurteilt hatte?[3]

Zwei Ebenen der rhetorischen Auseinandersetzung charakterisierten die Debatte um Bitburg und die übrigen Äußerungen im Gedenken an das Ende des Zweiten Weltkriegs. Einerseits zeigten schriftlich vorbereitete Reden auf beiden Seiten das deutliche Bemühen um moralische Verantwortung und um die Wahrung eines angemessenen Respekts gegenüber der Vergangenheit. Die Rede von Bundespräsident Richard v. Weizsäcker in Bonn zum 40. Jahrestag der Beendigung des Krieges war in dieser Hinsicht wohl das einfühlsamste Beispiel (Weizsäcker 1985). Weizsäcker hat sich besonders beredt zu diesen Themen geäußert, möglicherweise weil er sich selbst der schmerzlichen Aufgabe stellen mußte, mit der Rolle fertig zu werden, die sein eigener Vater im Dritten Reich gespielt hatte – er war in den Nürnberger Prozessen sogar als dessen Verteidiger aufgetreten. Ernst v. Weizsäcker war kein Parteimitglied gewesen, hatte den Nazis jedoch von 1938 bis 1943 als Staatssekretär im Auswärtigen Amt gedient. Der Sohn hatte vier Jahrzehnte Zeit, über die Rolle seines Vaters in jenen Jahren nachzudenken. Bei verschiedenen Anlässen, insbesondere bei der erwähnten Gedenkrede in Bonn, wies er eindringlich darauf hin, daß die Deutschen die NS-Zeit für immer im Gedächtnis behalten und stets eine nationale Verantwortung dafür tragen müßten, auch wenn die meisten heute lebenden Deutschen zu jung seien, als daß sie jemals Hitler hätten zur Macht verhelfen oder ihn unterstützen können. Auch Kanzler Kohl legte in Bergen-Belsen ein verantwortungsbewußtes Bekenntnis ab, das keinem moralischen Ausweichen der Westdeutschen das Wort redete. »Das nationalsozialistische Deutschland versetzte die Welt in Angst und Schrecken. Diese Zeit des Mordens, ja des Völkermordes ist das dunkelste, das schmerzlichste Kapitel in der deutschen Geschichte. Es gehört zu den vordringlichen Aufgaben unseres Landes, Wissen darüber zu vermitteln und das Bewußtsein für das ganze Ausmaß, für die Dimension dieser geschichtlichen Erfahrung und Last wachzuhalten.« (Kohl 1985)

Es gab jedoch auch andere, eher ausweichende Äußerungen. So ließ Präsident Reagan verlauten, die in Bitburg begrabenen SS-Soldaten seien ebenso Opfer wie die Opfer des NS-Staats – eine Feststellung, der sich später auch Ernst Nolte anschloß, als er über Claude Lanzmanns Film *Shoah* urteilte, dieser offenbare, »daß auch die SS-Mannschaften der Todeslager auf ihre Art Opfer sein mochten« (Nolte 1986c: 42). Verschiedentlich kam in ihnen das Gefühl zum Ausdruck, übertriebene Selbstvorwürfe seien unwürdig und destruktiv. So äußerte der US-Botschafter in Bonn, Richard Burt, ein Jahr nach Bitburg im Mai 1986 vor einer deutsch-amerikanischen Historikerkonferenz in Nürnberg, Westdeutschland solle nicht ständig auf seiner NS-Vergangenheit herumreiten, sondern vielmehr seine Nachkriegsleistungen in positivem Licht sehen: ein langes, anhaltendes und ausgewogenes wirtschaftliches Wachstum, eine stabile und offene Demokratie und internationale Verläßlichkeit (zit. bei Mommsen, H. 1986c). Seine Worte segneten lediglich öffentlich eine Sichtweise ab, die auf beiden Seiten des Atlantik insgeheim weit verbreitet war. Man brauchte kein deutscher Kriegsveteran oder unverbesserlicher, am Stammtisch herumschwadronierender Nazi zu sein, um die nationalen Schuldbekenntnisse leid zu sein. Kurzum, Bitburg wurde zu einem Symbol der Ressentiments statt der Versöhnung.

Die verpatzte Zeremonie war zweifellos nicht der Auslöser des späteren Historikerstreits. Aber sie war das sichtbare Zeichen einer veränderten Einstellung – kein Nachdenken über das Undenkbare, sondern ein Streit um das bislang Unstrittige. Diese Tatsache an sich ist für Wissenschaftler noch kein Grund zur Klage. Weder echte Fragen noch ehrliche Antworten dürfen mit einem Bann belegt werden. Wenn die historische Forschung die »Gründungsmythen« dieser oder jener Gruppe erschüttert, darf der Wissenschaftler erwarten, daß deren Mitglieder ihr Selbstbild revidieren und mit der

Komplexität fertig werden. Kants gedrängte Antwort auf die Frage, was Aufklärung sei, gilt noch heute: *sapere aude!* Habe den Mut, dich deines eigenen Verstandes zu bedienen! Wenn jedoch bestimmte Erkenntnisse auf den Index gesetzt und überkommene Traditionen vor objektiver Überprüfung geschützt werden, dann betreten wir das Reich der Heiligsprechung. Kurzfristig gesehen wirkt jede Erkenntnis tendenziell subversiv. Auch darf der Wahrheitsgehalt einer historischen Interpretation oder Untersuchung nicht an ihren politischen Folgen gemessen werden. Wie der feinsinnige Thomas Nipperdey es während der Kontroverse ohne Umschweife ausdrückte: »Die Moral der Wissenschaft fordert, die Argumente der Gesprächsteilnehmer unabhängig von Herkunft, Motiven, Folgen zu prüfen.« (Nipperdey 1986b: 215) Das heißt nicht, daß der Historiker »die Wahrheit« finden könne, als wäre sie ein Gral in einem Montsalvatsch der Wissenschaft. Historische Wahrheiten sind immer vielfältig und immer auch politisch: Antworten auf Fragen, die von unterschiedlichen Individuen, Zeitaltern und Gemeinschaften unterschiedlich gestellt werden. Sie entstehen aus dem Dreieck der Beziehungen zwischen dem Forscher, seinen Daten und dem Rezipienten. In den Sozialwissenschaften kann man dieses Dreieck so wenig auseinanderreißen, wie sich Quarks unter normalen Bedingungen von einem Proton trennen lassen. Aber der Historiker kann in der Regel das ausschließen, was nicht wahr ist, was sich mit den Daten nicht vereinbaren läßt, was die geltenden Beweisregeln mißachtet und sich auf nichts anderes stützt als auf Phantasie oder Vorurteile. Der deutsche Begriff »Wertfreiheit« bleibt als Ideal unerreichbar, aber eine asymptotische Annäherung ist ein wesentliches Kriterium für die historische Wissenschaft.

Keine der im folgenden behandelten Rekonstruktionen der Vergangenheit wird deshalb allein wegen der politischen Einstellung ihres Autors kritisiert. Aber auch wenn man zugesteht, daß eine Geschichtsschreibung nicht nach dem politischen Standort ihrer Verfasser beurteilt werden sollte, so heißt das nicht, daß die politischen Konturen des Historikerstreits als solche keine interessanten Daten wären. Die politischen Konsequenzen der Debatte, die Ausgangspunkte der Teilnehmer werden somit zu legitimen Gegenständen der Untersuchung. Weltanschauliche Orientierungen entscheiden mit darüber, welche Fragen gestellt, welche Beweismittel herangezogen und überprüft und welche Formulierungen gewählt werden. Der beobachtende Historiker kann auch diesen Prozeß als historischen untersuchen. Und als Beobachter ist der Historiker zur Kritik berechtigt, wenn er feststellt, daß Teilnehmer an der Debatte ihre Wertungen mit ihren Befunden vermischen, wenn Interpretationen von den Belegen nicht mehr gestützt werden oder (was fast überall vorkommt) wenn Interpretationen darauf beruhen, daß die verschiedenen Daten unterschiedlich gewichtet werden. Die hartnäckigsten Auseinandersetzungen unter Historikern drehen sich meist nicht um übergangene, falsch zitierte oder neu aufgefundene Belege, sondern um eine unterschiedliche Gewichtung oder Bewertung einzelner Daten. Meinungsverschiedenheiten unter Historikern gehen letztlich darum, was wichtig ist und was nicht. Und das läuft immer auf die Frage hinaus, was für wen wichtig ist. So kommt man also auch beim Prozeß des Nachvollzugs einer historischen Beweisführung, der Akzeptierung einer Vielzahl von Wahrheiten, gar nicht umhin, die Prämissen der Historiker zu untersuchen.

In der Bundesrepublik Deutschland haben sich diese Prämissen offenbar nicht nur für die Historiker, sondern auch für Politiker, Journalisten und Intellektuelle verändert. Diese Wende ist nicht schlagartig eingetreten und läßt sich auch nicht einfach auf eine Wählerbewegung nach rechts oder das konservative Comeback wie in anderen westlichen Ländern zurückführen. Die nationalsozialistische Vergangenheit hatte dem Diskurs nach dem Kriege viele Schranken und große Zurückhaltung auferlegt. Im Lauf der Zeit fielen diese Schranken, und die schwindende Zurückhaltung höhlte den historischen Konsens zunehmend aus. Dies muß verwirrend und häufig geschmacklos erscheinen. Auch bietet das Ende dessen, was einige Deutsche die »Schonzeit«[4] genannt haben (eines von vielen Beispielen für die erwähnte Geschmacklosigkeit), keine Gewähr dafür, daß wir eine bessere Geschichtsschreibung zu erwarten haben. Es herrscht vielmehr Freiheit sowohl für historiographische Verwirrung als auch für eine Neubewertung der Geschichte.

Am Beispiel »Bitburg« läßt sich diese Verwirrung bezüglich moralischer Kategorien und historischer Akteure paradigmatisch demonstrieren. Erstens vereint »Bitburg«, wie das Bemühen Präsident Reagans um Mitgefühl exemplarisch gezeigt hat, Unterdrücker und Unterdrückte, die NS-Gewalttäter und ihre Opfer in einer gemeinsamen Dialektik. In ihr lauert eine Gefahr, die an Hegels Erörterung des Verhältnisses zwischen Herr und Knecht in seiner *Phänomenologie des Geistes* erinnert: Sie verwechselt die formale, logische Abhängigkeit zwischen Täter und Opfer (ohne Opfer kann es per definitionem keinen Täter geben) mit einer gemeinsamen Verantwortung für das Verbrechen. Wie Primo Levi geschrieben hat, wollen sowohl das Opfer als auch der Täter die Erinnerung an das Verbrechen auslöschen: »Wir werden mit einer paradoxen Analogie zwischen Opfer und Täter konfrontiert ..., aber nur der Täter, und er allein, hat sie gezogen und nahegelegt, und wenn er unter seiner Tat leidet, so ist dies Leiden nur gerecht; eine Ungerechtigkeit ist es hingegen, daß das Opfer ebenfalls leidet, und das tut es selbst nach vielen Jahren noch.« (Levi 1986) Zweitens hat »Bitburg« gezeigt, wie schwer der Begriff der kollektiven Verantwortung zu fassen ist. Individuelle Verantwortung zu benennen, ist schon eine diffizile Aufgabe für Richter, Biographen und andere, die persönliche Handlungen beurteilen müssen – besonders in bezug auf Funktionsträger in bürokratischen oder militärischen Hierarchien. Am intensivsten haben sich damit offenbar die Europäer auseinandergesetzt, als in den Nachkriegsjahren über die Aburteilung und angemessene Bestrafung von Kollaborateuren diskutiert wurde.[5] Erneut virulent wurde das Problem durch die Diskussion über die Frage, ob Bitburg eine würdige Stätte des öffentlichen Gedenkens sein könne. Weit schwieriger ist jedoch die Frage nach einer angemessenen Form und Dauer der kollektiven Verantwortung der Deutschen für die NS-Vergangenheit zu beantworten. In welchem Sinne gibt es überhaupt eine kollektive Verantwortung?

Meine eigene vorläufige Antwort lautet: Wenn ein Gemeinwesen als Gesellschaft oder Nation anerkannt werden will, dann muß es auch eine gemeinsame Vergangenheit akzeptieren und Verantwortung für die Taten früherer Angehöriger der Gemeinschaft übernehmen.

Diese Verantwortung erfordert auch jede mögliche Wiedergutmachung. Die politische Führung der Bundesrepublik Deutschland hat dies weitgehend akzeptiert, wenn auch nicht immer sehr bereitwillig. Die Verpflichtung zur Wiedergutmachung ist nicht zeitlich begrenzt. Sie kann aber mit Recht zunehmend in den Hintergrund treten, wenn zu dem nationalen Erbe andere Erfahrungen hinzukommen. Die späteren Nachkommen der ursprünglichen Opfer haben einen geringeren Anspruch auf Entschädigung. Doch ebenso wie bei der Halbwertzeit von radioaktiven Substanzen gibt es auch hier keinen Zeitpunkt, an dem die kollektive Verantwortung sich in nichts auflöst.

Angemessenes kollektives Eingedenken bedeutet nicht Selbstzerfleischung. Viele Deutsche sind davon überzeugt, daß sie jenes durchaus pflegen, aber vom Ausland zu diesem verurteilt werden. Selbst der ehemalige Bundeskanzler Helmut Schmidt hat davor gewarnt, die »deutsche Geschichte nur noch ... als eine einzige Kette von Verbrechen und Versagen und Versäumnissen« zu bewerten (zit. nach Stürmer 1987: 295). Das ist eines der Probleme, die dem Historikerstreit zugrundeliegen. »Bitburg«, so meine ich, gerät in gefährliche Nähe zu der Behauptung, inzwischen seien alle weiteren Bemühungen um eine kollektive Erinnerung nur noch der Ausdruck übertriebenen Schuldbewußtseins.

Ernst Nolte, einer der Hauptbeteiligten an der Kontroverse, hat geltend gemacht, daß »die Rede von der ›Schuld der Deutschen‹ allzu geflissentlich die Ähnlichkeit mit der Rede von der ›Schuld der Juden‹ (übersieht), die ein Hauptargument der Nationalsozialisten war«. Niemand wage die Frage zu stellen, »was es bedeutet haben würde, wenn der damalige Bundeskanzler sich 1953 geweigert hätte, den Soldatenfriedhof von Arlington zu besuchen, und zwar mit der Begründung, dort seien auch Männer begraben, die an den Terrorangriffen gegen die deutsche Zivilbevölkerung teilgenommen hätten.« (Nolte 1986c: 41 f.) Weniger ungeheuerlich ist sein Argument, normale historische Epochen wie etwa das Zeitalter Napoleons I. könnten vom Historiker immer wieder »vergegenwärtigt« werden, würden jedoch mit der Zeit das Bedrängende verlieren, das sie für die Zeitgenossen noch hatten. Für die NS-Vergangenheit gelte dies dagegen nicht: »Sie scheint immer noch lebendiger und kraftvoller zu werden, aber nicht als Vorbild, sondern als Schreckbild, als eine Vergangenheit, die sich geradezu als Gegenwart etabliert oder die wie ein Richtschwert über der Gegenwart aufgehängt ist.« (Ebd.: 39) Sind es wirklich nur die Unbelehrbaren an den Stammtischen, so fragte Nolte, die einen »Schlußstrich« ziehen wollen, damit die deutsche Vergangenheit sich nicht länger so sehr von der Vergangenheit anderer Staaten unterscheide? Ist ein gewisser Widerstand gegen die ständige Forderung, sich unablässig mit dem Nationalsozialismus auseinanderzusetzen, nicht berechtigt?[6] Nolte stand mit dieser Ungeduld nicht allein. Auch andere Kommentatoren haben die Analogie zu einer neurotischen Störung angesprochen: Eine Fixierung auf frühere Schuld verhindert einen gesunden Reifungsprozeß. Allerdings hinkt dieser Vergleich: Die Schuldgefühle des Neurotikers gelten phantasierten, nicht tatsächlich begangenen Verbrechen.

Drittens klang im Zusammenhang mit der »Bitburg«-Kontroverse der Gedanke an, das Ungeheuerliche der NS-Verbrechen verliere angesichts späterer Greuel des 20. Jahrhunderts an Monstrosität: Man denke an den Abwurf der Atombomben über Hiroshima und Nagaski; die Bombardierung Hamburgs, Dresdens und Tokyos; die Vernichtung sogenannter Kulaken, Krimtataren, ukrainischer Bauern und die Ermordung blinder Volksliedsänger und Altbolschewisten durch das stalinistische Regime; man denke an den Völkermord der Türken an den Armeniern und die Gemetzel der Roten Khmer an der einheimischen Bevölkerung. Sind die Verbrechen der Deutschen nur deshalb schlimmer, weil sie die Tötung mechanisierten; weil Gas von einer Aura des Schreckens umgeben ist, die Gewehrkugeln und Bomben fehlt?[7] Diese Frage ist für den Historiker entscheidend, weil sie die Legitimität des Vergleichs betrifft – eines Instruments, das er gebraucht, das jedoch offensichtlich auch mißbraucht werden kann.

Die Vorgänge um Bitburg haben das Problem des historischen Urteils in den Vordergrund gerückt. Jedem Urteil haftet fraglos etwas Problematisches an, weil es über vernünftige Schlußfolgerungen hinausgeht. Urteilen ist eine Tätigkeit des Verstandes und des Gewissens, die sich niemals gänzlich von der Subjektivität freizumachen vermag, die aber für die Ästhetik, die Ethik, die Politik und folglich auch für die Geschichtsschreibung unverzichtbar ist. Bitburg verwirrte die Urteilsbildung auf drei verschiedenen Ebenen. Einmal mehr stellte es die individuelle Verantwortung einzelner für Mordtaten in Frage. Es machte bis heute bestehende Meinungsverschiedenheiten darüber sichtbar, in welchem Maße eine nationale Gemeinschaft für Verbrechen in der Vergangenheit verantwortlich gemacht werden kann. Und es warf die Frage auf, ob Deutschland unter dem Hakenkreuz in den Annalen des Massenmords wirklich eine einzigartige Stellung einnimmt. Durch ihre Unfähigkeit, zwischen Versöhnung und Revisionismus zu unterscheiden, trugen die Verfechter der Veranstaltung in Bitburg dazu bei, daß in Westdeutschland ein historischer Diskurs über die NS-Vergangenheit eröffnet wurde.

Ein »polarisiertes Geschichtsbild«

Anfang 1985 konstatierte der Historiker Hans Mommsen ein »polarisiertes Geschichtsbild« in der Bundesrepublik Deutschland. Damit sind zwei unterschiedliche Modalitäten der Deutung der jüngsten Vergangenheit gemeint, zwei verschiedene historiographische Programme mit entsprechenden politischen Denkmustern. Die Konservativen bedienten sich laut Mommsen dem Nationalsozialismus gegenüber zweier aufeinanderfolgender Strategien: In der ersten Zeit wurde der Nationalsozialismus »... zum schicksalhaften Verhängnis stilisiert, aus dem es kein Entrinnen gab, von dem aber auch konkrete politische Impulse auf die Gegenwart nicht ausgehen« (Mommsen, H. 1986c: 969). Mit anderen Worten, er trat zufällig, aber mit unwiderstehlicher Macht auf den Plan, um schließlich spurlos wieder zu verschwinden. Später haben dann die Konservativen einen neuen Ansatz favorisiert. An die Stelle »der Ausklammerung des Dritten Reiches aus der Kontinuität der deutschen Geschichte« trat jetzt eine Relativierung in Hinblick auf vergleichbare Perioden anderer Nationen (ebd.: 870).

Gegner dieses Vorgehens haben sich bemüht, eine Relativierung zu vermeiden und das Dritte Reich in die geschichtliche Kontinuität Deutschlands einzuordnen. Martin Broszat vom Münchner Institut für Zeitgeschichte, einer der wichtigsten Historiker, die sich mit dem NS-Staat beschäftigten, betonte, ähnlich wie Mommsen, stets die institutionellen Kontinuitäten dieses Staates innerhalb der deutschen Geschichte. Die Historisierung, das heißt die Einordnung des Dritten Reiches in seinen historischen Kontext, schrieb Broszat 1985, liege in der Wertung seiner widersprüchlichen Elemente. Man müsse die Gleichzeitigkeit administrativen Durcheinanders, bürokratischer Eigengesetzlichkeiten und improvisierter Entscheidungsprozesse einerseits und den absoluten Kontrollanspruch des Führerprinzips andererseits begreifen, das gleichzeitige Bestehen von partizipatorischen und diktatorischen Elementen, von »Leistungsmobilisierung« und Destruktion, und die Fähigkeit der Nationalsozialisten, sich die bereits existierenden Gruppen und Interessen zunutze zu machen, um zu sehen, »wie sehr der Führerwille von oben nur in Bewegung setzen konnte, was unten sehr konkret motiviert war...« (Broszat 1985: 380). Für Broszat wandelten sich die alten Vorstellungen von einer Massendiktatur, von oben gesteuert und auf einer radikalisierten ideologischen Zustimmung von unten basierend, zu einem neuen Bild eines opportunistischen, populistischen und autoritären Regimes, welches keinerlei ideologische Kohärenz besaß. Noch verwirrender war die Sozialpolitik im Dritten Reich, deren Grundgedanken zum Teil in der Bundesrepublik wiederkehrten, oder das Verhalten mancher innerer Gegner des Reichs, bei denen sich nachträglich antiparlamentarisches und antisemitisches Denken nachweisen läßt. »Die ›Normalisierung‹ unseres Geschichtsbewußtseins«, schreibt Broszat, »kann auf die Dauer die NS-Zeit nicht aussparen, kann nicht nur um sie herum erfolgen. Auch die Pauschaldistanzierung von der NS-Vergangenheit ist noch eine Form der Verdrängung und Tabuisierung.« (Ebd.: 384 f.)

Dem hätte Ernst Nolte wohl kaum widersprochen. In einem Beitrag zu einem 1985 in England erschienenen Sammelband nahm er einiges von der Argumentation vorweg, mit der er ein Jahr später in der *Frankfurter Allgemeinen Zeitung* für soviel Aufregung sorgte:

»Das Dritte Reich sollte aus der Isolierung befreit werden, in der es sich selbst dann noch befindet, wenn es im Rahmen der ›Epoche des Faschismus‹ gesehen wird ... Der Dämonisierung des Dritten Reiches sollte entgegengearbeitet werden ... Eine sorgfältige Untersuchung und ein überlegter Vergleich werden der Einzigartigkeit des Dritten Reiches nichts nehmen und es dennoch als einen Teil der Geschichte der Menschheit erscheinen lassen, in dem nicht nur Züge der Vergangenheit in äußerst komprimierter Form wiederkehrten, sondern der gleichzeitig zukünftige Entwicklungen vorwegnahm und in manifeste Probleme der heutigen Gegenwart verstrickt war.«[8]

Es geht also um zwei Zugänge zu einem historischen Verständnis, um zwei Haltungen zur Methode des »Vergleichs«, um zwei verschiedene Vorstellungen von einer »Normalisierung«. Die Fronten verlaufen jedoch nicht zwischen Gegnern und Befürwortern eines historischen Vergleichs. Zunächst einmal stehen auf der einen Seite diejenigen, die das Dritte Reich mit anderen Regimes – insbesondere der stalinistischen Sowjetunion – vergleichen möchten, und auf der anderen Seite jene, die die NS-Politik und deren Rückhalt in der Bevölkerung in Relation zu anderen Epochen einer kontinuierlich verlaufenden deutschen Geschichte analysieren wollen. Wir wollen die eine Methode als »horizontalen«, länderübergreifenden und die andere als »vertikalen«, diachronischen Vergleich bezeichnen. Nolte hat sich immer wieder für den ersten ausgesprochen, während Mommsen und Broszat den letzteren befürwortet haben.

Die Politik der Geschichtsschreibung ist jedoch komplexer, als aus dieser anfänglichen Unterscheidung hervorgeht. Manche Formen eines horizontalen Vergleichs sind für Konservative in der Bundesrepublik tabu, insbesondere neomarxistische oder auch nur liberale Versuche, den Nationalsozialismus und den italienischen Faschismus als autoritäre Reaktionen auf einen Kapitalismus in der Krise zu begreifen. Ein legitimer horizontaler Vergleich muß in der Sicht der Konservativen die Gemeinsamkeiten zwischen dem Sowjetregime unter Stalin und dem Dritten Reich herausarbeiten. Der italienische Faschismus wird nur insofern berücksichtigt, als seine Parallelen mit dem Marxismus hervorgehoben werden. Die politischen Programme einer komparativen Geschichtsschreibung werden im folgenden Kapitel erörtert.

Aber nicht nur der Vergleich, auch der Begriff der historischen

»Normalisierung« wird von zwei gegensätzlichen interpretatorischen Schulen in Beschlag genommen. Für Nolte bedeutet er, den Nationalsozialismus nüchtern und ohne Schuldbesessenheit ebenso zu behandeln wie die terroristischen Episoden anderer Nationen. Auschwitz sollte die Deutschen nicht mehr beschäftigen als Hiroshima oder die Sklaverei die Nordamerikaner. Für Broszat und Mommsen dagegen bedeutet Normalisierung, den Nationalsozialismus nicht als außergewöhnliches, der Geschichte entrücktes Ereignis zu behandeln, nicht als zufällige Entgleisung, sondern als wesentlichen Bestandteil der deutschen Geschichte. Diese Geschichte lehrt, wie notwendig eine anhaltende kritische Auseinandersetzung mit deutschen Institutionen ist. Gegner dieses Ansatzes sind in den Augen Mommsens und Broszats Nationalisten und Konservative. Ironischerweise sind jedoch unter ihnen häufig die Historiker des Holocaust zu finden, die auf die ideologische Grausamkeit des Nationalsozialismus fixiert bleiben. Für Mommsen und Broszat dagegen müssen die entscheidenden Aspekte des Dritten Reiches in Hinblick auf die Eliten, die Bürokratien und die Gleichzeitigkeit von Kontinuität und radikalem Wandel analysiert werden. Eine übermäßige Betonung der Weltanschauung muß mit Mommsens und Broszats sozialstruktureller Historiographie in Konflikt geraten.

Zwei Faktoren haben dazu geführt, daß alle diese Fragen im Frühjahr 1986 laut geworden sind: die Nachwirkungen von Bitburg und anderen Gedenkfeiern sowie eine Reihe von Arbeiten Noltes und des Kölner Historikers Andreas Hillgruber, die just zu dieser Zeit erschienen. Als Jürgen Habermas diese Veröffentlichungen als konservative, nationalistische und im Geist des Kalten Krieges geführte Offensive und unerträgliche Apologetik der Historiographie brandmarkte, mobilisierte er damit die allgemeine Kritik. Ein kleines Bändchen Hillgrubers mit dem Titel *Zweierlei Untergang. Die Zerschlagung des Deutschen Reiches und das Ende des europäischen Judentums* vom Frühjahr 1986 wurde zum spezifischen Auslöser. Hillgruber war ein Kenner der neueren Diplomatiegeschichte und des Zweiten Weltkriegs; er hatte seine Quellenforschung vor allem auf die strategischen Konzepte konzentriert, die Hitler zu seinem verhängnisvollen Überfall auf Rußland im Sommer 1941 verleiteten. Er war sicherlich ein Konservativer, aber apologetischer Tendenzen gegenüber dem NS-Regime oder problematischer Vorstellungen über die Juden absolut unverdächtig. In früheren Arbeiten hatte Hillgruber sogar behauptet, Hitler habe trotz der unübersehbaren Rückschläge im Winter 1941/42 hauptsächlich deshalb auf einer Fortsetzung des Krieges im Osten bestanden, weil er so das am dichtesten mit Juden besiedelte Gebiet unter Kontrolle behalten und sie liquidieren konnte. Für Hillgruber war Hitler von der manischen Vorstellung besessen, »Lebensraum« im Osten gewinnen und sein völkermordendes Projekt vollenden zu müssen. Ähnlich wie linke Historiker in den 60er Jahren verwies Hillgruber auch auf die Vorläufer der Hitlerschen Ideenwelt in General Ludendorffs Expansionszielen im Ersten Weltkrieg. Warum gab es dann um diese Veröffentlichung ein solches Aufsehen?

Der umfangreichere der beiden Aufsätze behandelt die Verteidigung der deutschen Ostfront in Ostpreußen im Winter 1944/45. Hillgruber bemüht sich darin, den erbitterten Widerstand der Wehrmacht gegen die vordringende Rote Armee zu rechtfertigen. Die Darstellung des furchtbaren Auftrags der Wehrmacht im Winter 1944/45, so der Autor, gehöre zu den schwierigsten Aufgaben eines Historikers.[9] Hitlers Befehl, die zu Festungen erklärten Städte zu verteidigen, sei undurchführbar gewesen. Hillgruber versucht die deutsche Wehrmacht gegen den Vorwurf in Schutz zu nehmen, sie habe mit ihrem Widerstand gegen die Sowjetarmee dem Vernichtungswerk Hitlers an den Juden Vorschub geleistet. Er verteidigt sogar die Weiterführung des Kampfes zu einer Zeit, als einige der angesehensten Männer der Wehrmacht bereits ein Attentat auf Hitler unternommen hatten. Wie kann man aber die Masse der Soldaten in Schutz nehmen, wenn selbst deren moralische Vorbilder es für besser gehalten hatten, Hitler zu töten und den Frieden zu suchen?

Doch die tragische Aufgabe, die deutsche Zivilbevölkerung zu verteidigen, ist nicht die einzige Rechtfertigung für den erbitterten Widerstand des deutschen Heeres. Hillgruber behauptet außerdem, Stalin, Roosevelt und vor allem Churchill hätten schon frühzeitig eine Teilung Deutschlands ins Auge gefaßt. Er beruft sich dabei auf während des Krieges entwickelte Pläne und erinnert an die britische Verstimmung über die starke deutsche Konkurrenz seit Anfang des 20. Jahrhunderts. Tatsächlich gab es keine einheitlichen Pläne der Alliierten zu einer Teilung Deutschlands. Zwar bestand Einigkeit darüber, das Reichsland Preußen aufzuteilen, doch in Jalta wurden kurz erörterte Erwägungen über eine Aufteilung Deutschlands von Stalin wie von den westlichen Staatsoberhäuptern entschieden abgelehnt. Die Briten und Amerikaner stimmten schließlich in Etappen über Teheran bis Potsdam einer Abtrennung der deutschen Ostgebiete zu. Eine Aufteilung des übrigen Staatsgebiets war kein militärisches Ziel und wurde in der Anfangszeit der Besatzung auch als offizielle Politik nicht gebilligt. Zur Teilung Deutschlands kam es erst aufgrund der unüberbrückbaren Gegensätze zwischen den Besatzungsmächten.

Das deutsche Militär – ob es die Pläne der Alliierten für ein besiegtes Deutschland nun kannte oder nicht – mußte allerdings das Schlimmste befürchten. Angesichts der auf breitester Front geführten Kämpfe im Osten, der Tatsache, daß Deutschland nur zwei Jahrzehnte nach der Niederlage im Ersten Weltkrieg wieder in der Lage war, einen solchen Krieg zu führen, angesichts der Grausamkeit der Kämpfe und der entsetzlichen Verluste in der russischen Armee und unter der Zivilbevölkerung, der systematischen Tötung der politischen Kader durch Einheiten der Wehrmacht und der SS mußte jeder Soldat, der sich auf dem Rückzug aus Rußland und Polen befand, im Fall einer Niederlage mit katastrophalen Konsequenzen rechnen. Unter solchen Umständen ist es begreiflich, daß einige Offiziere etwas unternahmen, um Hitler loszuwerden, und daß andere als gehorsame Soldaten weiterkämpften, um den Vormarsch der Roten Armee zu verzögern oder gar ganz zum Stillstand zu bringen. Merkwürdig ist jedoch, daß Hillgruber nicht nur diese furchtbare Alternative vor Augen führt, sondern daß er den Leser darüber hinaus zu einer Identifikation auffordert:

»Schaut der Historiker auf die Winter-Katastrophe 1944/45, so bleibt nur eine Position ... er muß sich mit dem konkreten Schicksal der deutschen Bevölkerung im Osten und mit den verzweifelten und opferreichen Anstrengungen des deutschen Ostheeres und der deutschen Marine im Ostseebereich identifizieren, die Bevölkerung des deutschen Ostens vor den Racheorgien der Roten Armee, den Massenvergewaltigungen, den willkürlichen Morden und den wahllosen Deportationen zu bewahren.« (1986a: 24 f.)

Die Behauptung, die Kämpfe an der Ostfront im Winter 1944/45 seien hauptsächlich geführt worden, um noch möglichst viele Juden umbringen zu können, wäre wenig einleuchtend, da die Krematorien in Auschwitz Ende November 1944 demontiert und die anderen polnischen Vernichtungslager zuvor bereits von der Roten Armee befreit worden waren. Man könnte allerdings den Vorwurf erheben, daß die damaligen Winterkämpfe ein monströses Regime am Leben erhielten und eine Verlängerung des Leidens und den Tod Hunderttausender Juden und anderer Zivilisten möglich machten: Das »Leben« in den Konzentrationslagern innerhalb »Großdeutschlands« wurde noch grausamer, nachdem die Deportationen aufgehört hatten. Anne Frank kam wie viele andere in Deutschland um, nur wenige Monate vor ihrer möglichen Rettung. Zehntausende Juden starben bei Gewaltmärschen aus inzwischen aufgelösten Lagern im Osten auf dem Weg in noch offene Vernichtungslager im Westen und während der Deportationen der letzten überlebenden Juden aus Ungarn im letzten Kriegswinter. Deutsche Gerichte verhängten 1944 noch 5764 und von Januar bis Mai 1945 noch einmal 800 Todesurteile gegen Deutsche wegen Widerstandes.

Trotz dieser zahlreichen Opfer, die der fortdauernde Widerstand der deutschen Heere in den letzten Kriegsmonaten forderte, wurden diese Verbrechen aber von keinem Historiker und keiner Regierung der Alliierten dem deutschen Heer angelastet – so wenig wie sie den deutschen Soldaten einen Vorwurf gemacht haben, die im Dezember 1944 die Amerikaner in den Ardennen aufhielten. Man könnte sogar behaupten, daß die deutsche Wehrmacht – knapp an Treibstoff, ohne Luftunterstützung und an mehreren Fronten gleichzeitig im Einsatz – im letzten Kriegswinter geradezu heldenhaft gekämpft hat.

Alle diese Überlegungen können dem Historiker jedoch keine »Identifikation« aufnötigen. Zu seinen Aufgaben gehört es, die objektiven und die von den damaligen Akteuren subjektiv wahrgenommenen Alternativen aufzuzeigen. Dazu gehört das »Verstehen«, jene Fähigkeit, sich einfühlend in die historische Situation zu versetzen, die für den deutschen Historismus so wesentlich war. Doch der Historismus, auf den Hillgruber sich anscheinend bezog, bestand auch auf der Pluralität der Standpunkte. Er entstand als Reaktion auf die Vorstellung, bestimmte Maßstäbe des historischen Urteils sollten gegenüber anderen privilegiert werden. Selbst nach den Grundsätzen des Historismus muß der Forscher seine interpretatorische Anstrengung auf alle rivalisierenden Standpuntke und Wahrnehmungen verwenden. Wenn Hillgruber nun sagt, er nehme eine bestimmte Perspektive ein, ohne etwa auch den Standpunkt derer zu würdigen, die das Attentat auf Hitler mit vorbereiteten, oder die Haltung von Leuten wie Speer, die versucht hatten, die fanatische Politik der verbrannten Erde in den letzten Kriegsmonaten abzuschwächen, dann ist sein Verständnis von der damaligen Situation ein einseitiges. Insofern und ungeachtet des guten Glaubens des einzelnen Historikers (auch Hillgrubers) eröffnet ein solcher Standpunkt die Möglichkeit einer Apologie. Darüberhinaus ist in einem Land, in dem der Widerstand gegen den Nationalsozialismus manchen auch heute noch als Vaterlandsverrater gilt, Hillgrubers Entscheidung für die pflichtbewußten deutschen Soldaten eine zusätzliche Entwertung jener, die einen anderen Weg gewählt haben.

Hillgrubers Buch wirft noch weitere Probleme auf. Handelt es sich bei »zweierlei Untergang« wirklich um zwei verschiedene Formen ein und desselben Vorgangs? Die Vernichtung des Deutschen Reiches betraf einen Staat, eine staatliche, nationale Gemeinschaft, anerkanntermaßen mit tiefen Wurzeln in Osteuropa und alten Siedlungen an der Ostsee bis hinein nach Masuren, Posen, Schlesien und das Sudetenland. Seine Vernichtung hatte den Tod einiger Millionen und die Vertreibung von über zehn Millionen Menschen zur Folge. Um eine Parallele zum Begriff des »Reichs« ziehen zu können, wählt Hillgruber das Wort »Judentum« statt »Juden«. Aber die Vernichtung des Judentums unter dem Nationalsozialismus war ebenso sehr die Vernichtung einzelner Juden wie die einer kollektiven Existenz. Die Wahl der Sprache verschleiert diesen Unterschied. Außerdem wurde der kleine Aufsatz über das Ende des europäischen Judentums als Pendant zu dem längeren Aufsatz über die

Verteidigung Ostpreußens veröffentlicht. Gemessen an dieser emotionalen Übung in Identifikation muß er farblos wirken. Die Leiden der Juden werden nicht heraufbeschworen: keine verplombten Güterwaggons, keine Hungertoten, Prügelszenen, Erniedrigungen und am Ende der Tod, zusammengepfercht unter den »Duschen« in den Gaskammern – nichts reicht an die Schilderung der Evakuierung Ostpreußens heran. Wenn diese beiden Erfahrungen tatsächlich zwei Formen des Untergangs sein sollten, dann wird die eine gleichsam in Farbe und die andere in Schwarzweiß gezeigt.

Das bedeutet nicht, daß sich dahinter eine antisemitische Absicht verbirgt. Hillgruber verwies sogar wiederholt darauf, wie tief antijüdische Einstellungen schon vor der »Endlösung« in Deutschland verwurzelt waren. Er war überzeugt, daß auch ein nicht-nationalsozialistisches, autoritäres Regime die Rechte der Juden beschnitten und ähnliche Bestimmungen wie die Nürnberger Gesetze erlassen hätte. Hillgruber scheint von der rasenden Wut der gegen die Juden gerichteten Maßnahmen der Nationalsozialisten überwältigt; sie übersteigen offenbar die Fähigkeiten des Historikers zu einer Erklärung und fallen für ihn in die Kategorie des Pathologischen.

Bücher entwickeln ein Eigenleben. Hillgruber hatte mit seinem Aufsatz sicherlich keine Schützenhilfe für rechte Apologeten im Sinn, aber er verlieh damit zumindest einer konservativen Orientierung Auftrieb. Der Aufsatz ist ein Bekenntnis zu nationaler Identität und rehabilitiert den Beruf des Soldaten. Die von ihm vorgebrachten Behauptungen über die Kriegsziele der Alliierten treten in die Fußstapfen einer älteren preußisch-deutschen Geschichtsschreibung, derzufolge das Kaiserreich unter Wilhelm II. durch die britische Einkreisungspolitik und die Verweigerung legitimer nationaler Ansprüche in den Krieg getrieben wurde. Hillgruber führt Klage darüber, daß Preußen und Deutschland nach 1945 ihre Mittlerrolle zwischen Ost und West nicht mehr einnehmen könnten.

Diese Rolle Deutschlands als »Brücke« oder Mittler ist ein weiterer konservativer Topos der Vorkriegszeit – mit einer kleindeutschen und einer großdeutschen Variante.[10] Nach dieser nostalgischen Auffassung verhinderten allein die alten mitteleuropäischen Reiche ein gefährliches Aufeinandertreffen zwischen den westlichen Mächten und dem russischen Despotismus: Sie allein bewahrten die unberechenbaren, kleineren Völker vor ständigen Streitereien. Die Wahrung des Friedens hat seit Vergil als Rechtfertigung für die Errichtung eines Reiches gedient. Aber was ist der Preis? Magyaren und Deutsch-Österreicher vereinigten sich, um ihre jeweiligen »Barbaren« zu beherrschen. Das gemeinsame Interesse an einer dauerhaften Teilung Polens einte Rußland und Preußen unter Bismarck (und später unter Stalin und Hitler).

Das »Land der Mitte« ist ein zentraler Topos in der deutschen konservativen Geschichtsschreibung. Die jüngste Kontroverse hat zwei ehrwürdige Paradigmen für die deutsche Geschichte wiederbelebt und umgemodelt (sie werden im 3. Kapitel ausführlicher behandelt). Auf der einen Seite steht das Modell eines »Primats der Innenpolitik«: ein Szenario, demzufolge Klassenspaltungen zu autoritären Regimes führen, die sich ihrerseits auf eine expansionistische Außenpolitik verlegen, um die Eliten des Landes zu stärken. Mit unterschiedlichen Schwerpunktsetzungen ist dieses Modell in marxistische Analysen und in die »sozialdemokratische« Geschichtsschreibung der 60er und 70er Jahre eingegangen. Das zweite, noch geheiligtere wichtige Paradigma ist das vom »Primat der Außenpolitik«, ein Ansatz, der durch die Kritik Fritz Fischers an den expansionistischen deutschen Kriegszielen von 1914 untergraben wurde und im reformistischen Überschwang der 60er und 70er Jahre weiter an Boden verlor, um schließlich in der renommierten *Historischen Zeitschrift* erneut verteidigt zu werden. Zu seinen Vertretern zählen Hillgruber, Klaus Hildebrand (ebenfalls ein Historiker der NS-Außenpolitik) und, besonders nachdrücklich, Michael Stürmer. Nach kenntnisreichen Untersuchungen, die sich besonders der Analyse innenpolitischer Koalitionen widmeten, hat Stürmer immer lauter darauf gepocht, daß Deutschlands historisches Schicksal durch seine Lage als »Land der Mitte« bestimmt werde. Die Bündnisse des Landes, seine inneren Strukturen und letztlich sogar seine Teilung seien das Ergebnis der geographischen Verhältnisse, des Drucks von Rußland auf der einen, Frankreich und England auf der anderen Seite. Unter diesem Blickwinkel gerät Außenpolitik tendenziell zu einem Abwehrreflex. Das ist auch der Grund, warum

Hillgruber, ungeachtet seiner Einschätzung der Motive Hitlers als Ausgeburten eines kranken Gehirns, die Verteidigung der deutschen Grenzlande im Osten durch die Wehrmacht sozusagen *sub specie necessitatis* betrachten kann. Der Streit um Hillgrubers Buch nimmt somit eine über hundert Jahre alte Debatte wieder auf: auf der einen Seite das historische Establishment mit seiner Akzentsetzung auf Geopolitik und dem Primat des von den Nachbarländern ausgeübten Drucks – die Historiographie eines Ranke, Droysen, Sybel und des jungen Meinecke; auf der anderen die (zumindest bis in die 60er Jahre) ketzerische historische Richtung, die die Außen- und Innenpolitik den Auswirkungen gesellschaftlicher Ungleichheit zuschrieb – das Vermächtnis von Marx und Engels, Mehring und Kehr.

Die Vergangenheit vergehen machen – Nolte und Auschwitz

Während Hillgruber für seine Zwecke einen falsch verstandenen Historismus einspannte, stützte sich Ernst Nolte auf einen problematischen Hegelianismus. In seiner bedeutenden Studie *Der Faschismus in seiner Epoche* (1963) untersucht er den Frühfaschismus im reaktionären Denken Frankreichs, den entfalteten Faschismus Italiens und schließlich dessen radikalisierte »Vollendung« in Deutschland. Die drei Phasen erinnern an den Dreischritt These-Antithese-Synthese, wobei die deutsche Variante den Rassismus der Action française wiederaufnahm, der in der italienischen Version weitgehend fehlte. Das Buch zeigt, daß es Nolte weniger darum ging, die Analyse einer Kausalentwicklung zu liefern (Ideen wurden als Ursache stillschweigend vorausgesetzt), sondern verschiedene Faschismusdefinitionen so lange auszuprobieren, bis er am Ende der letzten Fallstudie eine genügend umfassende und dynamische Definition gefunden hatte. Die drei Faschismen stellen jeweils eine partielle Verkörperung eines faschistischen Idealtypus dar. Obgleich das Programm hegelianisch ist, gehen auch Aspekte von Heideggers Metaphysik in den Ansatz ein. Für Heidegger bedeutet die Existenz der Dinge in der Welt ein

»Verfallen« des Seins an sich; Sterblichkeit und Zeitbewußtsein verkörpern das Pathos dieses Vergehens. Für Nolte stellt jede Faschismusvariante eine engere Annäherung an einen vollentwickelten Faschismus dar; die Aufgabe des Philosophiehistorikers bestand darin, historische Manifestationen des Idealtypus durchzuarbeiten, um zu diesem Kern vorzudringen.

Auf der anderen Seite existierte der Faschismus nicht als ein platonisches Ideal außerhalb der Zeit. Da er in einer bestimmten historischen Phase aufgetreten ist, bedeutet die Erkenntnis seines Wesens die Verfolgung seiner Entwicklung, das Studium der Phänomenologie der Bewegungen, wie diese sich unter ihren konkreten Existenzbedingungen, d.h. in ihrer Epoche darstellten. Das Ergebnis ist eine Geschichte voll brillanter Aperçus und Vergleiche vorwärts und rückwärts in der Zeit, die Erläuterung jeweils einer Bewegung vor dem Hintergrund der beiden anderen. Noltes Programm verleiht dem nationalistischen und faschistischen Gedankengut Geschlossenheit, in gewisser Weise sogar Würde, die hinter den häufig opportunistischen Widersprüchlichkeiten der jeweiligen Führer kaum zu erkennen waren. Und obgleich die Untersuchung sich nicht auf Partei-Archive oder andere schriftliche Quellen stützt, hat sie dennoch eine breite Literaturbasis. Komparativ arbeitende Historiker fühlten sich angespornt durch diese Verteidigung der vergleichenden Methode, ihre brillante Anwendung und den Nachweis, daß »Faschismus« trotz aller Unterschiede zwischen den einzelnen nationalen Bewegungen als kohärenter Begriff durchaus sinnvoll war. Dagegen haben viele der heutigen Verbündeten Noltes damals große Mühen darauf verwandt, die Tragfähigkeit dieses Begriffs, auf dem Nolte bis heute besteht, zu untergraben.

Im Rückblick kann man in dem originellen Meisterwerk eine Betonung der Verwandtschaft zwischen Faschismus und Marxismus feststellen, die der Rechten eine geistige Brücke schlagen konnte. Für Nolte war der Faschismus letztlich definiert als eine radikale Reaktion auf die der modernen Welt immanente »Transzendenz«. Transzendenz ist ein Schlüsselbegriff Noltes. Er bezieht sich auf eine Art metaphysische Modernisierung, auf die fortschreitende Emanzipation[11] der Menschheit aus einer Existenz als abhängige

Geschöpfe, die durch verschiedene Loyalitäten gegenüber der Familie, dem Dorf, der Arbeitsstätte oder der Nation definiert sind – das gesamte reichhaltige Rollenspektrum, das von Konservatien gefeiert wird –, hin zu einem Dasein als autonome Individuen, unbehindert durch traditionelle Rollen, aber atomistisch und existentiell allein. Die Industrielle Revolution hatte eine praktische, das Zeitalter der Revolutionen eine politische und spirituelle Transzendenz zur Folge. Der Marxismus erhob den größten Anspruch auf eine Transzendenz, indem er die ökonomischen Fesseln des Kapitalismus sprengte. Nolte argumentierte wie andere Konservative vor ihm, tatsächlich sei der schwache einzelne nicht darauf vorbereitet, so radikal des Geflechts aller Loyalitäten und Rollen entkleidet zu sein, das ihn zwar intellektuell behindert, aber seine spirituellen Bedürfnisse befriedigt habe. Folglich sei der Faschismus als eine Reaktion auf die Transzendenz entstanden, als ein Programm der Gegentranszendenz, das den Marxismus mit dessen eigenen Mitteln schlagen konnte: eine Konterrevolution, die sich der Demokratie bediente, um die Demokratie zu zerstören. Aus diesem Grund war der Faschismus – und hier pflichtete Nolte den Marxisten bei – mehr als nur ein antiliberales oder antikapitalistisches Programm: Er war die Antwort auf den Marxismus, den radikalsten Anspruch auf Transzendenz. 1917 ist daher der Schlüssel zum Faschismus, der sich erst nach der Russischen Revolution vollständig als Gegenprogramm zum Bolschewismus und zum Liberalismus des 19. Jahrhunderts entfalten konnte.

Nolte hat später zunehmend die These vertreten, Kommunismus und Faschismus seien nicht so sehr radikal entgegengesetzte Weltanschauungen, sondern vielmehr Zwillingsprodukte der industriellen und der bürgerlichen Revolutionen – zwei revolutionäre Antworten auf die Heimatlosigkeit des liberalen Zeitalters (Nolte 1983; auf dieses Buch komme ich noch zurück).

1974 veröffentlichte Nolte sein Buch *Deutschland und der kalte Krieg.* Dieser ausführliche historische Traktat suchte mit etlichen nebulösen und zweifelhaften Argumenten dem Kalten Krieg eine welthistorische Bedeutung abzuringen und definierte ihn als »ideologisch-machtpolitische(n) Kampf um die künftige Gestalt einer einheitlichen Welt seit 1917 und ansatzweise 1776 auf unabsehbare Zeit zwischen mehreren militanten Universalismen, von denen jeder im Besitz mindestens eines Großstaates ist« (ebd.: 39). In dieser polarisierten Welt spielte Deutschland eine besondere Rolle. So wie das Dritte Reich die radikalste Strömung der Gegentranszendenz verkörpert hatte, so wurden die beiden deutschen Staaten nach dem Ende des faschistischen Zeitalters zu den Trägern der beiden Strömungen einer triumphierenden Transzendenz: des US-amerikanischen Liberalismus und des Sowjetmarxismus. So fand Rumpfdeutschland noch in der Niederlage eine welthistorische Rolle von größerer Bedeutung als seine frühere Mission der faschistischen Gegentranszendenz.

Auf merkwürdige Weise schien Nolte in diesem Buch auf Israel fixiert zu sein – die Nation der früheren Opfer, deren Armee ein Territorium und die Staatlichkeit errungen hatte, während der Staat, der Israel zu seiner Geburt überhaupt erst verholfen hatte, nämlich Deutschland, auf beides verzichten mußte (ebd.: 330-339). Er akzeptierte die Notwendigkeit von Willy Brandts Ostpolitik, obwohl sie in seinen Augen sowohl eine »Selbstaufgabe« (gegenüber der subversiven Studentenbewegung im eigenen Land) als auch einen territorialen Verzicht darstellte. Die Alternative einer entschlossenen Nichtanerkennung des Ostens (eine Linie, die beispielsweise von den Arabern gegenüber Israel eingeschlagen wurde) komme jedoch nicht in Betracht, weil Deutschland in vorderster Front des Kalten Krieges stehe (ebd.: 589-598). In einer doch sehr verblüffenden Formulierung forderte Nolte ein neues historisches Bewußtsein, das nicht nur den Ruf des Bismarckreiches als eines gemäßigten Staates wiederherstellen, sondern auch anerkennen müsse, daß »jeder bedeutende Staat der Gegenwart, der sich ein außerordentliches Ziel setzte, seine Hitlerzeit mit ihren Ungeheuerlichkeiten und ihren Opfern gehabt (hat) ... Nur Großbritannien und den USA blieb eine ›Hitlerzeit‹ erspart...« (ebd.: 601). Nolte besteht in seinen neueren Veröffentlichungen mehr und mehr auf diesen problematischen Deutungen. Immer wieder sucht er den provozierenden Vergleich zwischen Israel und dem Nationalsozialismus:

«Man braucht sich im Gedankenexperiment nur einmal vorzustellen, was geschehen würde, wenn es der PLO gelänge, mit Hilfe ihrer Verbündeten den Staat Israel zu vernichten. Dann würde die Geschichtsdarstellung in Büchern, Hörsälen und Schulstuben Palästinas zweifellos nur auf die negativen Züge Israels fixiert sein: der Sieg über den rassistischen, unterdrückenden, ja sogar faschistischen Zionismus würde zum staatserhaltenden Staatsmythos werden.« (1985: 17)

Nolte räumt zwar ein, daß ein solcher Schluß ein Zerrbild des Zionismus sei, der ja seine Entstehung dem Widerstand gegen den europäischen Antisemitismus verdankt. Aber wenn der Vergleich hinkt, warum gebraucht er ihn? Müßte die jüngste Geschichte Deutschlands einem deutschen Historiker nicht mehr Zurückhaltung und Takt auferlegen? Oder steckt mehr hinter solchen Äußerungen?

In demselben Aufsatz liest man bei Nolte, »daß Hitler gute Gründe hatte, von dem Vernichtungswillen seiner Gegner sehr viel früher überzeugt zu sein als zu dem Zeitpunkt, wo die ersten Nachrichten über die Vorgänge in Auschwitz zur Kenntnis der Welt gelangt waren«, und er führt Chaim Weizmanns »offizielle Äußerung aus den ersten Septembertagen 1939 (an), ... nach der die Juden in aller Welt in diesem Krieg auf der Seite Englands kämpfen würden« (ebd.: 24).[12]

Wäre da nicht der Umstand, daß solche Ideen ein hartnäckiges Eigenleben führen, bräuchte man sich bei dieser Beschuldigung nicht länger aufzuhalten. Man mag es kaum glauben, daß Noltes wichtigstem akademischen Beistand Klaus Hildebrand diese Passage entgangen sein sollte, als er diesen Aufsatz als »wegweisend« rühmte.[13] Schließlich waren die Juden im besetzten Polen trotz des verzweifelten Aufstands des Warschauer Ghettos 1943 wohl kaum in der Lage, Hitler zu »vernichten«, als er sich anschickte, sie zu vernichten. Und es konnte auch nicht überraschen, wenn zionistische Führer – nach sechs Jahren der systematischen Verfolgung deutscher Juden, nach ihrem Ausschluß aus akademischen Berufen, nach ihrer erneuten Ghettoisierung und nach den Ausschreitungen der »Reichskristallnacht« denen ihre Unterstützung versprachen, die eine Front gegen Hitler bildeten.

Der Gedanke, Hitler habe gegen die Juden Vorbeugungsmaßnahmen ergriffen, taucht in Noltes 1986 in der *Frankfurter Allgemeinen Zeitung* veröffentlichtem Artikel »Vergangenheit, die nicht vergehen will«, nicht wieder auf. Seine Absicht sei es, den nationalsozialistischen Terror in einen historischen Kontext einzuordnen und dazu beizutragen, daß die Deutschen mit ihrer Vergangenheit auf produktivere und weniger »schuldbesessene« Weise umzugehen lernten. Nolte zitiert den Abscheu eines der frühen Mitstreiter Hitlers, Erwin Scheubner-Richter, der 1923 beim Marsch auf die Feldherrnhalle umkam, gegenüber dem Völkermord an den Armeniern in der Türkei: einer »Katastrophe, in der ein Volk Asiens mit dem anderen nach asiatischer Art, fern von europäischer Zivilisation, sich auseinandersetzte«[14]. Daran knüpft Nolte die folgenden Überlegungen:

»Es ist ein auffallender Mangel der Literatur über den Nationalsozialismus, daß sie nicht weiß oder nicht wahrhaben will, in welchem Ausmaß all dasjenige, was die Nationalsozialisten später taten, mit alleiniger Ausnahme des technischen Vorgangs der Vergasung, in einer umfangreichen Literatur der frühen zwanziger Jahre bereits beschrieben war: Massendeportationen und -erschießungen, Folterungen, Todeslager, Ausrotungen ganzer Gruppen nach bloß objektiven Kriterien, öffentliche Forderungen nach Vernichtung von Millionen schuldloser, aber als ›feindlich‹ erachteter Menschen.

Es ist wahrscheinlich, daß viele dieser Berichte übertrieben waren. Es ist sicher, daß auch der ›weiße Terror‹ fürchterliche Taten vollbrachte, obwohl es in seinem Rahmen keine Analogie zu der postulierten ›Ausrottung der Bourgeoisie‹ geben konnte. Aber gleichwohl muß die folgende Frage als zulässig, ja unvermeidbar erscheinen: Vollbrachten die Nationalsozialisten, vollbrachte Hitler eine ›asiatische Tat‹ vielleicht nur deshalb, weil sie sich und ihresgleichen als potentielle oder wirkliche Opfer einer ›asiatischen Tat‹ betrachteten? War nicht der ›Archipel GULAG‹ ursprünglicher als Auschwitz? War nicht der ›Klassenmord‹ der Bolschewiki das logische und faktische Prius des ›Rassenmords‹ der Nationalsozialisten?« (1986c: 45)[15]

In einer Antwort auf die vernehmliche Kritik dieses Aufsatzes durch Jürgen Habermas wurde Noltes Auffassung im August 1986 durch Joachim Fest unterstützt. Dieser behauptete unter anderem, zwischen dem Terror der Stalinzeit und der Vernichtung der Juden bestehe kein qualitativer Unterschied: »Beide Male geht es um mechanische, mit technischen Mitteln massenhaft ›reproduzierbare‹ und gleichsam abstrakte Tötungspraktiken, auf administrativem

Wege geplant und von Exekutoren vollstreckt, die im Dienste einer vorgeblich größeren Sache ungerührt ihre Aufgabe verrichteten.« (1987: 104)

Es geht nicht allein um den Aspekt der »Mechanisierung« bei der Frage nach der Singularität der NS-Verbrechen – sofern man nicht zentral erlassene Verfügungen, die Verfolgung der Juden in ganz Europa und deren systematische Internierung und Deportation auch unter diese Rubrik rechnen will. Es ist nicht nur die Vorliebe für den Massenmord, die Auschwitz so entsetzlich macht; und es ist falsch, daß die Russen in den 20er Jahren das Vorbild für die »Endlösung« lieferten. Auch wenn man zugibt, daß im russischen Bürgerkrieg von beiden Seiten zahlreiche Greueltaten verübt wurden, waren die Tötungen unter diesen Umständen etwas anderes als die in den Konzentrations- und Vernichtungslagern. Es ist auch nicht geklärt, ob Hitler jemals ausführliche Schilderungen darüber gelesen hat – selbst Fest spricht hier lediglich von einer Möglichkeit. Hitler selbst hat über die schon vor 1914 bestehenden Wurzeln seines Antisemitismus gesprochen und geschrieben, insbesondere über seinen Aufenthalt in Wien, wo er sogenannte Kaftanjuden zu Gesicht bekam und von der Demagogie des Bürgermeisters Karl Lueger lernen konnte. Neuere Biographien haben weitere potentiell prägende Einflüsse bis hin zu seiner Genesung von einem Gasangriff im Hospital von Pasewalk festgestellt[16]. Aber keine dieser Untersuchungen führt Berichte aus dem russischen Bürgerkrieg oder über frühen Stalinschen Terror an. Eine von Nolte zitierte Äußerung Hitlers, mit der er seine Interpretation von der Wirkung solcher Berichte stützen will, stammt aus dem Jahr 1943. Weder Nolte noch Fest oder Hildebrand behaupten außerdem, was wesentlich einleuchtender wäre, daß nämlich die stalinistischen Säuberungen der 30er Jahre die »Endlösung« angeregt hätten, auch wenn Hildebrand später die Verfolgungen Stalins während des Zweiten Weltkriegs als vergleichbare Erfahrung anführte (Hildebrand 1986c).

Nolte wollte später seine Äußerungen nicht mehr so verstanden wissen, daß die Bolschewiken die Absicht gehabt hätten, die Angehörigen der russischen Bourgeoisie physisch zu vernichten. »Vernichtung der Bourgeoisie« habe lediglich die Verweigerung einer politischen Rolle gegenüber einer winzigen Minderheit der Bevölkerung bedeuten können und die Verstaatlichung der Unternehmen, in keiner Weise eine physische Liquidierung. Er betonte, Hitler sei von einer sozialen zu einer biologischen Schuldzuschreibung übergegangen, und möglicherweise erforderte nur die letztere eine biologische Ausrottung. Dennoch war für Nolte »der Archipel Gulag schon deshalb ›ursprünglicher‹ als Auschwitz, weil er dem Urheber von Auschwitz vor Augen stand und nicht Auschwitz den Urhebern des Archipels Gilag«. Obwohl es einen qualitativen Unterschied zwischen beiden gebe, wäre es unzulässig, den Zusammenhang zwischen ihnen nicht sehen zu wollen (Nolte 1986b: 226).

Aber es geht nicht um die Wahrnehmung eines Zusammenhangs. Schließlich beruhen viele bewährte historische Begriffe auf der Ubiquität von Massenbewegungen, autoritären Regimes oder der Ausübung willkürlicher Macht. Zu ihnen gehören etwa »Totalitarismus«, »das Zeitalter der Massen«, »das Zeitalter der Tyrannen«, »das Zeitalter der Weltkriege« – allesamt Typologien, die uns daran erinnern, wie das menschliche Leben in der ersten Hälfte des 20. Jahrhunderts immer wieder zwischen Amboß und Hammer der Politik geraten ist. Vergleichbarkeit ist hierbei etwas, das man entdekken, herausarbeiten und manchmal auch versuchsweise überstülpen muß. Die Fragen, die sich für den Historiker aus einem Vergleich ergeben, lauten: Welche Erkenntnisse werden dadurch gefördert? Welche Fragen lassen sich damit besser beantworten? Und – auch diese Frage gehört dazu – wessen Konzepten wird dadurch eine Vorrangstellung eingeräumt?

Historische Deutungen müssen zugleich *politische* Deutungen sein, weil sie bestimmte Vorstellungen von der Wirkungsweise der Macht unterstützen und andere nicht. Aber sie müssen keine *politisierten* Deutungen sein; sie müssen nicht zu Waffen in den aktuellen ideologischen Auseinandersetzungen werden. Im Falle des Historikerstreits sind historische Deutungen politisiert und zu Waffen in einem Kampf geschmiedet worden[17]. Aber worum geht es in diesem Kampf? Für Nolte bedeutet die Anerkennung eines Zusammenhangs zwischen Gulag und Auschwitz die Möglichkeit einer Befreiung von der »Tyrannei des kollektivistischen Denkens«. Sie versetzt den Historiker in die Lage, sich wie Hillgruber mit der deutschen Wehrmacht und nicht unbedingt mit den Männern des Widerstands zu identifizieren. Sie bedeutet, die deutsche Vergangenheit von der Last des »absoluten Bösen« zu befreien und eine brauchbare Identität zu rekonstruieren. Sie bedeutet, eine linke Interpretation der Geschichte des 20. Jahrhunderts auszuschließen und einen in den Augen der Konservativen selbstgerechten politischen und akademischen Einschüchterungsversuch der Linken in den 60er Jahren in die Schranken zu weisen.

Auf einer allgemeinen Ebene bedeutet das die Sanktionierung eines politischen Diskurses, der auch antiwestlichen Untertönen Raum läßt. Auf diese Weise wird innerhalb der »Nachfolgegeneration« der westdeutschen Politik einem konservativen Nationalismus der Weg geebnet[18]. Die Historiker auf der Rechten würden eine solche Absicht bestreiten; Stürmer würde beteuern, daß es ihm lediglich um eine entschiedenere Westorientierung gehe. Aber in der Darstellung Deutschlands als eines Opfers der Teilung durch die Großmächte, die ebenso von den anglo-amerikanischen Alliierten wie von der Sowjetunion geplant worden war, rechtfertigen manche konservative Historiker jene, die noch immer nach einem neuen deutschen »Eigenweg« (Hildebrand) rufen.

Auf einer eher akademischen Ebene geht der Kampf weniger um den Nationalsozialismus als um die letzten 20 Jahre westdeutscher Bildungspolitik. Die Linke hat seit langem jenes Quentchen Macht wieder verloren, das ihr da und dort erlaubt hatte, Einfluß auf geschichtswissenschaftliche Projekte, Hochschulpolitik, Examensbenotungen, Ernennungen von Hochschullehrern oder allgemein kulturelle Wertungen zu nehmen. Nur wenige der historischen Kategorien, auf die die Linke sich in ihren früheren Bemühungen um eine Mitgestaltung des historischen Diskurses gestützt hatte, haben sich noch erhalten. Verlassenen Festungstürmen vergleichbar, von denen keine Herrschaft über das historiographische Territorium mehr ausgehen kann, erinnern sie jedoch noch provozierend an einen früheren Hegemonieanspruch. Besteht nicht auch die Gefahr, daß sie im Fall ihrer Fortexistenz eines Tages wieder als Bollwerke dienen können? Wäre es nicht besser, sie zu schleifen, auch wenn sie ohne

Besatzung sind? Der Historikerstreit ging im Grunde genommen um diese letzten noch stehenden Türme.

Morgenluft für die Konservativen

Hatten die Konservativen in Westdeutschland Mitte der 80er Jahre wirklich einen Grund zur Besorgnis? Wenn es in dem Jahrzehnt vor Beginn der Kontroverse unter ihnen einen erkennbaren intellektuellen Trend gab, dann war es die Rückeroberung eines weiten Spielraums konservativer Geschichtsdeutungen. Die letzte erbitterte Kontroverse war zu Beginn der 60er Jahre ausgebrochen, als sich Diplomatiehistoriker der Analyse einheimischer Eliten zur Erklärung des deutschen Imperialismus und deutscher Aggresion zuwandten. Fritz Fischers Darlegung der deutschen Kriegsziele 1914 erweiterte sich zu einer Kritik der wilhelminischen Gesellschaftsordnung und schließlich zu einem Angriff auf die akademischen Eliten[19].

In den 70er Jahren betonten Diplomatiehistoriker, die sich mit den Jahrzehnten vor Hitlers Machtergreifung beschäftigten, die Mitschuld anderer Staaten. Historiker wie Hillgruber, Hildebrand und Lothar Gall übten unverhüllte Kritik an der Sozialgeschichte, die noch ein Jahrzehnt zuvor triumphiert hatte. Sie bevorzugten traditionelle Ansätze gegenüber politischen Entscheidungsprozessen und der Geschichte internationaler Beziehungen, die alte *via maesta* deutscher historischer Studien. Versuche, Außenpolitik als Ausfluß innenpolitischer Auseinandersetzungen zu erklären, wurden als modisch oder linkslastig abgelehnt[20].

Mitte der 70er Jahre kamen aus den Reihen der »kritischen« Historiker, die man der historiographischen Linken zurechnete, trotz ihrer heftigen Gegenwehr nicht mehr die großen Untersuchungen, die Anfang der 60er Jahre der Forschung neue Wege gewiesen hatten. Das heißt nicht, daß man methodische Neuerungen, die Anfang der 60er Jahre so anregend gewesen waren, wieder aufgegeben hätte. Zum Teil hatten sie sich so weitgehend eingebürgert, daß sie ihre politische Wirkung eingebüßt hatten. Ihre Vertreter galten nicht mehr als diejenigen, die einen privilegierten Zugang zur historischen Wahrheit anzubieten hatten. Die Probleme der westlichen Staaten in den 70er Jahren: anhaltende Inflation und zunehmende Arbeitslosigkeit, enttäuschte Entspannungspolitik und intensives Wettrüsten legten darüber hinaus die Vermutung nahe, daß das Feld der internationalen Beziehungen sich nicht ohne weiteres als bloße Funktion der Innenpolitik und der eigenen Gesellschaft analysieren lasse. Der Aufstieg von Männern wie Kissinger und Breschnew förderte die Wiederentdeckung Rankes.

Die Erneuerung der akademischen Kultur bald nach dem Ende des Zweiten Weltkriegs und der enorme Ausbau der westdeutschen Hochschulen in den 60er Jahren führten außerdem zu einem raschen Generationenwechsel. Einige der wichtigsten Historiker, die zum Neuaufbau ihres Fachs nach 1945 beigetragen hatten, traten ab: Werner Conze, der zahlreiche sozialgeschichtliche Studien angeregt hatte, zog sich Mitte der 70er Jahre von seinem Heidelberger Lehrstuhl zurück. Theodor Schieder, dessen Arbeitsgebiet die vergleichende Untersuchung der Entwicklung von Nationalstaaten war und der eine beachtliche Zahl von Schülern gefunden hatte, verließ 1970 die akademische Bühne. Diese und andere »graue Eminenzen« waren ihrem Naturell nach zweifellos konservativ. Aber sie hatten zu keiner Zeit ein ausgeprägt ideologisches Interesse an Geschichte. Wären sie noch am Leben gewesen, so hätten sie sich wohl kaum an einer konzertierten Kampagne für eine »Normalisierung« der Vergangenheit oder an Versuchen beteiligt, die Öffenltichkeit für ein solches Programm zu gewinnen.

Manchmal dienten neue Ansätze auch konservativen Interessen. Sozialgeschichtliche Forschungsmethoden gingen in die »Alltagsgeschichte« ein, das Bemühen, die Erfahrungen der »Normalbürger« – häufig durch eine *oral history* – festzuhalten. Die Alltagsgeschichte zog jene jungen Forscher an, die 20 Jahre früher zur Linken gezählt hätten; sie wurde aber auch von den konservativen Befürwortern einer »Normalisierung« in Beschlag genommen. Auf der Grundlage anthropologischer und ethnographischer Modelle lehnten es die Alltagshistoriker häufig ab, ihrem Material irgendwelche Wertesysteme überzustreifen, die nicht von ihren Gesprächspartnern eingeführt wurden: Das Alltagsleben im Dritten Reich konnte auf diese Weise als Alltag und sonst nichts geschildert werden. An Hierarchien von Herrschaft und Ausbeutung, die Sozialhistorikern der 60er Jahre als Leitlinien gedient hatten, mochten vielleicht Nachwuchsforscher erinnern, die sich mit der kollektiven Erinnerung etwa der Arbeiterklasse beschäftighten. Aber historische Ethnographen, lediglich ausgerüstet mit einem Tonbandgerät und einem offenen Ohr, waren mühelos imstande, eine beruhigende idyllische Vergangenheit zu rekonstruieren: Nach Edgar Reitz' eindrucksvoller Filmschilderung einer Zeitspanne von 50 Jahren in einem fiktiven Dorf im Hunsrück konnte man dies auch als »Heimatgeschichte« bezeichnen[21].

Es würde in die Irre führen, wollte man hinter den neuen Tendenzen ein kohärentes ideologisches Muster aufzuspüren versuchen. Manche Historiker bestanden offen auf dem politischen Stellenwert kontroverser Interpretationen. Aber angesichts des üblichen Prozesses von historischem Argument und dessen anschließender Revision bedurfte es keines »rechten« Projekts, um wissenschaftliche Befunde mit konservativen Deutungen anzureichern. Trotzdem gewannen viele gemäßigte Historiker den Eindruck, daß die Konservativen ihre Stunde für gekommen hielten, das historische Bewußtsein zu formen. Der *Praeceptor Germaniae* war schon immer eine verführerische Rolle und gewann um so mehr Anziehungskraft, als Bundeskanzler Kohl ein starkes Interesse an der deutschen Geschichte bekundete.

Noch vor Kohls Regierungsübernahme setzte Ende der 70er Jahre eine fast unwiderstehliche »Tendenzwende« ein. Konservative Tendenzen machten sich allenthalben breit und griffen auch auf andere Disziplinen über. Die Kritik der Keynesschen Theorie hatte einen beträchtlichen Einfluß auf die Deutung der Weimarer Republik. Der Münchner Wirtschaftshistoriker Knut Borchardt zog die gängige Interpretation der Linken mit der Behauptung in Zweifel, Kanzler Heinrich Brüning – der lange Zeit hindurch wegen seiner Deflationspolitik während der Wirtschaftskrise als schwach und reaktionär geschmäht worden war – habe keine echte Alternative gehabt. Hier fand sich eine historiographische Version, die perfekt auf die seit Ende der 70er Jahre dominierende neue Wirtschaftspolitik zugeschnitten war. Die Erfordernisse einer internationalen Wirtschaft außerhalb der Kontrolle der Politiker, die Diagnose eines überhöhten Lohnniveaus als Ursache der Schwierigkeiten, die Belastungen des Staatshaushalts durch öffentliche Ausgaben, die Gefahren einer »überforderten Demokratie« und das allgemeine Gefühl einer eisernen Zwangslage: Die Schreckgespenster von 1980 hatten allesamt bereits Ende der 20er Jahre ihr Unwesen getrieben. Borchardts Sicht der Dinge brachte die Verteidiger der Weimarer Demokratie und des Sozialstaats überhaupt unter den Historikern in arge Bedrängnis[22].

Die historiographische Szene in Westdeutschland während der letzten Jahre war somit ziemlich uneinheitlich. Traditionelle Ansätze wurden wiederaufgenommen und von namhaften Historikern vertreten. Die Befürworter sozialwissenschaftlicher Methoden förderten Ergebnisse zutage, die früher als konservativ oder nationalistisch gegolten hätten. Historiker, die sich früher der Linken zurechneten, sonnten sich in einem gewissen Glanz und machten es sich in einer liberal-konservativ angehauchten Mitte gemütlich. Im großen und ganzen herrschte Pluralismus. Er wurde nicht immer dankbar begrüßt und mußte teilweise sogar erkämpft werden. Dennoch bestand Mitte der 80er Jahre eine bunte Vielfalt der Meinungen – hundert Blumen blühten. Obwohl also unterschiedliche Ansätze für eine politische Argumentation zur Verfügung standen, konnten sich gemäßigte Konservative wie Nipperdey damit trösten, daß nicht jede spezifische Methode und nicht jede wissenschaftliche Leistung von vornherein mit einer bestimmten politischen Richtung verknüpft war. Der Boden, auf dem die Wissenschaft stand, war vielleicht tragfähiger, als Nipperdey später meinte.

Man konnte den Eindruck gewinnen, daß die historische Zunft der Bundesrepublik Deutschland dieses unentschiedene Tauziehen, das in den USA als »postrevistionistischer Konsens« bezeichnet wurde, regelrecht genoß. Bundeskanzler Kohls Appell an das Geschichtsbewußtsein und die geplanten historischen Museen in Bonn und Berlin (s. Kapitel 4) lösten zwar erneut einen Streit aus, führten jedoch auch zu konstruktiver Beteiligung von Konservativen und

Progressiven. Clio erfreute sich der Anregungen eines offenen Marktes in der Bundesrepublik. Diese Entwicklungen blieben nicht auf die Bundesrepublik beschränkt, sondern betrafen auch Frankreich, England, Italien und die Vereinigten Staaten. (Eines der traurigen Vermächtnisse des Nationalsozialismus bestand darin, daß ein Großteil der westdeutschen Geschichtsschreibung nach 1945 reaktiv war – tiefschürfend, gelegentlich kühn in der Anwendung, aber stets in Erwartung neuer Ansätze aus dem Ausland.) Wenn es eine Geschichtsschreibung der »Wende« gab, dann in allen westlichen Ländern und nicht nur in der Bundesrepublik.

Habermas und die westdeutschen Historiker

»Ich halte die von Habermas eröffnete Debatte für ein Unglück. Die wissenschaftlichen Streitgebiete sind hoch sensibel, das moralpolitische Engagement ist stark, die schwierigen Unterscheidungen und Grenzziehungen gehen im Getümmel unter, die deutsche Neigung zu letzter Grundsätzlichkeit triumphiert. Gräben werden aufgerissen, die Historikerzunft wie die Öffentlichkeit werden polarisiert. Der Boden, auf dem die Wissenschaft wie die liberale Kultur leben, ist dünn genug. Darum brauchen wir die Tugenden der Historie: Nüchternheit und Distanz, brauchen den Pluralismus jenseits des moralisierenden Verdachts und der politischen Parteinahmen. Wir brauchen den Pragmatismus gegen moralischen Absolutismus, und gerade in moralischer Absicht.« (Nipperdey 1986b: 218 f.)

Hat Habermas tatsächlich, wie Nipperdey ihm vorhält, unter den westdeutschen Historikern Zwietracht gesät? Gewiß war seine Kritik an dem, was er als eine breit angelegte Apologie sah, mit Verve, Ironie und einer gelegentlich provozierend zugespitzten Auslegung der Texte geschrieben; zudem stammte sie von einem Fachfremden. Die von seiner Polemik Getroffenen mäkelten, als Geschichtsstudent wäre er mit seiner Zitierweise im Examen durchgefallen; wahrscheinlich habe er noch nicht einmal ein historisches Proseminar besucht. Schön und gut, Habermas ist kein Historiker – aber die Historiker haben noch nie für sich in Anspruch genommen, eine hermetische Disziplin zu betreiben. Als engagierter Verfechter eines in der Auseinandersetzung mit der politischen Kultur der Vereinigten Staaten gewonnenen Aufklärungsbegriffs attackierte Habermas nicht nur die Rechte, sondern distanzierte sich auch von Tendenzen in Richtung auf einen romantischen Irrationalismus innerhalb einer desillusionierten Linken (Habermas 1980: Einleitung). Im Historikerstreit hat sich Habermas unmißverständlich über die westliche Tradition der Aufklärung, die in den Vereinigten Staaten erneuert wurde, geäußert und die Tatsache, daß die Bundesrepublik sich nach dem Krieg dem Westen vorbehaltlos geöffnet hat, als positiv bewertet. Diese »vorbehaltlose Öffnung« hat er in der Kontroverse besonders propagiert. Demgegenüber vertraten die von ihm angegriffenen Historiker eine gefährliche Strömung des Neokonservativismus, dem

> »die moderne Welt als die Welt des technischen Fortschritts und des kapitalistischen Wachstums (gilt): modern und wünschenswert ist jede soziale Dynamik, die letztlich auf private Investitionen zurückgeht; schutzbedürftig sind auch die Motivbestände, von denen diese Dynamik zehrt. Gefahr droht hingegen von kulturellen Wandlungen, von Motiv- und Einstellungswechseln, von Verschiebungen in den Wert- und Identitätsmustern, die kurzschlüssig auf den Einbruch kultureller Innovationen in die Lebenswelt zurückgeführt werden. Deshalb soll der Traditionsbestand nach Möglichkeit eingefroren werden.« (Habermas 1982: 1055)

Da Habermas die revisionistischen Historiker im Zuge seiner Auseinandersetzung mit den westdeutschen Konservativen angegriffen hatte, finden sich hier viele Elemente seiner früheren Kritiken wieder. Außerdem scheinen die Erwiderungen von Hildebrand und Hillgruber, die letztlich den Intellektuellen die Schuld an einer Fehlorientierung nationaler Werte geben, seine eigene Diagnose Punkt für Punkt zu bestätigen.

Ein zentraler Strang in Habermas' Denken sind seine wissenssoziologischen Analysen. Für Habermas haben alle Formen des wissenschaftlichen Forschens ihr eigenes »Erkenntnisinteresse«. In seinem 1968 erschienenen Buch *Erkenntnis und Interesse* unterschied er drei Forschungsbereiche, die jeweils mit einem charakteristischen Interesse verknüpft sind: Die empirischen und analytischen Wissenschaften verfolgen ein technisches Erkenntnisinteresse mit dem Ziel einer Beherrschung der äußeren Welt. Die hermeneutischen und historischen Wissenschaften streben nach einer Rekonstruktion von »Bedeutung« und entwickeln ein »praktisches« Interesse an der Gestaltung der guten Gesellschaft und der Förderung der Kommunikation. Als drittes nennt Habermas ein selbstreflexives Streben nach Erkenntnis mit einem emanzipatorischen Interesse, d.h. einem Interesse an der Schaffung jener Bedingungen einer freien Forschung, die für ihren eigenen Fortschritt notwendig sind.

In seiner 1981 erschienenen *Theorie des kommunikativen Handelns* ist der Ausgangspunkt nicht mehr die unverdientermaßen privilegierte Perspektive des erkennenden Subjekts, sondern es sind die allgemeineren Bedingungen, denen Sprache und Kommunikation unterworfen sind. Er geht von der Voraussetzung aus, daß Erkenntnis und Politik ihre Form im Gespräch finden. Jeder ernsthafte Gesprächspartner setze *ipso facto* voraus, daß ein rationaler Diskurs möglich sei, daß eine Gesellschaft den Begriff eines rationalen Konsensus entwickeln könne; eine Übereinstimmung darüber, wie man Streitgespräche führt, wenn nicht sogar über endgültige Ergebnisse. Die Überwindung bestehender Bewußtseinsverzerrungen – durch mächtige Monopole einschließlich der Massenmedien, durch allgemeine Tendenzen wie das Konsumdenken und eine narzißtische Kultur oder durch einen von konservativen Historikern wiederbelebten Nationalismus – dürfte schwierig sein, aber Habermas' Auffassungen sind gekennzeichnet von einem evolutionären Optimismus.

In einer größeren Debatte mit dem konservativen Hermeneutiker Hans-Georg Gadamer hat Habermas seine Geschichtsauffassung deutlich dargelegt. Auf einer Linie mit einer langen deutschen Tradition, deren Weiterentwicklung im 19. Jahrhundert mit Wilhelm Dilthey ihren Höhepunkt erreicht hatte, beharrte Gadamer darauf, daß jede historische Interpretation auf dem »Verstehen« beruhe, auf der Anstrengung des Historikers, sich in das Wertesystem seines Untersuchungsobjekts hineinzuversetzen und es gleichsam von innen heraus zu beobachten. Es ist dieselbe Tradition, auf die Hillgruber sich bezog, als er versuchte, den Kampf der Wehrmacht an der Ostfront im Winter 1944/45 zu rechtfertigen. Das Kernproblem einer hermeneutischen Interpretation besteht für gewöhnlich darin, die Bedeutung der Worte und Taten des historischen Untersuchungsobjekts zu rekonstruieren. Für Gadamer ist die Deutung noch nichts Problematisches (sie ist eine Handlung zwischen miteinander redenden Erwachsenen, von denen einer meistens tot ist), wohl aber das Verstehen der Konsequenzen, die sich daraus ergeben. Im Anschluß an Heidegger betont Gadamer, daß die Notwendigkeit hermeneutischer Deutung sich aus der Endlichkeit und Geschichtlichkeit der menschlichen Existenz ergibt. Die gemeinsame Sprache der Tradition – der Prozeß, ein Gespräch mit dem historischen Subjekt zu führen, indem der von diesem hinterlassene Text als Frage aufgefaßt wird, auf die eine Antwort gefunden werden muß – gewährleiste ein adäquates Verständnis. Habermas stimmt mit Gadamer zwar in der Betonung des Gesprächs überein, und zweifellos ist er davon überzeugt, daß das hermeneutische Verstehen eine der grundlegenden Erkenntnisformen darstellt. Allerdings befürchtet er, daß Gadamers Herleitung der Bedeutung eines Textes auf der Basis einer gemeinsamen »Tradition« darauf hinauslaufe, sich unreflektiert den Vorurteilen des Protagonisten zu überlassen. Dies wäre ein Rückfall in die alte Sünde des Historismus, nur jene Werte anzuerkennen, die dem Gegenstand der historischen Forschung selbst inhärent sind, und jede Möglichkeit einer kritischen Perspektive zu leugnen. Dem setzte Habermas seine Forderung nach »kritischer Reflexion« entgegen, so wie er sich im Historikerstreit auf die »reflexive Erinnerung« berief. Das Verständnis sozialer und wirtschaftlicher Strukturen könne zudem hermeneutischen Übertreibungen Einhalt gebieten: Die Interpretation von Symbolsystemen lasse sich durch die Analyse gesellschaftlicher, wirtschaftlicher und politischer Konstellationen überprüfen[23].

Diese frühe Debatte mit Gadamer macht deutlich, weshalb Habermas jeder hermeneutischen Suche nach Identität mit Mißtrauen begegnet. Der Historismus, der Anspruch auf Verstehen und Einfühlung ist suspekt, um so mehr, als er über ein Jahrhundert lang die deutsche Machtpolitik gerechtfertigt hat. Durch das konservative Comeback sah Habermas die liberale und demokratische Gemeinschaft des Westens bedroht. Paradoxerweise hatte Michael Stürmer, einer seiner Hauptgegner, dasselbe Anliegen: die westliche Demokratie zu verteidigen.

Stürmer ging von der Hypothese aus, daß der Bundesrepublik eine historische Identität fehle. Das ständig wachsende Interesse an historischen Museen, Gedenkausstellungen und selbst an einem Kitschfilm wie der *Holocaust*-Serie im Fernsehen bezeuge ein historisches Orientierungsbedürfnis des Publikums. Ob sich in der »Suche nach der verlorenen Nationalgeschichte« eine positive Erneuerung des Geschichtsbewußtseins und die Rückkehr in eine kulturelle Überlieferung ausdrückten oder Unsicherheit bezüglich der weiteren Entwicklung, sei unwichtig: »Beides bestimmt die neue Suche nach der alten Geschichte. Orientierungsverlust und Identitätssuche sind Geschwister. Wer aber meint, daß alles dies auf Politik und Zukunft keine Wirkung habe, der ignoriert, daß in geschichtslosem Land die Zukunft gewinnt, wer die Erinnerung füllt, die Begriffe prägt und die Vergangenheit deutet.« (1986a: 36)[24]

Der Historiker unternimmt für Stürmer eine Gratwanderung zwischen Sinnstiftung und Entmythologisierung.[25] Die Suche nach Sinn sei die natürliche Reaktion auf die fortgesetzte Entwurzelung der deutschen Gesellschaft – die agrarische und die Industrielle Revolution, die halbe Revolution von 1848 und Bismarcks Modernisierung von oben. »Von 1914 bis 1945 sind die Deutschen den Katarakten der Modernität ausgesetzt gewesen in einem Maße, das alle Überlieferung zerschlug, das Undenkbare denkbar machte und die Barbarei zur Staatsform.« (Ebd.: 37)

Habermas zitierte Stürmers Überzeugung, die Fachhistorie werde ohnehin »vorangetrieben durch kollektive, großenteils unbewußte Bedürfnisse nach innerweltlicher Sinnstiftung«, ging jedoch nicht weiter auf die von Stürmer gleichzeitig erhobene Forderung nach wissenschaftlicher Methodik und die Entzauberung von Mythen ein. Führe möglicherweise eine direkte Linie, so lautete die unausgesprochene Frage von Habermas, von einer Sinnstiftung zur Nährung eines gefährlichen Mythos?

Zwei Vorstellungen von nationaler Identität und westlicher Gemeinschaft standen hier einander gegenüber. Für Stürmer sind die Bindungen der Bundesrepublik an den Westen in erster Linie durch das Atlantische Bündnis institutionalisiert. Bestrebungen zur Wiederherstellung eines »Mitteleuropa« hält er für Träumereien der Grünen. Die Behauptung, die Sowjets hätten jemals ernsthaft erwogen, einer Wiedervereinigung zum Preis einer Neutralität Deutschlands zuzustimmen, ist für ihn weltfremd. Die historische Beschwörung eines breiten linken »Antifaschismus« zu Beginn der 30er Jahre oder unter der Ägide der »Antifa«-Komitees, die nach dem Zusammenbruch des NS-Regimes aufkamen, sei eine Art bierselige Volksfront-Nostalgie. Ein endloses Grübeln über diese unrealistischen Alternativen, beständige Vorwürfe wegen verpaßter Gelegenheiten, das alles kann in Stürmers Augen nur dazu führen, daß die westlichen Verbündeten der Bundesrepbulik an deren Entschlossenheit und Reife zweifeln. »Die Bundesrepublik hat weltpolitische und weltwirtschaftliche Verantwortung. Sie ist Mittelstück im europäischen Verteidigungsbogen des atlantischen Systems.« Dennoch sei die Suche nach der »verlorenen Geschichte« nicht nur legitim, sondern auch politisch notwendig«. »Denn es geht um die innere Kontinuität der deutschen Republik und ihre außerpolitische Berechenbarkeit. In einem Land ohne Erinnerung ist alles möglich.« (Stürmer 1986a: 38)

Für Habermas bergen derartige Ideen die Gefahr einer Wiederbelebung eines traditionellen Nationalismus und einer antikommunistischen Reaktion. Nicht das militärische Bündnis, sondern die Öffnung zur politischen Kultur des Westens müsse die Basis des Selbstverständnisses bilden. Sie stelle die eigentliche intellektuelle Leistung der Nachkriegszeit dar, die nicht durch eine »deutsch-national eingefärbte Natophilosophie« stabilisiert werden könne:

> »Der einzige Patriotismus, der uns dem Westen nicht entfremdet, ist ein Verfassungspatriotismus. Eine in Überzeugungen verankerte Bindung an universalistische Verfassungsprinzipien hat sich leider in der Kulturnation der Deutschen erst nach – und durch – Auschwitz bilden können. Wer uns mit einer Floskel wie ›Schuldbesessenheit‹ ... die Schamröte über dieses Faktum austreiben will, wer die Deutschen zu einer konventionellen Form ihrer nationalen Identität zurückrufen will, zerstört die einzig verläßliche Basis unserer Bindung an den Westen.« (Habermas 1987a: 75 f.)

An Nolte rügte Habermas dessen »eigentümlichen Gebrauch des

Begriffs der ›Transzendenz‹«, den jener in einem Aufsatz in der *Historischen Zeitschrift* aus der Mottenkiste hervorgeholt hatte. Dieser Begriff verwische alle Konturen, füge sich aufs beste in die herrschenden konservativen Stimmungslagen und entspreche »kalifornischen Weltbildern«[26]. Schlimmer noch: Nolte werbe mit diesem Begriff um Verständnis für »antimodernistische Impulse« und gebe einer Entdifferenzierung Raum, die in Noltes eigenen Worten »Marx und Maurras, Engels und Hitler bei aller Hervorhebung ihrer Gegensätze dennoch zu verwandten Figuren« mache. Marxismus und Faschismus, so versteht Habermas Nolte, sind gleichermaßen Versuche einer Antwort »auf die beängstigenden Realitäten der Moderne«.[27]

Habermas witterte hinter der Nolteschen Begrifflichkeit offenbar eine verkappte Heideggersche Metaphysik im Braunhemd. »Nun könnte man die skurrile Hintergrundphilosophie eines bedeutend-exzentrischen Geistes auf sich beruhen lassen, wenn nicht neokonservative Zeithistoriker sich bemüßigt fühlten, sich genau dieser Spielart von Revisionismus zu bedienen.« (Ebd.: 70) Er erwähnt Noltes Gedankenexperiment einer Vernichtung Israels durch die PLO, die von Nolte angeführte »Kriegserklärung« Weizmanns im September 1938 und dessen Hypothese, möglicherweise sei die Judenvernichtung das Ergebnis einer verständlichen Reaktion Hitlers auf eine subjektiv empfundene Vernichtungsdrohung. Warum, fragte Habermas, hatte die *Frankfurter Allgemeine Zeitung*, die mit Recht gegen die Aufführung des antisemitischen Stücks *Der Müll, die Stadt und der Tod* von Fassbinder protestiert hatte, ein solches Machwerk Noltes abgedruckt? Er fand dafür nur die Erklärung, daß Nolte für das von Stürmer formulierte konservative Dilemma, eine nationale Identität ohne Nation zu schaffen, eine Lösung anbiete: Die Naziverbrechen verlören bei Nolte ihre Singularität und erklärten sich aus einer Reaktion auf eine bis heute anhaltende »asiatische« Bedrohung.

Die Deutschen sollten nach Habermas' Ansicht durchaus eine gewisse Distanz zur NS-Vergangenheit gewinnen. Er favorisierte dabei allerdings ein distanzierendes Verstehen gegenüber dem von Stürmer oder Hildebrand vorgetragenen Revisionismus, der »die

Hypotheken einer glücklich entmoralisierten Vergangenheit abzuschütteln« trachte. »Ich will niemandem böse Absichten unterstellen«, fährt Habermas fort. »Es gibt ein einfaches Kriterium, an dem sich die Geister scheiden: Die einen gehen davon aus, daß die Arbeit des distanzierenden Verstehens die Kraft einer reflexiven Erinnerung freisetzt und damit den Spielraum für einen autonomen Umgang mit ambivalenten Überlieferungen erweitert; die anderen möchten eine revisionistische Historie in Dienst nehmen für die nationalgeschichtliche Aufmöbelung einer konventionellen Identität.« (Ebd.: 73)

Diese Habermassche Philippika mußte zornige Reaktionen auslösen: Sie behauptete eine gezielte politische Kampagne zur Schaffung einer neuen nationalen Identität, in der sich das militante Denken Kalter Krieger mit dem traditionellen deutschen Nationalismus vermischen sollte; sie brandmarkte die Veröffentlichungen Stürmers über die Suche der Deutschen nach ihrer verlorenen Geschichte als Belege für eine Strategie der »Identitätsstiftung« und überging die bisherigen historischen Bemühungen Hillgrubers und Noltes ohne viel Federlesen; und schließlich warf sie den Historikern vor, dieser Kampagne – absichtlich oder nicht – mit ihren revisionistischen Bemühungen die bedeutendsten Waffen zu liefern.

Die Gegner Habermas' sahen in seinem Vorwurf einer Apologie der NS-Verbrechen den Versuch, die Wissenschaft einer Zensur von links zu unterwerfen. Die Herausgeber von *Geschichte in Wissenschaft und Unterricht,* der führenden Zeitschrift für Geschichtslehrer, beklagten, daß Hillgruber in beispielloser Manier an den Pranger gestellt worden sei. »Dagegen gilt es Farbe zu bekennen: Wer auf dem Felde unseres – gewiß hochsensiblen – Verhältnisses zur NS-Vergangenheit bestimmte Überlegungen von vornherein tabuisieren oder verbieten und Zuwiderhandelnde verleumden und sie der öffentlichen Verachtung aussetzen will, begeht damit nicht nur einen fatalen Anschlag auf den Geist der Wissenschaft, sondern schadet auch der politischen Kultur in unserem Lande.« (Dez. 1986: 725) Sie stellten Hillgruber das Dezemberheft 1986 zu einer ausführlichen Erwiderung zur Verfügung. Hillgruber erhob darin den Vorwurf, Habermas habe seine Darstellung in irreführender Weise verkürzt wiedergegeben, und zählte einige Beispiele auf, in denen seine Äußerungen tatsächlich in der für ihn denkbar ungünstigsten Weise interpretiert worden wären.

Welche Motive mochten Habermas bewegt haben? Diese Frage stellte Hillgruber mit echter Empörung am Ende seiner Erwiderung. Vielleicht wollte er die Sozialdemokraten in ihrem Wahlkampf unterstützen oder – noch wahrscheinlicher – seine beherrschende Stellung innerhalb der Linken bekräftigen.[28] Jahrzehntelang hätten Habermas und seine Mitstreiter darauf bestanden, daß der Nationalsozialismus und das deutsche Volk im Dritten Reich zueinander gehörten. Jeder Versuch einer Abgrenzung setzte sich dem Verdacht der Apologie aus. Der einzige Pluralismus, den Habermas wirklich verteidige, sei der auf der Linken. Hillgruber erinnerte an die »Agitation und de(n) psychische(n) Terror« der extremen Linken, an dem auch Habermas einen »maßgeblichen Anteil« gehabt habe. »Wenn es das Ziel von Habermas sein sollte, jetzt wieder jene unerträgliche Atmosphäre zu schaffen, die in jenen Jahren an westdeutschen Universitäten herrschte, so dürfte er sich täuschen. Die Geschichte läßt sich nicht, den Wunschvorstellungen gescheiterter ›Propheten‹ und politischer Agitatoren entsprechend, beliebig wiederholen.« (1986c: 349)[29]

Trotz des cholerischen Zugs in seiner Erwiderung grenzte Hillgruber seine eigenen Anschauungen gegenüber denen Noltes und Fests ab und unterstrich, daß jeder Vergleich der Verbrechen Stalins mit den weit besser belegten Nazimorden in quantitativer wie in qualitativer Hinsicht viele Probleme aufwerfe. Daß Berichte aus Rußland über »jüdisch-bolschewistische« Greueltaten nach dem Ersten Weltkrieg der eigentliche Beweggrund für Hitlers »Vernichtungs«-Programm gewesen sein könnten, bezweifelte Hillgruber. Zu Recht stellte er die Frage, ob Hitlers Judenhaß nicht doch auf dessen Wiener Jahre vor 1913 oder auf individual-psychische Gründe zurückzuführen sei.

Aber auch wohlwollendere Beobachter hatten ihre Fragen an Habermas. Ein kluger italienischer Interviewer wollte von ihm wissen, wie sich für ihn die den Konservativen unterstellte Anschauung von Deutschland als dem »Land der Mitte« samt ihren traditionell feindseligen Untertönen gegenüber Ost und West mit einer »deutschnationalen Natophilosophie« vereinbaren lasse. Und war seine Suche nach einer »postkonventionellen Identität« nicht vielleicht etwas zu abstrakt? Kann ein Rechtssystem – *ubi constitutio ibi patria* – tatsächlich zum Objekt patriotischer Gefühle werden?

Hagen Schulze hat die Überzeugung geäußert, so begrüßenswert die Berufung auf einen Verfassungspatriotismus als *raison d'être* der Bundesrepublik auch sei, so wenig werde dieser allein dafür ausreichen. Die guten deutschen Verfassungspatrioten der Weimarer Republik hatten dem »mächtigen emotionalen Appell der Nationalisten nichts Wirksames entgegenzusetzen« (1986: 148 f.).[30] Dem Historiker erscheint außerdem nationale Identität kaum als bedrohliches Schreckgespenst. »Nationale Identität« erkläre, warum ein bestimmtes Land diese und keine andere Entwicklung genommen habe. Solange die Westdeutschen keine nationale Identität akzeptierten, könnten sie auch nicht für die Naziverbrechen haftbar gemacht werden – »eben das ist ja der Grund dafür, daß die DDR ihre Identität mit der gesamten deutschen Geschichte leugnet«.

Darüber hinaus unterstellte Habermas dem konservativen Vorstoß eine zu große Gemeinsamkeit in der Absicht, die dieser wahrscheinlich gar nicht hatte. Wie Nipperdey schrieb (1986b: 217), sei die Tatsache, »daß es politische Ansprüche auf Erinnerung gibt, ... nicht eine machiavellistische Idee von Stürmer, sondern eine einfache Wahrheit«. Außerdem bedurfte es gar keiner konservativen Verschwörung, um die Frage nach der Einzigartigkeit der NS-Verbrechen aufzuwerfen. Die Halbwertzeit für Gewissensbisse neigte sich ihrem Ende zu. Ganz ohne Konspiration verbreitete sich unter Konservativen die Überzeugung, daß ihre Zeit gekommen und die der »falschen Propheten« der Linken vorbei sei. 40 Jahre nach der Niederlage, mit einer CDU-Regierung an der Macht und einer allgemein verbreiteten Stimmung, daß die Deutschen auf den größten Teil ihrer Geschichte stolz sein könnten[31], konnten sich die Historiker auf der Rechten nun endlich jener Beschränkungen entledigen, die bestimmte Formulierungen bislang tabuisiert hatten. Das wirklich Neue daran war, daß westdeutsche »Kulturträger« einer derartigen Reaktion zu Ansehen verhalfen. *Spiegel*-Herausgeber Rudolf Augstein stellte verblüfft fest: »Allen Ernstes müssen wir uns mit folgenden Fragen beschäftigen: Durfte Hitler, nein, mußte Hitler sich von den Juden aller Welt bedroht fühlen, nachdem ihm der Präsident des Jüdischen Weltkongresses, Chaim Weizmann, im September 1939 zusammen mit England ›den Krieg erklärt‹ hatte...?« (1986: 196)

Augsteins Sarkasmus provozierte scharfe Reaktionen bei jenen, die der Meinung waren, Hillgruber und Nolte würden diffamiert. Die stärkste Unterstützung erfuhr Nolte durch Joachim Fest. Seit dem Ende der sechziger Jahre, so Fest, sei es üblich geworden, jede historiographische Abweichung von der damals herrschenden (linken) Vorstellung der heimlichen Komplizenschaft mit dem »Faschismus« zu zeihen. Entscheidend für die Kritik seien keine Sachfragen, sondern bei den Autoren vermutete Motive. »Für diese elende Praxis gibt es seit kurzem eine neue Variante. Sie stammt von Jürgen Habermas.« Dieser habe verschiedene neuere historische Publikationen dazu benutzt, einige renommierte Historiker »unter Nato-Verdacht« zu stellen. Er sei in seiner Verschwörungstheorie befangen und sehe die Grenzen noch immer zwischen konservativen und fortschrittlichen, deutschnationalen und liberalen Historikern. Stattdessen schlägt Fest eine andere Trennung vor: auf der einen Seite diejenigen, deren pessimistische Sicht der Dinge dazu führt, daß sie Geschichte als »beherrscht von Haß, Angst und Ausrottung, sinnlos und ohne Ziel« wahrnehmen, für die Auschwitz auf den Rang einer »technischen Innovation« schrumpft, und auf der anderen Seite jene, die noch an die »Perfektibilität« des Menschen glauben. In der entscheidenden Frage der historischen Präzedenzfälle und der Vergleichbarkeit historischer Ereignisse wurde Nolte von Fest kompromißlos unterstützt. Ob Nazis oder Bolschewisten, das Prinzip sei dasselbe gewesen, schreibt Fest: Wer als Feind galt, wurde nicht aufgrund von Schuld oder Unschuld entschieden, sondern aufgrund der schlichten Zugehörigkeit zu einer sozialen Gruppe: »Hier zu einer Klasse, dort zu einer Rasse«. Daneben bestritt er auch jede sonstige Einzigartigkeit der NS-Verbrechen. Sollte man wirklich glauben, Stalins Gulag sei weniger »mechanisch« gewesen als die Konzentrationslager? Und in Erwiderung auf die Historiker, für die die NS-Verbrechen deshalb so entsetzlich waren, weil sie sich in einem alten Kulturvolk ereigneten, meinte Fest, dahinter verberge sich »die alte Herrenvolkgesinnung«. Wer die Greueltaten der Russen, Türken oder der Roten Khmer nicht mit den nationalsozialistischen Untaten auf dieselbe Stufe stellte, war hochmütig und rassistisch. Man mußte Noltes These, »daß Hitlers Vernichtungswille ganz überwiegend von der Vernichtungsdrohung der russischen Revolution inspiriert war«, nicht übernehmen. Es genügte die Einsicht, daß es *un*wahrscheinlich war, daß er *nicht* von ihr beeinflußt worden war (Fest 1986: 101, 111, 102 f., 105).

Diese Logik wurde selbst denen zuviel, die sich mit dem Ton von Habermas' Polemik nicht anfreunden konnen. Eberhard Jäckel, der sich die These Mommsens und Broszats von der »Polykratie« des NS-Systems nicht zu eigen gemacht hat, erklärte, Habermas habe zwar Hillgruber Unrecht getan, aber Nolte und Fest seien zu weit gegangen. Gegenüber der – von Fest sogar noch unverblümter als von Nolte geäußerten – Behauptung, der Mord an den Juden durch die Nationalsozialisten sei nicht einzigartig gewesen, erklärte Jäckel: »Der nationalsozialistische Mord an den Juden (war) deswegen einzigartig, weil noch nie zuvor ein Staat mit der Autorität seines verantwortlichen Führers beschlossen und angekündigt hatte, eine bestimmte Menschengruppe einschließlich der Alten, der Frauen, der Kinder und der Säuglinge möglichst restlos zu töten, und diesen Beschluß mit allen nur möglichen staatlichen Machtmitteln in die Tat umsetzte.« (1986: 118)

Im übrigen war für Jäckel die Frage nach der Einzigartigkeit der NS-Verbrechen nicht entscheidend. Sollte die Bundesrepublik andernfalls etwa ihre Wiedergutmachungszahlungen an Israel einstellen? In dieselbe Richtung zielte Hagen Schulzes Frage, ob denn die Massenmorde weniger verabscheuungswürdig seien, wenn sich vergleichbare Untaten nachweisen ließen. Und führte eine Verneinung der Frage nach einer Vergleichbarkeit der NS-Verbrechen nicht ebenso zu ausweichenden moralischen Urteilen? Der absolut singuläre Fall könnte als Verirrung abseits der Geschichte verstanden werden und damit als moralisch so wenig verpflichtend wie die Tat eines offensichtlich Verrückten (Schulze 1986).

Die Singularität des Völkermords an den Juden anzuerkennen,

bedeutet ja nicht, daß ein Vergleich mit anderen Völkermorden ausgeschlossen ist, und verhindert auch nicht die Erinnerung an den stalinistischen Terror. Jedes Ereignis ist in bestimmter Hinsicht singulär, während es in anderer Hinsicht Gemeinsamkeiten mit einer mehr oder weniger großen Zahl anderer Ereignisse aufweist. »Gegen historische Vergleiche ist nichts einzuwenden, ganz im Gegenteil«, stellte Jürgen Kocka einige Wochen nach Jäckel fest. Allerdings sollte man das Dritte Reich auch mit Gesellschaften der westlichen Welt vergleichen, die seinem Entwicklungsstand, seiner Gesellschaftsstruktur und seinen politischen Ansprüchen eher entsprechen. Das habe nichts mit Hochmut oder »Herrenvolkgesinnung« zu tun, wie Fest meinte, dafür jedoch »mit dem Ernstnehmen unserer europäischen Tradition, aus der Aufklärung, Menschenrechte und Verfassungsstaat nicht weggedacht werden können« (Kocka 1986b: 134 f.).

Welcher Vergleich denn nun zulässig oder schicklich sei, diese Frage ist im Historikerstreit nicht entschieden worden. Nach Nolte, Fest und Hildebrand ist Auschwitz singulär wie alle historischen Phänomene – ausschlaggebend sind jedoch seine komparativen Aspekte. Ihre Gegner bestreiten nicht die Vergleichbarkeit einzelner Aspekte, entscheidend aber ist ihnen die Singularität; ausschlaggebend ist, welchem Zweck ein Vergleich dienen soll. Trotz des Einwandes von Jäckel, Schulze und später auch Christian Meier, die Ermordung von sechs Millionen Menschen wäre nicht weniger verabscheuungswürdig, wenn sie eine Untat neben anderen wäre, bleibt die Frage der Vergleichbarkeit oder Singularität ein wichtiges Problem. Das Gefühl, nicht allein unter den Gesellschaften dazustehen, die einen Völkermord verübt haben, setzt anscheinend eine ganze Kette von Hemmungen außer Kraft. Nolte ist offenbar überzeugt, daß es die von der Vergangenheit ausgehende Lähmung löst. Während des Wahlkampfs 1986/87 beseitigte es manche historische Hemmschwelle, als Journalisten und Politiker mit dem Gedanken spielten, die »Endlösung« sei möglicherweise bereits implizit im Programm der Aufklärung mitenthalten gewesen. Auf jeden Fall begünstigte es historische Neueinschätzungen und politische Implikationen, die bis dahin tabu waren. Wir sollten uns darauf einigen, keine Frage auszugrenzen. Aber bedeutet das auch, daß wir jede Antwort gleichermaßen würdigen müssen?

Die Grenzen der Geschichte

War der Streit zu einem Abschluß gekommen, oder hatte sich lediglich Erschöpfung breitgemacht? Im November 1986 versuchte der Althistoriker Christian Meier, Vorsitzender des deutschen Historikerverbandes, der Auseinandersetzung ihre politische Schärfe zu nehmen. Meier äußerte die – wie sich zeigte, voreilige – Vermutung, beide Seiten hätten inzwischen ihre Positionen entschärft. Er habe den Eindruck gewonnen, daß nach Noltes jüngstem Artikel »das Problem der Singularität nicht mehr strittig« sei. Während Meier einerseits Nolte taktvoll für die Anregung dankte, die verschiedenen Völkermorde des 20. Jahrhunderts stärker ins Bewußtsein treten zu lassen, bestand er andererseits darauf, das Bedrängende der NS-Vergangenheit könne durch keine vergleichende Relativierung abgeschwächt werden. »Dazu ist das Bewußtsein von den Untaten zu tief in die Grundlagen der Bundesrepublik eingebrannt.« So verständlich der Wunsch nach einer Lösung aus der »hypnotischen Lähmung« der NS-Vergangenheit sei – ein Herumdeuteln an ihr komme einer Flucht gleich. Mit Kocka wandte er sich gegen Fests Vorwurf, es zeuge von einer »Herrenvolkgesinnung«, wenn man darauf bestehe, Deutschland im Dritten Reich mit anderen westlichen Kulturnationen zu vergleichen. Und wie für Jäckel war auch für ihn die Frage nach der Singularität nicht das Hauptproblem. »Was nützt es uns, wenn die Judenvernichtung neben der Kulakenverfolgung und -liquidation oder den Ausrottungen des Herrn Pol Pot ins Glied tritt?« Die Beschäftigung mit der »Endlösung« dürfe nicht zu einer Aufrechnung ausarten (Meier 1986: 265 ff.).

Dennoch blieb für Meier das Problem der Singularität unter einem anderen Aspekt von Bedeutung: Der Holocaust muß einzigartig bleiben, damit er nicht vergessen wird. Auch sei es besser, »wir wissen und sagen, wie es ist, als daß wir es uns immer wieder sagen lassen müssen«. Hier komme auch die Frage der Identität wieder ins Spiel. Nach wie vor gehe der Streit weniger um die Vergangenheit als um die Gegenwart und die Zukunft. Die Bundesrepublik sei immerhin der einzige deutsche Nachfolgestaat, der die Anerkennung und das Bedauern der NS-Verbrechen zum Bestandteil seines Grundgesetzes gemacht habe. Habermas' Reaktion sei übertrieben: Keinem der von ihm angegriffenen Historiker könne man den Vorwurf machen, sie wollten den Nationalsozialismus verharmlosen; keiner hätte »die Hypotheken einer glücklich entmoralisierten Vergangenheit abschütteln« wollen, wie Habermas unterstellt habe.

Auch Meier bezweifelte, daß es mit einem bloßen »Verfassungspatriotismus«, wie er Habermas vorschwebte, getan sei. War es denn nicht zulässig, eine sinnvolle nationale Identität anzustreben? »Bei aller Sympathie für postnationale Identität – kann die ausreichen, da wir weiter unter Nationen leben?« Habermas hatte in seinem zweiten Beitrag zur Kontroverse im November 1986 behauptet, für das Erbe von Auschwitz müßten selbst diejenigen mithaften, die damals zu jung waren, als daß sie sich hätten mitschuldig machen können, weil sie an denselben »Lebensformen« oder »Entstehungszusammenhängen« teilhätten, »in denen Auschwitz möglich war« und die potentiell bis heute weiterbestehen. Diese Forderung erschien Meier zu abstrakt. Nach 40 Jahren gelungener Demokratie sah er nicht die Gefahr einer Wiederkehr der damaligen Verhältnisse. Gewiß, Auschwitz laste auch heute noch auf der deutschen Jugend, aber hauptsächlich deshalb, weil es eine wirkliche nationale Identität gäbe. »Denn wenn wir uns in vieler Hinsicht weiter als Deutsche verhalten, ist es dann wirklich dieses Verhalten und nicht doch die Tatsache, daß wir Deutsche sind, was uns haften läßt?« (Ebd.: 272 f.)

Meier wollte lediglich eine »Zwischenbilanz« liefern und plädierte am Ende für einen Weg der Mitte. Aber nicht alle Stimmen waren so gemäßigt. Nolte schrieb in einem schroffen Leserbrief an die *Frankfurter Allgemeine Zeitung* (6.12.86), er habe keineswegs seine Position entschärft, sondern lediglich »einige Irrtümer und Mißverständnisse richtiggestellt«. Hillgruber nahm auch nichts von seinen Aussagen zurück (Hillgruber 1986c), und Hildebrand ließ sich nicht davon abhalten, folgende Passage drucken zu lassen: »Daß der Vorsitzende des Deutschen Historiker-Verbandes, der Althistoriker Christian Meier, ein solches Vorgehen (die fehlerhafte Wiedergabe von Zitaten durch Habermas) zu entschuldigen versucht, ist mir unbegreiflich und schlägt ein neues Blatt in der ›chronique scandaleuse‹ dieser Debatte auf...« (1986c: 287)

Habermas hatte seinen zweiten Beitrag vor Meiers Versuch einer Überwindung des Historikerstreits veröffentlicht. Er sah keinen Grund, etwas von dem, was er geschrieben hatte, zurückzunehmen. Der immer länger werdende Abstand der Gegenwart zum Dritten Reich mache eine Historisierung in jedem Fall notwendig – ob in dieser oder in jener Form. Die traumatischen Gedenkveranstaltungen Mitte der 80er Jahre – der 50. Jahrestag des 30. Januar 1933, die 40. Jahrestage des 20. Juli 1944 und des 8. Mai 1945 – öffneten schließlich die Schleusen der Erinnerung und riefen der Öffentlichkeit ins Bewußtsein, daß die Vergangenheit nicht einfach verging. Aber wie sollten die Deutschen diese Erinnerungen aufarbeiten? Habermas befürchtete, sie würden wie in Bitburg von der Rechten instrumentalisiert, und führte zwei Belege dafür an: Alfred Dreggers Widerstand gegen jede »Vergangenheitsbewältigung« und den Versuch eines Verteidigers in einem Euthanasieprozeß, einen Sachverständigen für befangen erklären zu lassen, da dieser einen jüdischen Großvater habe. War das zufällige Zusammentreffen beider Ereignisse wirklich nur zufällig? »Oder verbreitet sich in dieser Republik allmählich ein geistiges Klima, in dem das einfach zusammenpaßt? ... Die Aura des Soldatenfriedhofs (in Bitburg) sollte nationales Sentiment und dadurch ›Geschichtsbewußtsein‹ wecken; das Nebeneinander der Leichenhügel im KZ und der SS-Gräber auf dem Ehrenfriedhof, morgens Bergen-Belsen und nachmittags Bitburg, bestritt implizit den NS-Verbrechen ihre Singularität; und der Händedruck der Veteranengeneräle in Gegenwart des amerikanischen Präsidenten war schließlich eine Bestätigung dafür, daß wir im Kampf gegen den Bolschewismus immer schon auf der richtigen Seite gestanden haben.« (1986c: 245).

Für Habermas zeugten alle diese Äußerungen mit ihrer Gefühllosigkeit und ihrem manipulatorischen Charakter von einer tieferen

Unterströmung. Insofern mußte seine Wahrnehmung wohl einseitig sein. Schließlich kann der Handschlag ehemaliger Gegner sowohl die Beendigung eines realen Kampfes besiegeln als auch ein Zeichen für ein heimliches Bündnis sein. Dennoch hatte Habermas ein zentrales Problem angesprochen: Gab es kein Gefühl der Verantwortung für vergangene Untaten, das derartige politische Mißgriffe von vornherein ausschloß? 40 Jahre zuvor, so erinnerte er seine Leser, habe Karl Jaspers (1946) sich mit der Frage auseinandergesetzt, wie weit alle Deutschen, die nichts gegen das Regime unternommen hatten, kollektiv haftbar gemacht werden könnten.« »Heute wachsen schon die Enkel derer heran, die am Ende des Zweiten Weltkrieges zu jung waren, um persönlich Schuld auf sich laden zu können.« (Habermas 1986c: 257) Tragen auch die später Geborenen noch Verantwortung? Habermas bejahte diese Frage, und das nicht nur im Sinne einer formalen kollektiven Mithaftung, weil die Bundesrepublik sich als Rechtsnachfolger des Dritten Reiches versteht. »Nach wie vor gibt es die einfache Tatsache, daß auch die Nachgeborenen in einer Lebensform aufgewachsen sind, in der *das* möglich war.« (Ebd.: 247) Ein schwer entwirrbares Geflecht von familialen, lokalen, politischen und intellektuellen Überlieferungen verbindet noch die jüngsten Deutschen mit der Lebensform ihrer Eltern und Großeltern. »Niemand von uns kann sich aus diesem Milieu herausstehlen, weil mit ihm unsere Identität, sowohl als Individuen wie als Deutsche, unauflöslich verwoben ist.« (Ebd.)

Bei den neokonservativen Historikern sah Habermas jenen Nationalismus wieder auferstehen, der schon in der Vergangenheit die deutschen Lebensformen so sehr beeinträchtigt hatte. Habermas stützte sich auf das Argument der Lebensformen, um damit anzudeuten, daß die Anfälligkeit für den Nationalsozialismus zwischen 1933 und 1945 in eine Kultur eingebettet war, die diese auch 1986 noch in ihrem Schoß bergen konnte. Im kulturellen Erbe eines jeden Deutschen lauere noch immer Auschwitz als Möglichkeit. Deshalb erlege der Massenmord an den Juden bis heute eine gegenseitige und nicht nur eine kollektive Verantwortung auf, eine Verpflichtung nicht zur Erinnerung an das Leiden der von deutschen Händen Hingemordeten, sondern nur Solidarität mit den Toten, die nur durch die ständige Erneuerung des Gedenkens möglich sei. Wenn die Deutschen sich über dieses Benjaminsche Vermächtnis hinwegsetzten, dann »würden jüdische Mitbürger, würden überhaupt die Söhne, die Töchter und die Enkel der Ermordeten in unserem Lande nicht mehr atmen können« (ebd.: 248). Deshalb war für Habermas auch eine »Normalisierung« des Verhältnisses der Bundesrepublik zu Israel auf absehbare Zeit kaum denkbar. Im Grunde lief das auf die Forderung hinaus, Auschwitz müsse für die deutsche Identität ebenso grundlegend sein wie für die israelische.

Der aktuelle Streit ging für Habermas also um die Frage, wie die Deutschen sich zu ihren eigenen Traditionen stellen sollten. Bislang sei die offizielle Antwort der Bonner Regierung zu diesem Punkt unmißverständlich gewesen: »Nach Auschwitz können wir nationales Selbstbewußtsein allein aus den besseren Traditionen unserer nicht unbesehen, sondern kritisch angeeigneten Geschichte schöpfen.« (Ebd.) Dieser Konsens werde von rechts aufgekündigt. Die Konservativen befürchteten, daß eine kritische Beschäftigung mit der eigenen Geschichte die kollektive Identität, die soziale Integration und das Vertrauen des Auslands in die Verläßlichkeit der Bundesrepublik als Bündnispartner untergraben und die Rehabilitierung konservativer Traditionen (wie etwa der Heideggerschen Philosophie, die nach der NS-Herrschaft einen Makel trug) behindern könnte. Damit war eine Kontroverse wieder aufgebrochen, die Jaspers vor 40 Jahren mühsam geschlichtet hatte:

> »Kann man die Rechtsnachfolge des Deutschen Reiches antreten, kann man die Traditionen der deutschen Kultur fortsetzen, ohne die historische Haftung für die Lebensform zu übernehmen, in der Auschwitz möglich war? Kann man für den Entstehungszusammenhang solcher Verbrechen, mit dem die eigene Existenz geschichtlich verwoben ist, auf eine andere Weise haften als durch die solidarische Erinnerung an das nicht Wiedergutzumachende, anders als durch eine reflexive, prüfende Einstellung gegenüber den eigenen, identitätsstiftenden Traditionen?« (Ebd.: 250 f.)

Diese Passage aus dem zweiten Beitrag von Habermas gehört zu den schwierigsten und zugleich wichtigsten Texten im Zusammenhang mit der Kontroverse. Er ist auch einer der problematischsten. Um seine Überzeugung von einer andauernden historischen Verantwortung zu begründen, bemühte Habermas einen an Burke erinnernden Begriff einer nationalen Gesellschaft mit ihrem organischen »Vertrag« zwischen den Lebenden und den Toten. Er stellte sich eine Gesellschaft mit gegenseitiger und nicht nur kollektiver Haftung vor. Und er beharrte darauf, daß man auf die trügerischen Tröstungen eines Geschichtsbewußtseins, das eine traditionelle Identität anstrebe, verzichten müsse, um dieser Verantwortung gerecht zu werden: Die deutsche Geschichte müsse eine schmerzhafte Geschichte bleiben. Aber wie läßt sich Habermas' Vorstellung von einer formenden nationalen Gemeinschaft, einer »Lebensform« – letztlich eines über die Zeit hinweg wirksamen determinierenden Einflusses – mit seinem Begriff des »Verfassungspatriotismus« vereinbaren – einer rational begründeten Loyalität gegenüber Freiheit und Recht und damit gegenüber einer übernationalen liberalen Republik? Worauf die Westdeutschen stolz sein konnten, das war nach dem ersten Beitrag von Habermas die Ausbildung einer Nationalität auf der Grundlage kantischer Ideale. Seinem zweiten Beitrag zufolge sollten sie sich jedoch bewußt machen, daß sie eine nationale Herkunft gemeinsam hatten, die ihre Gesten, Traditionen, Gewohnheiten und ihr moralisches Erbe determinierte. Zweifellos wurden diese Gedanken in journalistischer Manier dargeboten – als Antwort auf die laufende Auseinandersetzung, schnell skizziert und absichtsvoll polemisch. Auch *Die Theorie des kommunikativen Handelns* hatte eine Evolution von der Lebenswelt zu einer rationalen Gemeinschaft vorgeschlagen. Dennoch umfaßt Habermas' Philosophie eine Reihe von asymptotischen Versuchen zur Versöhnung der Antinomien. Keine seiner Behauptungen war ohne innere Spannung.

Habermas bestand zu Recht darauf, daß die Frage der Vergleichbarkeit mehr als nur ein wissenschaftliches Problem sei. Wenn Vergleiche dazu benutzt wurden, die nationale Verantwortung zu verringern, dann war dies eine öffentliche Frage, und er wandte sich heftig gegen Nipperdeys und Hildebrands höchst unterschiedliche Versuche, die Kontroverse ausschließlich als Debatte zwischen Historikern darzustellen. Der Streit ging nicht um Fragen der Wissenschaftstheorie oder der Wertfreiheit, sondern um den öffentlichen Gebrauch der Historie. Indem der Streit nicht mehr innerhalb der historischen Fachzeitschriften, sondern in der Tagespresse ausgetragen wurde, gewann ein zunächst nur den Historiker betreffendes Problem politische Bedeutung. Erst dadurch sah Habermas sich überhaupt zu einer Intervention veranlaßt. Immerhin markierte für ihn die Veröffentlichung des Artikels von Ernst Nolte in der *Frankfurter Allgemeinen Zeitung* einen Einschnitt in der politischen Kultur und im Selbstverständnis der Bundesrepublik – und nicht nur für ihn, sondern auch für zahlreiche Beobachter im Ausland.

Ich möchte gerecht sein. Die Position von Habermas spricht mich zum einen als Historiker an, der sich über Deutschland Gedanken macht, und zum anderen als US-amerikanischen Liberalen, der ähnliche öffentliche Debatten in den Vereinigten Staaten miterlebt hat, in denen es etwa um Rassenkonflikte oder um Interventionen im Ausland ging. Die von Habermas gebrauchten Wendungen stehen in der Tradition der Aufklärung und vermeiden jenen problematischen Subjektivismus, dem die westdeutschen Linken allzu leicht erliegen. Ich hege die Befürchtung, daß Noltes oder Fests gequälte Argumentationen zwar keinem zweiten Holocaust die Tür öffnen (das wäre so gut wie unmöglich), dafür jedoch einer schlimmen Politik in der einen oder anderen Form, einer Beeinträchtigung abweichender Meinungen oder einem Angriff auf die Meinungsvielfalt: die Rationalisierung der politischen Phantasien der *Bildzeitung* in der Sprache der Existenzphilosophie. Selbst wenn die revisionistische Auffassung keine konkreten Auswirkungen hätte, wenn die Bundesrepublik Deutschland weiterhin eine starke Demokratie bliebe, müßte ihre staatsbürgerliche Kultur durch solche Entstellungen der historischen Erinnerung Schaden nehmen.

Die Position von Habermas wirft aber auch Probleme auf. Zum ersten erscheint seine Befürchtung einer nationalistischen NATO-Philosophie übertrieben: Damit unterstellt er die Existenz einer Clique aus Westdeutschen und Amerikanern, die ihr Bündnis konspirativ betreiben und zu diesem Zweck die Erinnerung an die NS-Verbrechen zum Schweigen bringen möchten. Aber die NATO hat weit mehr mit der Mauer durch Berlin als mit der Mauer um Bitburg zu tun. Die NATO war das Bündnis von Brandt wie von Kohl und Stürmer, von Carter wie von Reagan. Zum zweiten hat Habermas, wie wir gesehen haben, zwei unterschiedliche Zugänge zu einer deutschen Identität vorgeschlagen, die sich schwer miteinander vereinbaren lassen; einen Versuch, sie miteinander in Einklang zu bringen, hat er anschließend (1987b) noch unternommen.

Und zum dritten bringt der hohe Anspruch, den Habermas an die historiographische Rhetorik stellt, eine Schwierigkeit mit sich, auf die einige der weniger parteiischen Teilnehmer an der Debatte hingewiesen haben, ohne sie jedoch unmittelbar beweisen zu können. Habermas hat sich als brillanter Teilnehmer an der Debatte erwiesen, aber abgesehen von den ihm vorgehaltenen entstellenden Zitaten steckt in seiner Polemik eine Gefahr, auf die Nipperdey hingewiesen hatte, als er von dem dünnen Boden sprach, auf dem die Geschichtswissenschaft sich bewege. Bedeutet Nipperdeys Sorge um die Verletzbarkeit einer liberalen Geschichtsforschung tatsächlich, wie Habermas ihm vorgeworfen hat, daß dieser »in einem ideologisch geschlossenen, von der Realität nicht mehr erreichbaren Milieu« lebt? Ich meine nicht – die Furcht vor einer Überlastung der Geschichtswissenschaft halte ich für legitim. Obgleich die Kontrahenten – Habermas wie Stürmer – anerkennen, daß die Historiographie jenes Gefährt ist, mit dessen Hilfe die ideologischen und politischen Gewässer der Bundesrepublik befahren werden müssen, ist das Schiff selbst doch fragil. Es kann leicht voll Wasser schlagen. Es kann nur ein gewisses Maß an Konflikt unter den Mitfahrenden verkraften. Muß die Geschichte nicht – so lautete die berechtigte Frage von Christian Meier und Thomas Nipperdey – bis zu einem gewissen Grad vor einer Überladung geschützt werden, wenn sie der Allgemeinheit in der genannten Weise dienen soll?

Habermas würde wahrscheinlich erwidern, daß diese Metapher lediglich erneut Nipperdeys historischen »Quietismus« zum Ausdruck bringe und im übrigen weltfremd sei. Weltanschauliche Herausforderungen auf breiter Front werde es immer wieder geben. Das Boot werde zwangsläufig Wassereinbrüche erleben. Aber selbst wenn Habermas damit recht hätte, hieße das noch nicht, daß sich in der Historiographie ideologische Konflikte unkritisch widerspiegeln. Die Frage läuft darauf hinaus, auf welche Weise ideologische Unterschiede möglicherweise durch methodische Unterschiede vermittelt werden. Unter Vermittlung verstehe ich nicht ein einfaches Zudecken oder Umschreiben, sondern ein transzendierendes Akzeptieren. Für den Historiker erfordert dies eine rigorose Analyse der Voraussetzungen unter allen rivalisierenden Gesichtspunkten, letztlich das Bemühen, auch den Standpunkt von Parteien einzunehmen, die zum Schweigen gebracht wurden oder abwesend sind. Zwei Analogien sind möglicherweise hilfreich, wenn es um die Aufgaben des Historikers im Rahmen einer ideologischen Auseinandersetzung geht; sie sind der Sphäre der Rechtsprechung und der Politik entnommen.

Anglo-amerikanische Gerichtsverhandlungen beruhen auf einem besonderen Verfahren, um die überzeugendste Schilderung der strittigen Ereignisse zu erhalten: Die Anwälte haften nicht für die Wahrheit, sondern lediglich für einen stilisierten Text oder Dialog, der den jeweiligen Klienten in ein möglichst günstiges Licht rückt. Die meisten Historiker würden allerdings eine derartige Beschreibung ihrer Aufgabe nicht akzeptieren. Sie sehen ihre Rolle eher in der Nähe des aufklärenden Kriminalbeamten oder des Richters (und hier wieder mehr eines französischen oder deutschen Richters, der im Unterschied zu seinen anglo-amerikanischen Amtskollegen das Recht hat, selbst Zeugen zu befragen).[32] Die Verpflichtung des Richters geht über die der streitenden Parteien hinaus; er repräsentiert das Interesse der Gemeinschaft, der Wahrheit so nahe wie möglich zu kommen. In dieser Hinsicht muß der Rückgriff des Historikers auf das geschilderte juristische Verfahren begrenzt bleiben. Eine Debatte, die auf den Feuilletonseiten großer Tages- oder Wochenzeitungen ausgetragen wird, erfordert zweifellos andere Grundregeln als eine, die in wissenschaftlichen Fachzeitschriften und auf Konferenzen geführt wird; aber selbst in der Tagespresse sollte der Historiker nicht die Rolle eines Anwalts einnehmen.

Betrachten wir die zweite Analogie: Politik läßt sich – entgegen der Theorie Carl Schmitts – nicht auf einen Bürgerkrieg reduzieren. Und ebensowenig läßt sich die berühmte Formel von Clausewitz einfach umkehren: Die Tatsache, daß Politik in Gewalt münden kann, bedeutet nicht, daß sie einfach die Fortsetzung des Krieges mit anderen Mitteln wäre. Nicht alle politischen Systeme müssen die gesellschaftlichen Spannungen und latenten ideologischen Konflikte der Weimarer Republik aufweisen. Das internationale System entspricht nicht dem Hobbesschen Naturzustand, auch wenn letzten Endes kein gemeinsames Staatenoberhaupt einen Krieg verhindern könnte. Die meiste Zeit befinden sich die Nationalstaaten in einem Zustand der Quasi-Kooperation. Sie suchen Kriege zu vermeiden; sie fördern den Handel und den Kulturaustausch untereinander; sie erkennen umfassendere, nationenübergreifende Bindungen an, und wenn eine Katastrophe droht, versuchen die politischen Führer möglichst frühzeitig, die Schuld, die man ihnen unweigerlich geben wird, auf andere abzuwälzen. Eine solche Sicht der internationalen Gesellschaft, die zwar Konflikte als Möglichkeit berücksichtigt, aber keinen unablässigen Kampf um die Macht unterstellt, hat man nach dem niederländischen Naturrechtsphilosophen Grotius aus dem 17. Jahrhundert als grotianisch bezeichnet (vgl. Bull 1977: 20-27, 40-46). Unter grotianischem Blickwinkel sind Nationalstaaten oder internationale Systeme nicht einfach der Ausdruck erstarrter Konflikte oder einer »strukturellen Gewalt«. Sie sind eher ein Beispiel für Kooperation als für ein Patt zwischen Gegnern, die ihr gewalttätiges Handeln mit dem Mantel ideologisch-moralischer Rechtfertigungen zu verbrämen suchen. Bürgerliche Gesellschaft und politische Institutionen haben ihre eigene Infrastruktur der Gemeinschaftlichkeit; sie beruhen auf realen Bedürfnissen nach freundschaftlichem Umgang der Menschen untereinander.

So müßten auch die Sozialwissenschaften und die Historiographie in der Lage sein, eine ideologische Parteilichkeit zu überwinden – nicht indem sie bestreiten, daß diese wissenschaftlichen Aktivitäten von der Politik beeinflußt werden, sondern indem sie ihre Bindung an ein gemeinsames Projekt der Erkenntnis anerkennen. Natürlich erfordert dies eine erste Stufe der Selbstreflexion, der gedanklichen Auseinandersetzung mit der Frage, auf welche Weise die persönlichen Vorstellungen des Historikers von der Vergangenheit durch politische oder psychologische Vorlieben mitbestimmt sind. Es ist das Äquivalent zur Lehranalyse eines Psychoanalytikers. Sobald diese wesentliche Klärung vorgenommen wurde (häufig wird sie unterlassen oder rundheraus abgelehnt), kann man ein wissenschaftliches Vorhaben nicht einfach wegen seiner denkbaren politischen Weiterungen verwerfen. Die Sozial- und Geisteswissenschaften bewegen sich in einer Sphäre, in der nicht die Regeln eines Hobbes, sondern die eines Grotius gelten. Zumindest braucht der Geschichtsschreiber einen Leser, der sich um Unvoreingenommenheit bemüht. Der Text steht jedem Solipsismus entgegen. Das Schreiben und Lesen von Geschichte muß eine intellektuelle Gemeinschaftlichkeit zur Grundlage haben.

Habermas würde dem wahrscheinlich entgegnen, dieser Anspruch an die Geschichte entspreche seiner Vorstellung von einem Diskurs überhaupt. Die Bereitschaft, in ein Gespräch einzutreten, bedeute unausgesprochen die Überzeugung von der Möglichkeit eines rationalen Konsenses. Damit schaffe sie die Möglichkeit einer begründeten Erkenntnis. Aber ein politisches Gespräch ist vielleicht von anderen Eigenschaften und »Interessen« geprägt als ein historisches. Das letztere sollte zweifellos ein Verfahren zur Wahrheitsfindung sein und der Rekonstruktion von »Sinn« in den Humanwissenschaften dienen. Im Idealfall ist auch ein politisches Streitgespräch ein Verfahren zur Wahrheitsfindung, es kann jedoch ebenso gut ein Verfahren zur Erzwingung von Zustimmung sein. Selbst in einer liberalen Demokratie, wo zur politischen Debatte nicht nur eine bestimmte Machtposition, sondern auch ein Mindestmaß von Verpflichtung zur Wahrheit gehört, haben die Kontrahenten das Recht, ihre Sache einseitig darzustellen. Unter den Bedingungen eines modernen Staates beruht der politische Diskurs auf einer Auseinandersetzung, die von vielen Seiten geführt wird: Die Gesellschaft setzt voraus, daß politische Entscheidungen sich aus dem Zusammenstoß einseitiger Auffassungen ergeben; es wird nicht erwartet, daß die Beteiligten jeden einzelnen Streitpunkt von allen Seiten beleuchten. Obgleich das historiographische Unternehmen häufig bestimmte Perspektiven bevorzugt, setzt es theoretisch eine Verpflichtung auf einen »Pluralismus der Lesarten« (Habermas) voraus. Deshalb muß die in Gesprächen von Historikern gewählte Sprache vermutlich umgänglicher und einbeziehender sein. Die von Nipperdey vorgebrachten Befürchtungen sind keineswegs weltfremd – auch wenn die Schuld an einer Überforderung des historischen Diskurses nicht allein Habermas zugeschoben werden kann. Ihm ging es nicht um eine historische Rekonstruktion; er schrieb eine politische Antwort auf eine konservative Indienstnahme historischer Rhetorik für politische Zwecke.

Bedeutet die Analogie zum grotianischen Modell, daß alle historischen Positionen in gleicher Weise zulässig sind und daß ihnen derselbe Grad an Plausibilität zugebilligt werden muß? Gewiß ist nichts gegen die Forderung einzuwenden, die Historiographie müsse auf einem gewissen Fundament der Gemeinschaftlichkeit ruhen, damit nicht jede Streitfrage in eine weltanschauliche Auseinandersetzung münde; aber es gibt eben auch politische Positionen, die sich den Mantel eines wissenschaftlichen Forschungsstrebens umhängen. Die meisten von uns kennen Projekte, die nach unserem Dafürhalten unseriös sind. Eine *Zeitschrift für historischen Revisionismus,* die den Beweis dafür erbringen möchte, daß es gar keine Vernichtungslager gegeben hat, oder eine offen rassistische Anthropologie – soll man diesen Unternehmungen dieselben Rechte zugestehen, die von einer Diskursgemeinschaft stillschweigend anerkannt werden? Diese Frage läßt sich wohl nur von Fall zu Fall beantworten. Im großen und ganzen tut die historische Gemeinde jedoch wahrscheinlich besser daran, Grenzfälle als Bemühungen zu akzeptieren, die in gutem Glauben unternommen werden und sich gegebenenfalls mit guten Gründen widerlegen lassen, als ihnen von vornherein böse Absichten zu unterstellen. Es ist besser, sie zuzulassen, als sie mit einem Bann zu belegen. Wir sollten Nolte und Fest mit ihren Beiträgen beim Wort nehmen.[33] Keiner von beiden hat versucht, etwas von dem Geschehenen zu bestreiten; sie haben lediglich ein anderes Licht darauf geworfen. Gleichzeitig hat Habermas mit Recht darauf hingewiesen, daß Noltes und Fests Positionen in eklatanter Weise über das hinausgingen, was bislang als angemessener historischer und intellektueller Diskurs in der Bundesrepublik akzeptiert war. Sie haben den Deutschen Verantwortung abgenommen, indem sie die Rolle der Nationalsozialisten bei der Endlösung heruntergespielt oder die Singularität der NS-Verbrechen bestritten haben. Mit ihrer Aufrechnung haben Nolte und Fest einer Argumentation einen offiziellen Anstrich gegeben, die bislang nur in rechtsradikalen Kreisen kursierte.

Der Historikerstreit war wichtig, weil seine Streitpunkte schmerzhaft sind. Nachdem sie jedoch einmal – von rechts – angesprochen waren, mußten sie auch durchdiskutiert werden. Sie betrafen einige der schwierigsten moralischen und historischen Fragen unserer Zeit. Aber die Debatte war fast unmöglich, weil die an die Historiographie gerichteten Ansprüche zu hoch waren. Politisches Engagement und wissenschaftliche Exaktheit sind nicht notwendig miteinander unvereinbar. Die absolute Trennung einer angeblich sterilen Wissenschaft von politischer Leidenschaft ist eine unhaltbare Dichotomie: in jedem Fall unmöglich zu verwirklichen und nicht immer von Wert. Aber der Diskurs wohlbegründeter historischer Urteile und der Diskurs des öffentlichen Gewissens folgen möglicherweise unterschiedlichen Zielen. Habermas bestand zu Recht darauf, die Debatte um die NS-Vergangenheit müsse gleichzeitig auf der politischen wie auf der wissenschaftlichen Ebene geführt werden. Das erwies sich allerdings auch für ihn als ein schwieriges Unterfangen, und vielleicht brauchen wir zwei verschiedene Debatten auf zwei unterschiedlichen Sprachebenen. Möglicherweise besteht ein Spannungsverhältnis zwischen der Vertiefung in komplexe Zusammenhänge, wie sie für historische Urteile nötig ist, und der für eine politische Argumentation charakteristischen Vereinfachung.

Somit bleiben uns drei Fragen. Wieviel Polemik verträgt die Historie ohne Verzerrung? Selbst wenn sie sich nicht mit einer allgemeinen Regel beantworten läßt, ist die Frage durch die Leidenschaftlichkeit des Historikerstreits gerechtfertigt und zwingt uns zu einem Nachdenken über die Grenzbedingungen des historischen Diskurses. Beim zweiten Problem geht es um das »Geschichte-Betreiben«, und es ist die klassische Frage der Weberschen Sozialwissenschaft nach dem Gebrauch von Typologien und ihrer Legitimität in der Geschichte und den Sozialwissenschaften. Es wurde in neuer Form durch die Frage nach der Vergleichbarkeit historischer Ereignisse aufgeworfen und wird im folgenen Kapitel behandelt. Und drittens stellt sich die Frage nach der deutschen Identität, der das 3. Kapitel gewidmet ist. In einer Hinsicht ist es ein Problem, mit dem sich die deutsche Geschichte unausgesetzt beschäftigt hat: An welchem Staat oder an welchen Staaten baut das deutsche Volk? Für

Habermas ist dies weniger eine Frage nach einem nationalen Rahmen als nach nationalen Werten: Was macht Identität eigentlich aus?

»Nicht dort ist unser Vaterland, wo es uns endlich einmal wohl ergeht. Unser Vaterland ist vielmehr mit uns, in uns. Deutschland lebt in uns; wir stellen es dar, mögen wir wollen oder nicht, in jedem Lande, dahin wir uns verfügen, unter jeder Zone. Wir beruhen darauf von Anfang an und können uns nicht emancipiren.«

Habermas hätte diese Zeilen schreiben können, nicht in seinem ersten, wohl aber in seinem zweiten wichtigen Beitrag zu der Kontroverse. Ebenso gut könnte Michael Stürmer ihr Urheber sein. Tatsächlich stammen sie jedoch aus dem Jahre 1836 von dem jungen Leopold von Ranke, dessen Sicht der Dinge bis heute einen Großteil des Historikerstreits überschattet (»Politisches Gespräch«, in *Die großen Mächte,* Göttingen 1958: 57).

Kapitel 2

Ein Holocaust wie die anderen? Probleme der komparativen Geschichtsschreibung

Frage aus dem Publikum: *Und glauben Sie, daß die Vorgänge, über die Sie schreiben, zu bewältigen sind?*
Antwort: *Nein.* [der Tod von sechs Millionen jüdischen, zwanzig Millionen sowjetischen, sechs Millionen polnischen Menschen],
Zusatzfrage: *Was hat es dann aber für einen Sinn, immer wieder davon anzufangen?*

Christa Wolf

Tatsächlich kann man am offenen Grabe eines Ermordeten keine Wissenschaft treiben. Aber kein Grab ist so groß und bleibt so offen, daß es nicht nach dem Verlauf von Jahren oder Jahrzehnten zum Thema der Wissenschaft werden könnte oder werden müßte.

Ernst Nolte

Für Christa Wolfs Protagonistin kehren die Erinnerungen an die Nazivergangenheit gerade deshalb immer wieder zurück, weil sie sie nicht bewältigen kann. »Wer wollte es wagen, ein Datum festzusetzen, neben dem stünde: bewältigt?« (Wolf 1976: 443) Demgegenüber glaubt Nolte, die Deutschen könnten selbst die traumatischsten Ereignisse bewältigen, indem sie diese »historisierten«, sie also historisch und philosophisch einordneten. *Nihil humani...* »Es gibt nichts Menschliches, das außerhalb der Geschichte stände. Eben deshalb muß es grundsätzlich verstehbar sein. Was nicht verstehbar ist, befände sich als ein ›absolutes Böses‹ oder ein ›absolutes Gutes‹ außerhalb der Geschichte und wäre nicht Gegenstand des Historikers.« (1987c; vgl. a. 1987: 25 f.)[34] Nolte hat zwei Strategien vorgeschlagen, die ein Begreifen ermöglichen sollen. Die eine, die komparative Methode, unterstellt, die Endlösung sei eine furchtbare Tat neben anderen gewesen. Das Massaker an den Armeniern durch die osmanischen Türken, die Greuel des russischen Bürgerkriegs und später der stalinistischen Säuberungen, die Liquidierung von zwei Millionen Kambodschanern und ergo auch die Bombardierung Dresdens – allen diesen Ereignissen ist die Eigenschaft des Massenmordes gemeinsam. Sie entschuldigen zwar nicht die Verbrechen der Nazis, lassen aber die Aura des Unsagbaren, die diesen anhaftet, verblassen. Oder wie Hildebrand (1986c) mehr oder weniger explizit nahelegt, die Sünde wird dergestalt zu einer des modernen Menschen oder der Gesellschaft des 20. Jahrhunderts.

Wenn man sich erst einmal auf Vergleiche dieser Art eingelassen hat, bleibt kein Unterschied mehr unangetastet. Für Joachim Fest war es lediglich die stärker mechanisierte Tötung von Gefangenen, was die deutschen Todeslager von den russischen unterschied: Das Zyklon B bedeutete höchstens eine technische, aber keine moralische Trennlinie (Fest 1987). Doch wenn es allein die Technik des Tötens ist, die den Unterschied ausmacht, müssen wir dann nicht Alfred Schickel zustimmen, daß »auch der Gebrauch von Gas letztlich nicht ›einmaliger‹ (war) als ... das Mordinstrument Klima in Stalins Lagern nördlich vom Polarkreis«? (zit. n. Klönne 1987a)[35] Am Ende bleibt überhaupt kein Unterschied.[36]

Nolte begnügt sich allerdings nicht damit, auf einer Vergleichbarkeit zu bestehen. Er gibt außerdem zu bedenken, daß der Holocaust als eine Defensivreaktion verstanden werden könnte, irrtümlich zwar, doch ausgelöst aus Angst vor der mittlerweile berüchtigten »asiatischen Tat« – eine Wendung aus Erwin Scheubner-Richters Schilderung der Massaker an den Armeniern 1917, von Nolte jedoch gebraucht für mögliche bolschewistische Greuel, die Hitler gegenüber den Deutschen befürchtet haben mochte. Nach dieser Logik erhält Hitlers Überfall auf die Sowjetunion, obwohl unnötig und deshalb verbrecherisch, den Anstrich eines Präventivkriegs.[37] Deshalb konnte auch Weizmanns Erklärung nach dem Ausbruch des Krieges im September 1939, die Juden würden auf der Seite Englands kämpfen, die Internierung von Juden in den von Deutschen besetzten Gebieten rechtfertigen – so Noltes (1985: 36 f.) verblüffende Schlußfolgerung.

Was Nolte eigentlich im Sinn hat – und was Fest mit seinem zustimmenden Artikel unterstützt –, ist häufig unklar. Geht es ihm um das Urteil des Historikers oder nur um eine mögliche Rekonstruktion dessen, wie die nationalsozialistische Führung die Welt gesehen hat? Wir werden im Namen der Wissenschaft aufgefordert, die von neonazistischen Publizisten immer wieder vorgebrachten Argumente zumindest als Gedankenexperimente zu akzeptieren. Die sich daraus ergebenden Folgerungen verbergen sich hinter Fragezeichen, Hypothesen und Konjunktiven. Für diese Art von Prosa müssen wir einen neuen grammatischen Modus erfinden: den Pseudofragesatz.

Noch vor einem Jahrzehnt wäre eine derartige Argumentation allein dem wuchernden Gestrüpp neonazistischer Literatur entsprungen. Es ist kaum zu glauben, daß der Historiker noch genötigt wird, Noltes Gedankengang im einzelnen zu widerlegen: erstens, daß die Juden keinen eigenen Staat hatten und in keiner Hinsicht als zusammenhängendes Ganzes einen Krieg führen konnten; zweitens, daß sie kaum in der Lage waren, als Volk ernsthaft einen Widerstand zu organisieren; drittens, daß der »Erklärung« Weizmanns sechs Jahre Judenverfolgung im Dritten Reich vorangegangen waren[38] – die ersten Boykottaufrufe und Gewalttätigkeiten von 1933, die Ausschließung aus den akademischen Berufen, die Nürnberger Gesetze von 1935, die Zerstörungen, Verhaftungen und Konfiszierungen im Zusammenhang mit der »Reichskristallnacht« von 1938. Wer hatte da wem den Krieg erklärt?[39] Außerdem könnte Nolte höchstens eine Internierung als eine durch das Kriegsrecht gedeckte Reaktion geltend machen. Im äußersten Fall wäre es nach seiner Logik gerechtfertigt gewesen, die Juden wie die kalifornischen »Nisei« zu behandeln, in den USA geborene Japaner, die in rassistischer Panik als potentielle Verbündete des Kriegsgegners Japan während des Zweiten Weltkriegs massenhaft interniert worden sind.

Falls bei den Nazis tatsächlich das Motiv ihres Handelns die Drohung des bolschewistischen Terrors gewesen sein sollte, die Angst vor der »asiatischen Tat« aus den Steppen, welchen Grund gab es da noch für die Ausrottung von Juden, die in Warschau oder Lodz, Drancy, Thessaloniki oder Theresienstadt bereits in Ghettos gehalten wurden oder die man aus Ungarn oder Holland verjagt hatte? Fest gab Nolte ausdrücklich recht, wenn er behauptete, Berichte über den blutigen Bürgerkrieg in Rußland hätten Deutschland zu Beginn der 20er Jahre erreicht, und die Nazis hätten durchaus Schlimmes befürchten können. Auch aus der Münchener Räterepublik, die im April 1919 für kurze Zeit ausgerufen worden war und unter deren Führern sich einige Juden befunden hatten, war von angeblichen Geiselerschießungen berichtet worden. Die Ängste, Visionen und Sehnsüchte der frühen NS-Führung mögen durch diesen lokalen Bürgerkrieg bestärkt worden sein. Aber Hitlers glühender Haß auf die Juden geht zweifellos auf die Zeit vor dem Ersten Weltkrieg zurück. Wir haben einfach keine Anhaltspunkte dafür, daß er durch die Ereignisse des russischen Bürgerkriegs wesentliche politische Impulse empfangen hätte.

Damit soll nicht behauptet werden, es habe keinen Zusammenhang zwischen der Russischen Revolution und dem Aufstieg des Nationalsozialismus gegeben. Wie Nolte in seinem ersten Buch (1963) dargelegt hat, war der Faschismus – einschließlich seiner nationalsozialistischen Spielart – die neue politische Signatur der Epoche, die durch den Ersten Weltkrieg geformt wurde. Der Krieg radikalisierte die Forderungen der Linken wie der Rechten. Er ermöglichte es Lenin, in Rußland zu triumphieren, und er brachte gleichzeitig frühfaschistische Bewegungen hervor. Offensichtlich wäre ohne den Alptraum der bolschewistischen Machtergreifung die Konstellation der einander befehdenden Gruppen in der Novemberrevolution und deren Nachwehen eine völlig andere gewesen.

Nolte geht jedoch weit über diesen allgemeinen Zusammenhang, der inzwischen nur noch von wenigen Historikern in Zweifel gezogen wird, hinaus. Nach seiner Ansicht befürchteten die Nationalsozialisten, der sowjetische Terror werde sich auch gegen Deutschland wenden, und die Endlösung sei daher als eine Art Präventivmaßnahme zu betrachten. Der Gulag sei der Vorläufer von Auschwitz, und zwar nicht nur in dem allgemeinen Sinne, daß in der neuzeitlichen Geschichte alles mit allem zusammenhängt, so daß bei der Entfernung eines einzigen Elements alles andere sich ändert, sondern als unmittelbares Vorbild. Doch die für diesen Einfluß vorgebrachten Belege (die Möglichkeit, daß die Nazis übertriebene Berichte von bolschewistischen Repressalien während des Bürgerkriegs erhielten; die wahrlich gesuchte Auslegung von Hitlers Ängsten, die dieser zur Zeit der Kämpfe um Stalingrad äußerte) sind bestenfalls indirekt und stehen gelegentlich in unmittelbarem Widerspruch zu bekannten Dokumenten. Sie können kaum die unterschiedlichen Formen und Zielgruppen der Nazimorde erklären. Ein Euthanasieprogramm, das bereits das Schlagwort vom »lebensunwerten Leben« als Begründung für die Tötung von sechzig- bis achtzigtausend Menschen, zum Teil durch Auspuffgase in besonders präparierten Autobussen, benutzte, war unmittelbarer Vorläufer der NS-Verbrechen. Schon 1935 hatte Hitler in vertrautem Kreis verlauten lassen, er werde die Gelegenheit eines Krieges dazu nutzen, die noch vorhandenen Hemmnisse gegenüber den Euthanasieprogrammen zu beseitigen (Gruchmann 1972, Klee 1983).

Der Vergleich zweier Ereignisse hat nicht notwendig die Behauptung zur Folge, das eine habe das andere verursacht. Ein Vergleich ist ein zweifacher Vorgang, bei dem zwei oder mehr Systeme darauf überprüft werden, welche Aspekte ihnen gemeinsam sind und in welchen sie sich voneinander unterscheiden. Er unterstellt nicht von vornherein eine Identität der Untersuchungsobjekte, er bestreitet nicht, daß sie jeweils einzigartige Bestandteile aufweisen können. Das Problem besteht in der Antwort auf die Frage, unter welchen Bedingungen ein Vergleich einen Erkenntnisgewinn ermöglicht. Zum ersten muß er eine plausible Tatsachengrundlage haben.[40] Mindestens ebenso wichtig ist jedoch, daß ein Vergleich über eine reine Klassifizierung hinausgeht und Perspektiven erschließt, die sich aus einem Einzelfall allein nicht ergeben würden. Dann vermag er dazu beizutragen, den Wirkmechanismus eines umfassenderen historischen Prozesses aufzudecken.

Beispiele für eine Massentötung bieten einen durchaus berechtigten Ausgangspunkt für einen Vergleich. Aber ein Vergleich zu welchem Zweck? Manches von dem, was wir unter Terror und Völkermord im allgemeinen verstehen, läßt sich aus jedem einzelnen dieser Beispiele ableiten, ob unter Stalin, Hitler oder Pol Pot. Ein Vergleich ist kaum erforderlich, um zu verstehen, wie allgegenwärtig etwa die Isolierung und Atomisierung war, die von Hannah Arendt (1958) hervorgehoben wurde, die Angst, einzugreifen, wenn Freunde abgeführt wurden, die Zerstörung aller menschlichen Solidarität. Desgleichen ist ein Vergleich nicht unbedingt erforderlich, um zu verstehen, wie entscheidend die Aufteilung der Verantwortung unter den Tätern war. Die Organisatoren des Genozids gleichen den Fabrikanten in Adam Smiths Stecknadelbeispiel, die die Arbeitsteilung entdeckt haben: Ideologen malen eine monströse Verschwörung an die Wand und bestehen darauf, daß bestimmte Gruppen einem Untermenschentum angehören; ehrgeizige Verwaltungsbeamte definieren Zielgruppen und rivalisieren um die Zuständigkeit; unterschiedliche Amtspersonen fällen Urteile oder rufen Verwaltungsbehörden ins Leben; andere nehmen Verhaftungen vor, einige beaufsichtigen die Verladung auf Züge, andere die Entladung, einige stehen Wache, andere treiben Menschen zur Erschießung oder in die Gaskammern; wieder andere schütten Zyanidkristalle durch die Lüftungsöffnungen. (Diese Aufgabenteilung gilt allerdings nicht im Hinblick auf die SS-Einheiten, die Tausende und Abertausende von Juden töteten, bevor die Gaskammern eingerichtet wurden. Sie erfüllten nicht einfach eine Teilfunktion an einem Fließband, sondern betrieben die Jagd auf Juden und Partisanen mit Hingabe. Einige mähten lange Reihen nackter, entpersönlichter Opfer mit Maschinengewehrgarben nieder, andere erschossen sie einzeln; s. hierzu Krausnick und Wilhelm 1981.) Massenmorden aus Berufung ist keine Frage des Sadismus. Ideologische Indoktrination mag ihm Vorschub leisten; vielleicht braucht es dazu wenig mehr als das Bemühen, »gute« Arbeit zu leisten und ein »guter« Soldat zu sein. Jedes Gefühl einer Verbindung mit dem Opfer schwindet; allein das Pflichtgefühl, von dem sie beseelt sind, eint die Mörder.[41]

Ein Verständnis dieses Vorgangs, soweit er überhaupt »verstanden« werden kann, erfordert weniger den Vergleich als vielmehr das Nachdenken über einen beliebigen Völkermord. Wozu also ein Vergleich mit anderen Holocausts? Von welchem Interesse – um mit

Habermas zu sprechen – wird diese Forschung geleitet? Es sind mehrere Motive denkbar: wissenschaftliche, exkulpatorische und sogar Besitzinteressen.

Das wissenschaftliche Interesse weist mehrere Aspekte auf. Ein Vergleich setzt den Historiker in den Stand, das Besondere jedes einzelnen Massenmordes besser zu erfassen. Marc Bloch hat einmal gesagt, der Historiker bediene sich des Vergleichs, um herauszufinden, welche Aspekte einer geschichtlichen Situation einzigartig waren.[42] Wie noch gezeigt werden soll, wird jeder Vergleich, der nicht gleichzeitig auf die bestehenden Unterschiede hinweist, in unlauterer Absicht gezogen. Ein Vergleich kann jedoch zur Aufdeckung eines gemeinsamen Kausalmechanismus beitragen, der andernfalls verborgen geblieben wäre – in gewissem Sinne zur Diagnose einer menschlichen Krankheit oder zur Entwicklung einer Soziologie des Völkermords. Ob solche Regelmäßigkeiten durch Vergleiche zutage treten können, muß offen bleiben. Dennoch bemühen sich Sozialwissenschaftler darum, Ursache und Verlauf moderner Kriege oder Revolutionen aufzudecken. In diesem Sinne könnte eine komparative Sozialwissenschaft der Holocausts neue Erkenntnisse gewinnen. Schließlich mag es auch sein, daß der Forscher eine Schwäche für Klassifikationen hat und etwa den Drang verspürt, den einzelnen Varianten des Völkermords nachzugehen und sich zum klassifikatorischen Experten für die dunkle Seite der Geschichte zu machen.

Das zweite zugrundeliegende Motiv – sich der emotionalen oder moralischen Last der Einzigartigkeit und Einmaligkeit zu entledigen – ist problematischer. Um diese angebliche Suche nach »Normalisierung« geht es in der vorliegenden Kontroverse. Die Schwierigkeit liegt natürlich darin, daß kein Historiker oder Sozialwissenschaftler zugeben wird, daß ihn dieses Motiv bei seiner Arbeit geleitet hat. Damit erhebt sich die Frage, ob wir einen »objektiven« Test entwickeln können, anhand dessen sich ein derartiges Forschungsmotiv dingfest machen ließe, und ob die sich daraus ergebende Forschungsarbeit dadurch zwangsläufig ihre Gültigkeit verliert. Wie schon Max Weber gesagt hat, liegen allen sozialwissenschaftlichen Fragen subjektive Orientierungen zugrunde. Das Problem besteht darin, zu entscheiden, an welchem Punkt sie die Ergebnisse unglaubwürdig machen.

Auch das letzte Interesse in unserer Aufzählung hat einen moralischen Aspekt und stellt uns vor ähnlich quälende Fragen, die im Nachwort ausführlicher erörtert werden: Es ist die Umkehrung des apologetischen Motivs, der Wunsch, an der moralischen, politischen oder materiellen Wiedergutmachung teilzuhaben, die von den überlebenden Opfern des Holocausts eingeklagt wird.

Unabhängig vom Forschungsmotiv oder -interesse muß der Test eines Vergleichs in jedem Fall dessen Relevanz und Erklärungskraft prüfen. Bis zu einem gewissen Grad ist jede Entscheidung darüber notwendig subjektiv. Dennoch bleibt die Frage nach Kriterien, mit denen sich prüfen läßt, ob ein Vergleich fruchtbar und erhellend ist, oder zumindest nach objektiven Kriterien, die eine Aussage darüber erlauben, ob der Vergleich trivial, willkürlich oder irreführend ist.[43] Einige Anhaltspunkte zur Beantwortung dieser Frage werden am Ende des folgenden Abschnitts aufgezählt.

Das Bewahren von Unterschieden

Beginnen wir zunächst mit Noltes besonderem Vergleich. In welchem Ausmaß war der Holocaust nur einer unter mehreren Völkermorden? Bis zu welchem Grad war er schlimmer oder anders als andere Akte der Tyrannei oder des Totalitarismus? Läßt sich das Böse an ihm anhand einer moralischen Skala vergleichen, gewichten oder berechnen? Welches wäre der relevante Gegenstandsbereich für den Vergleich? Um der Gerechtigkeit willen müssen wir hier Noltes spätere Bemühungen zur Klärung seiner ursprünglichen Position mit berücksichtigen. Vor dem Hintergrund des Historikerstreits hat Nolte zwei Bücher veröffentlicht: eine Sammlung von Erwiderungen auf seine Kritiker (1987c) sowie einen umfangreichen Versuch einer Synthese (1987a), in dem Nolte eine Art Nachwort zu seiner »Trilogie« über Faschismus, Kommunismus und den Kalten Krieg sieht.[44] In diesem letzten Buch schreibt Nolte: »Die Endlösung ist in einem nicht bloß trivialen Sinne einzigartig. Aber sie ist deshalb nicht unvergleichbar.« (1987a: 516)[45]

Gegen die Artikel und Aufsätze von Nolte und Fest wurde eingewandt, die Vergleiche des NS-Regimes mit den Osmanen, den Roten Khmer oder auch mit dem nachrevolutionärne Rußland seien oberflächlich und nicht stichhaltig. Allein Deutschland sei ein kulturell weit entwickelter westlicher Staat gewesen, ein Erbe der Werte der Aufklärung, politisch und wirtschaftlich fortgeschritten. Fest seinerseits behauptete, hinter diesem Einwand stecke ein verborgener Rassismus, die alte »Herrenvolkgesinnung«. Er bedeute eine gönnerhafte Haltung gegenüber außerwestlichen Gesellschaften und besage, diese bräuchten nicht an gemeinsamen ethischen Normen gemessen zu werden (Fest 1987). Damit habe das alles nichts zu tun, meint dagegen Kocka (1986b). Vielmehr gehe es um den Vergleich Deutschlands mit den Gesellschaften, mit denen sich dieses Land bislang traditionell im Hinblick auf den erreichten Entwicklungsstand, die Gesellschaftsstruktur und die politischen Ansprüche gern selbst verglichen habe. Und unter all diesen Ländern war Deutschland das einzige, das sich auf eine derart mörderische Politik verlegt hatte.

Kocka hat seine Argumente gut gewählt, aber brutaler Mord ist nicht nur nach den Maßstäben der Aufklärung ein Verbrechen. Die Massaker in Kambodscha waren nicht nur ein wilder Ausbruch in einer entlegenen Stammesgesellschaft. Sie waren das komplexe Produkt eines ideologischen Eiferertums und ethnischer Vorurteile. In absoluten Zahlen gerechnet wurde Armeniern und Juden ein größeres Blutopfer auferlegt; betrachtet man aber die Massaker in Kambodscha von 1975 bis 1978 als Nachwirkungen oder als Fortsetzung eines Bürgerkriegs, dann forderten sie vermutlich einen größeren Anteil an der Gesamtbevölkerung als jeder andere Konflikt im 20. Jahrhundert – bis zu einer Million oder mehr Opfer in einem Land mit insgesamt etwa sieben Millionen Einwohnern. Auch war die kambodschanische Gesellschaft mit ihrer französisch erzogenen Elite, mit ihrer immer wieder zutagetretenden Intoleranz gegenüber Minderheiten und mit ihren von einer Ideologie kambodschanischer Reinheit und wirtschaftlicher Entwicklung besessenen Revolutionskadern von jenen Impulsen unberührt, wie sie in Rußland und Deutschland zum Vorschein kamen. Die Roten Khmer richteten ihre Wut zunächst gegen alle Quellen einer möglichen Opposition, einschließlich der sogenannten Intellektuellen, der akademischen Berufe und der Großstadbewohner allgemein; danach gegen ethnische Minderheiten und am Ende gegen ihre eigenen Kader. Möglicherweise hatten sie weniger Zeit für den Aufbau einer Geheimpolizei oder anderer terroristischer Behörden. Doch nach dem Vorbild zahlreicher anderer Fälle verlangten die kambodschanischen Revolutionäre auch von ihren früheren Genossen und gegenwärtigen Opfern in der Regel erniedrigende Selbstbezichtigungen. Wehe denen, die von den Roten Khmer aufgefordert wurden, ihren Lebenslauf niederzuschreiben.[46]

Das Abschlachten von vielleicht anderthalb Millionen Armeniern durch die Türken stellt eine engere Parallele zum geplanten Judenmord der Nationalsozialisten dar. Hier fand schließlich ein gezieltes Massaker an einer ethnischen Minderheit statt, das 1915 vom osmanischen Innenminister angeordnet, unter der Aufsicht der Regierung organisiert und in zahlreichen pogromähnlichen Gemetzeln in lokalen Gemeinden durchgeführt worden war, gefolgt von Massendeportationen in Konzentrationslager in der syrischen Wüste, wo die Opfer ungeschützt sich selbst überlassen wurden und an Nahrungsmangel und Entkräftung starben oder erneut von ihren Verfolgern angegriffen wurden.[47] In vieler Hinsicht liest sich der Mord an den Armeniern wie die Ouvertüre zur Endlösung, einstudiert in einer weniger verwestlichten Bevölkerung, wo die Doktrin vom heiligen Krieg eine Raserei der Massen rechtfertigte, an deren Stelle die Nazis die bürokratische Indoktrinierung der SS setzen mußten. Aber bei aller Barbarei kannte dieses osmanische Verbrechen doch noch keine Tötungsinstitutionen wie Auschwitz oder Treblinka. Die Osmanen hegten einen Groll gegen die unter ihnen lebende rassische Minderheit, und Angehörige der Regierung sahen in den Armeniern 1915 eine Fünfte Kolonne für die Entente, so wie die Juden als die Anstifter einer internationalen Koalition gegen Deutschland erschienen. Nichtsdestoweniger bleiben wesentliche Unterschiede zwischen beiden Phänomenen bestehen: Das deutsche Regime sah einen Großteil seines Daseinszwecks im Kampf gegen den Judaismus und den jüdischen Bolschewismus überall in Europa; es war kollektiv von einer Judenmanie befallen; der Antisemitismus spielte eine allgemeine Rolle als eine Doktrin der Feindschaft gegenüber allem, was in der westlichen Welt mit den Wertvorstellungen von Liberalismus und Aufklärung zu tun hatte.

Wie Nolte betont, ist die offenbar am meisten relevante Parallele der stalinistische Terror. Allein der Stalinismus gewährte dem Nationalsozialismus den potentiellen Trost, unter den Ausrottungspolitikern nicht den ersten Platz einzunehmen. Der russische Bürgerkrieg von 1917 bis 1921 mochte Millionen Opfer gekostet haben, doch die Tötungen der 30er Jahre konnten die Behauptung, es handle sich um kriegsbedingte Repressalien, nicht einmal mehr als Vorwand für sich beanspruchen. Die Unterdrückungen im stalinistischen Rußland wie im nationalsozialistischen Deutschland gingen weit über das Vorbild der Pogrome hinaus. (Die organisierten Zerstörungen der »Reichskristallnacht« wiesen allerdings gewisse Ähnlichkeiten mit der Duldung – um nicht zu sagen Ermutigung – der von den russischen Schwarzen Hundert angerichteten Verwüstungen durch die zaristische Regierung im Gefolge der Revolution von 1905 auf.) Sowohl das Dritte Reich als auch das Sowjetregime gingen methodisch vor. In beiden Fällen waren riesige bürokratische Apparate davon überzeugt, daß ihr Auftrag Verhaftungen, Deportationen und Todesurteile erforderlich machte.

Trotzdem bleibt offen, welche Vernichtungsmaßnahmen miteinander vergleichbar sind. Soll man die Opfer der ukrainischen Hungersnot 1932/33 als Bestandteil des Terrors hinzurechnen? Gehörte zur Hungersnot eine bewußte sowjetische Politik mit dem Ziel, die ukrainische Bevölkerung von jeder Nahrungsmittelzufuhr abzuschneiden – ein Zermürbungssieg, vergleichbar der deutschen Kriegführung gegen die Hereros 1096 in Südwestafrika oder der nigerianischen Unterdrückung der Biafraner 1967-1969? Oder dürfen wir nur Hinrichtungen und bewußte Deportationen mitzählen? Selbst ohne die geschätzten Hungertoten war die Zahl der Todesopfer unter Stalin vermutlich höher als die der Toten in den KZs der Nazis.[48] Die folgende Aufzählung liefert grobe Schätzungen der sowjetischen und der nationalsozialistischen Opfer, soweit wie möglich in parallele Kategorien eingeordnet, einschließlich der Zahl der offiziellen Todesurteile. Gerichtliche Todesurteile führten nur zu einer kleinen Zahl von Opfern. Die Nazis bedienten sich kaum der Justiz, um ihre rassistisch begründeten Morde an Juden auszuführen. Darüber hinaus war selbst in den Fällen, in denen die Gerichte keine Todesstrafe verhängten, sondern die Angeklagten zu Arbeitslager (wie in Rußland) oder Konzentrationslager (wie in Deutschland) verurteilten, der Tod die selbstverständliche Folge. Wie Robert Conquest berichtet, starben in den sowjetischen Lagern ein Drittel der Häftlinge innerhalb des ersten Jahres, und 1938 betrug die jährliche Todesrate für alle Lager im Durchschnitt etwa 20 Prozent.[49] Die Sterbeziffern für die deutschen Lager wurden für die Zeit vor dem Krieg auf rund 33 Prozent und danach auf mindestens 45 Prozent geschätzt.

Schätzungen sowjetischer Opfer 1926-1953

Tod und/oder Deportation von »Klassenfeinden« (Kulaken) während der Kollektivierung

Sieben Millionen Tote während der Hungersnot 1932-33
Ca. vier Millionen Tote (drei Millionen ukrainische und eine Million kasachische Kulaken) nach der Deportation 1926-1937
Vielleicht weitere 3,5 Millionen, die vor 1937 deportiert wurden, aber später starben

Politische Säuberungen

1937-1939: sieben bis acht Millionen Häftlinge, davon ca. eine Million zum Tode verurteilt und im Gefängnis oder später im Lager hingerichtet
1936-1953: etwa zwölf Millionen Tote in Lagern als Opfer von Mißhandlungen und Entbehrungen

Verhaftungen und Deportationen von Polen 1939-1942

1,06 Millionen, von denen 270 000 starben

Deportation von ethnischen Enklaven in der Sowjetunion nach 1940

200 000 aus den baltischen Republiken
200 000 aus Bessarabien

Ca. 1,5 Millionen Wolgadeutsche, Krimtataren etc.
Zahl der damit verbundenen Todesfälle unbekannt; vielleicht 500 000

Geschätzte Gesamtzahl der Toten: ca. 20 Millionen.

Schätzungen der nationalsozialistischen Opfer 1933-1945

Hinrichtungen aufgrund von Todesurteilen

Zivilisten: Gesamtschätzung 16 560, davon etwa 12 000 in den Jahren 1940-1944 (einschließlich einiger Hundert Schnellgerichtsurteile im Gefolge des »Röhmputschs« vom 30. Juni 1934 sowie mindestens 200 prominenter Mitglieder des Widerstandes nach dem gescheiterten Attentat vom 20. Juli 1944, obwohl die Zahlen des Justizministeriums für 1944 5 764 Todesurteile verzeichnen und 800 für die Zeit von Januar bis April 1945).

Militärpersonen: 40 000 bis 50 000 deutsche Soldaten durch Kriegsgerichtsurteile).[50]

Todesopfer in Konzentrationslagern außer Massentötungen

Etwa 1 bis 1,8 Millionen (Insassen der KZs insgesamt: ungefähr 25 000 zum 1. September 1939; ungefähr 700 000 zum 15. Januar 1945; etwa acht bis zehn Millionen Häftlinge aller Art, die von 1933 bis 1945 in KZs inhaftiert waren).[561]

Hinrichtungen durch die deutsche Wehrmacht und mobile SS-Einsatzgruppen in Rußland 1941-1945

Eine bis zwei Millionen

Hinrichtungen von Juden, Zigeunern und Slawen in eroberten und entwaffneten Gebieten unter deutscher Kontrolle 1940 bis 1945 (d.h. in Ghettos und Todeslagern)

Vier bis fünf Millionen.[52]

Geschätzte Gesamtzahl der Toten: sieben bis acht Millionen.

Nicht enthalten in dieser Aufzählung sind die deutschen Hinrichtungen angeblicher Partisanen oder ähnliche Repressalien während des Krieges. Ebenfalls nicht enthalten sind Todesopfer durch Mißhandlungen, Erschießungen nach der Übergabe oder durch Unterernährung von ca. zwei Millionen deutschen und 3,3 Millionen russischen Kriegsgefangenen (zu den Greueln an der Ostfront s.a. Streit 1978); die gerichtlich verfügten Hinrichtungen kriegsgefangener Offiziere nach einem mißglückten Fluchtversuch (britische und US-amerikanische Offiziere blieben verschont); oder die vielleicht zwei Millionen oder mehr Deutschen, die im Lauf der Vertreibung von etwa zwölf Millionen Deutschen aus Ostpreußen, dem Sudetenland, aus Pommern und Schlesien nach Beendigung des Krieges umgekommen sind.

Auch wenn diese Zahlen noch so niederschmetternd sind, ihre Größe bleibt wesentlich. Allzu oft wird die Frage nach den Zahlen geringschätzig behandelt. Der liberale Historiker, der in friedlicheren Zeiten lebt, wird auch dann durch den Tod von Zivilisten aufgestört, wenn weit weniger Opfer zu beklagen sind, z.B. in My Lai, Beirut oder Hiroshima. Ist der Unterschied zwischen ihnen und den Opfern von Auschwitz nicht rein quantitativer Art? Doch selbst wenn die Unterschiede »nur« quantitativ wären (was sie nicht sind), würden die Zahlen eine Rolle spielen. Die meisten Menschen stimmen darin überein, daß die Ermordung von mehr als einer Million Menschen als Verbrechen einen anderen Rang einnimmt als die Hinrichtung einiger Hundert unschuldiger Opfer. Nichtsdestoweniger ist die Zahl der Opfer der Regierungen unter Hitler und Stalin so ungeheuer groß, daß die Frage nach der Einzigartigkeit sich nicht allein mit Zahlen beantworten läßt.

Was die NS-Verbrechen heraushebt – ohne sie deshalb von vornherein schlimmer zu machen, wohl aber zu etwas Eigenem, Entsetzlichem und Unvergleichbarem –, ist letztlich der Mord an den Juden. Ohne die Juden hätte der furor teutonicus vielleicht in den eroberten Gebieten Rußlands gewütet, und es hätten noch immer Zehntausende in den Konzentrationslagern Deutschlands und Österreichs ihr Leben gelassen. Doch die großen Todeslager in Polen – Auschwitz, Belzec, Chelmno, Majdanek, Sobibor und Treblinka – wären nicht eingerichtet worden. Ohne die Juden hätte es nicht die Massenerschießungen in Babi Yar, Kamenets-Podolsk, Riga (zunächst der einheimischen, später der deutschen Juden, die in das durch die ersten Tötungswellen entvölkerte Ghetto verbracht worden waren), in Rovno, Odessa-Dalnik (ein Beitrag der rumänischen Verbündeten) und anderswo gegeben. Dieser Mord war etwas Einzigartiges, weil, wie Eberhard Jäckel (1986: 118) schrieb, »noch nie zuvor ein Staat ... beschlossen und angekündigt hatte, eine bestimmte Menschengruppe einschließlich der Alten, der Frauen, der Kinder und der Säuglinge möglichst restlos zu töten, und diesen Beschluß mit allen nur möglichen staatlichen Machtmitteln in die Tat umsetzte«.

Es ist richtig, daß der stalinistische Terror ebenfalls breite Bevölkerungsgruppen als seine Opfer auserwählt hat, die nicht durch ihre Taten, nicht einmal durch fiktive Verbrechen, sondern allein durch zugeschriebene Gruppenmerkmale definiert waren. Nolte, Fest, Hildebrand und andere haben vorgebracht, das Hitlerregime habe nach Zugehörigkeit zu einer »Rasse« verfolgt, während bolschewistische Ideologen die Liquidierung der Bourgeoisie »als Klasse« gefordert hätten. Die Liquidierung einer Klasse bedeutete im allgemeinen die Vernichtung ihrer sozialstrukturellen Grundlage, d.h. die Enteignung des Privatkapitals. In den Nachwehen des russischen Bürgerkriegs und während der Kollektivierung der Landwirtschaft bedeutet sie jedoch häufig auch die physische Liquidierung, da bestimmten Gruppen angeblich nichtproletarischer Herkunft der Zugang zu Großstädten, Arbeitsplätzen und Nahrungsmitteln verweigert wurde. Die Zugehörigkeit zum Kulakenstand – die auf die Kinder unabhängig von ihrer tatsächlichen sozioökonomischen Lage überging – konnte den Hungertod bedeuten. In anderen Fällen gerieten Verwandte von Verhafteten selbst in staatlichen Verdacht. Ähnlich wie der Nationalsozialismus übte auch der Stalinismus Vergeltung an allen, die einer bestimmten Gruppe zugehörten.

Beide Doktrinen bedienten sich überdies einer Sprache, die einen umstandslosen Übergang zu physischer Gewalt erlaubte. Welche Absicht eigentlich hinter dieser gewalttätigen Sprache steckte, war nicht immer eindeutig zu klären.[53] Gesetzliche Diskriminierung, Verbannung aus Deutschland, Massenmord – die gewählten Optionen hingen jeweils von den gegebenen Möglichkeiten bzw. den versperrten Alternativen ab. In der nationalsozialistischen Sprache hatte der Mord seinen festen Platz, sie ermutigte nachgerade dazu.

Sie bereitete die Führungskräfte darauf vor, eine physische Vernichtung ins Werk zu setzen, ohne sich dabei moralischen Skrupeln auszusetzen. Nachdem sich der für kurze Zeit erwogene Gedanke, die Juden nach Madagaskar zu verschiffen, als Illusion erwiesen hatte, mußte die Anwendung von Giftgas als eine Maßnahme erscheinen, die nichts grundsätzlich anderes war. Die verführerische Formel vom »lebensunwerten Leben« erleichterte den bruchlosen Übergang von der Euthanasie zum Völkermord. Aber auch die Rede von der Vernichtung der Bourgeoisie als Klasse konnte den Mord offiziell billigen. Angesichts des potentiellen Mißbrauchs jeder Ideologie fällt der Unterschied zwischen den Klassifizierungen von rechts und links möglicherweise weniger ins Gewicht, als Liberale gern glauben wollen.

Trotz alledem bleiben wesentliche Unterschiede. Kein Sowjetbürger mußte damit rechnen, daß für den Angehörigen einer bestimmten ethnischen Gruppe Deportation oder Tod das sichere Schicksal bedeutete. »Anders als bei jeder anderen Gruppe und anders als die Massaker davor oder danach sollte jeder einzelne unter den Millionen zur Vernichtung ausersehener Juden ermordet werden. Die Ausrottung sollte vollkommen sein.« (Marrus 1987: 24) Und die Sowjets errichteten keine Lager, die einzig dem Zweck der Vernichtung galten. Die Arbeitsbedingungen in den sibirischen Lagern waren zwar schlimm genug, so daß lediglich ein Viertel der Insassen überleben konnten. Aber es gab kein Lager wie Treblinka, das allein dazu diente, Massen menschlicher Wesen sogleich nach ihrer Ankunft zu töten. Auch machte sich die Sowjetregierung nicht die Fahndung nach Opfern zur Aufgabe, wo immer sie dieser habhaft werden konnte. Nur die Nazis bestimmten die jüdischen Gemeinden Europas zu ihrem Jagdrevier und verhandelten selbst mit angehenden Verbündeten der Neuen Ordnung, damit ihnen auch die kleinste jüdische Ansiedlung nicht entginge.

Claude Lanzmann hat die Eigenart dieser Mission erfaßt, als er in seinem Film *Shoah* fast zwanghaft immer wieder auf die Rolle der Schienen und Eisenbahnzüge zurückkam. Zu Beginn des Films sieht man mehrmals eine Lokomotive mit quietschenden Bremsen in den Provinzbahnhof von Treblinka einfahren. Diese Betonung von Schienen und Bahnhöfen, gefolgt von einer ausführlichen Erörterung darüber, wie die Reichsbahn diese Verfrachtung von Menschen ganz nüchtern organisierte, ist der Sache angemessen. Denn die Endlösung stand und fiel mit den Transporten. Die Schienenwege verbanden die übervölkerten Städte und Zentren der Umsiedlungs- und Verschleppungsmaßnahmen mit den Einrichtungen des Todes. So fuhr beispielsweise regelmäßig ein Zug mit geschlossenen Güterwaggons im Bahnhof Westerbork in Holland ein, um eine Fracht von mehreren Tausenden holländischer Juden aufzunehmen und anschließend auf ihrer letzten, langsamen Reise nach Auschwitz zu befördern, wo sie danach selektiert wurden, wer sofort getötet und wer vorübergehend als Arbeitskraft eingesetzt werden sollte. Einer der Chronisten von Auschwitz schrieb: »Die Dauer der Transporte dehnte sich zu Wochen, Monaten, Jahren. Wenn der Krieg vorüber ist, werden sie die Striche in ihren Notizbüchern nachzählen – jeden einzelnen von viereinhalb Millionen. Die blutigste Schlacht des Krieges, der größte Sieg des starken, vereinigten Deutschland. Ein Reich, ein Volk, ein Führer – und vier Krematorien.« (Borowski 1976: 39)

Andererseits erscheinen manche dieser Unterschiede aus heutiger Sicht weniger deutlich ausgeprägt als früher. Zeugnisse aus der Sowjetunion lassen die NS-Herrschaft weniger einzigartig erscheinen. So beschreibt etwa Solschenizyn die »Zak«-Wagen, die das Gefängnis in Moskau an den Tagen mit ungeradem Datum um 17:00 Uhr und an denen mit geradem Datum um 6:00 Uhr verließen, oder die roten Züge für die Massendeportationen; er schildert die oft wochenlangen Fahrten mit wenig Trinkwasser und Nahrungsmitteln, die Toten unterwegs. Jewgenija Ginsburg und andere Zeugen erinnern sich an die »Stolypin-Wagen«, die durch Mittelasien fuhren und ihre durstende und stinkende Fracht ohne Eile in den eiskalten Norden beförderten.

Ginsburg (1967), Nadjeshda Mandelstam (1971 u. 1975) und Wassilij Grossman (1987) lassen über die russischen Verhältnisse keine falschen Vorstellungen aufkommen. Allzu lange klammerten sich westliche Intellektuelle an die Unterscheidung zwischen Stalins Exzessen, die im Namen des historischen Fortschritts begangen worden seien, und den NS-Verbrechen, die den rückständigsten Bestrebungen dienen sollten. In gewisser Hinsicht waren sie bemüht, den kommunistischen Terror gegenüber Auschwitz zu relativieren, so wie Nolte und andere versucht haben, Auschwitz im Vergleich zum Gulag zu relativieren. Auf dem Unterschied zwischen den ideologischen Zielen von Kommunismus und Nationalsozialismus zu bestehen, muß nicht dazu führen, eines der beiden Regimes zu exkulpieren, wie Raymond Aron gezeigt hat: »Sicher, ich verkenne nicht, daß Stalin vermutlich als Feinde der Revolution mehr Menschen umgebracht hat als Hitler selbst im Namen der Reinheit der Rasse ... Die Feindseligkeit, die sich aus dem Klassenkampf ergibt, hat nicht weniger extreme, schreckliche Formen angenommen wie diejenige, welche auf der Unversöhnlichkeit der Rassen fußte. Für den, der ›die Begriffe retten‹ will, bleibt ein Unterschied zwischen einer Philosophie, deren Logik schrecklich ist, und jener, die sich für eine schreckliche Interpretation anbietet.« (1980: 526) Es ist in der Tat wesentlich, »die Begriffe zu retten«. Jeder Historiker, jede Historikerin müßten dies als wesentlich ansehen, auch dann noch, wenn sie als letzte Überlebende auf einem toten Planeten schreiben würden. Zu einem Großteil geht es im Historikerstreit genau um solche moralischen Unterscheidungen, die, wenn sie verwischt werden, der Barbarei Tür und Tor öffnen. Wenn wir allerdings auf diesen Unterscheidungen bestehen, dann gewiß nicht, um den Stalinismus zu rehabilitieren.

Wir können aber auch nicht ohne weiteres jene Unterschiede rot unterstreichen, die dem einen oder dem anderen Regime zum Vorteil gereichten. Unter dem Aspekt einer moralischen Buchführung waren beide Erfahrungen entsetzlich. Betrachten wir etwa das Verhältnis von Gerichtsverfahren zum verhängten Strafmaß. Möglicherweise haben die Sowjets einen größeren Anteil ihrer Opfer vor irgendein Gericht gestellt. Manchmal wurden für bestimmte Regionen oder Lager Quoten der Opfer festgelegt. Die Sicherheitskräfte wußten anscheinend intuitiv, daß – sagen wir – fünf bis zehn Prozent der Parteimitglieder in einem bestimmten Gebiet gefährliche Saboteure waren, und forderten die lokalen Parteispitzen lediglich auf, herauszufinden, wer dafür in Frage käme. Sofern tatsächlich

Gerichtsverfahren stattfanden, wie im Fall der NS-Volksgerichte, waren es natürlich Farcen. Die Rechtsprechung im Dritten Reich war jedoch offenbar weniger darauf angewiesen, daß die Opfer ihre eigene Schuld und die Wohltätigkeit des Systems bestätigten: Die Richter begnügten sich damit, ihre Opfer zu entwürdigen, an den Pranger zu stellen und zu verurteilen. Außerdem wurden vor NS-Gerichten im allgemeinen Fälle verhandelt, die – wie absurd auch immer – als Akte einer realen Opposition konstruiert wurden, auch wenn derartige Vergehen in den Kriegsjahren lediglich aus nichtigen Beschwerden, nebenbei hingeworfenen Bemerkungen, Vermutungen über den möglicherweise verlorenen Krieg oder Nachlässigkeiten am Arbeitsplatz bestanden. Die sowjetischen Gerichte waren mit Todesurteilen schneller bei der Hand. Erst nach seiner Verhaftung konnte das Opfer erfahren, daß es sich der »Sabotage« oder der Unterstützung einer trotzkistischen Verschwörung schuldig gemacht hatte. Die vorgeworfenen Vergehen waren phantastisch: antisowjetische Agitation, konterrevolutionäre Umtriebe, Verdacht (!) auf Spionage (sicherlich eine sich selbst beweisende Beschuldigung) bis hin zur Verwandtschaft mit einem bereits Verurteilten. Eine Verhaftung konnte die Folge sein, wenn ein Häftling während des Verhörs dazu gebracht wurde, mögliche Kollaborateure unter seinen Freunden und Kollegen zu denunzieren. (Angehörige ethnischer Minderheiten und Kulaken konnten ohne Gerichtsverhandlung ins Lager geschickt werden.)

In Hinblick auf die Verhörmethoden und die Brutalität der Lageraufseher lassen sich Unterschiede nur schwer ausmachen. Immerhin kam es in Nazideutschland seltener zu politischen Säuberungsaktionen. Zwar wurden ständig Menschen verhaftet und eingekerkert, ohne ein Gerichtsverfahren in Konzentrationslager gesteckt und Nörgler und Zweifler zunehmend mit dem Fallbeil bedroht – aber es gab nur eine bedeutende gerichtliche Säuberungsaktion: Im Rahmen der Unterdrückungsmaßnahmen nach dem 20. Juli 1944 wurden etwa 200 Mitglieder der Verschwörung dem Volksgerichtshof vorgeführt und von diesem zum Tod verurteilt. (Im Gefolge der nach dem »Röhmputsch« 1934 vorgenommenen Verhaftungen von SA-Mitgliedern und anderen potentiellen Gegnern des Naziregimes wurden an die hundert Opfer in Schnellgerichtsverfahren zum Tode verurteilt und hingerichtet.) Doch dies war nur ein kleiner Teil der ungefähr 6500 Todesurteile, die 1944 und 1945 wegen Opposition gegen die Regierung oder den Krieg ausgesprochen wurden. Alles in allem verhängten die NS-Gerichte in den zwölf Jahren des Dritten Reichs vermutlich 20000 bis 25000 Todesurteile wegen politischer Vergehen (Hoffmann 1969: 600, 871, Anm. 123). Die Schätzungen über sowjetische Hinrichtungen 1937-1938 umfassen unter anderem eine halbe Million politische Gefangene und eine halbe Million Diebe (Solschenizyn 1974). Was aber ist schlimmer: ein Regime, das sich kaum um Gerichtsverfahren schert und die Macht über Leben und Tod einfach der Polizei, dem Militär oder den Sicherheitskräften überträgt, oder ein Regime, das auf Schauprozessen und durch Folter erpreßten Geständnissen besteht?

Es bleiben Unterschiede, aber sie sind nicht dazu angetan, die Opfer für ihre Leiden unterschiedlich auszuzeichnen. Hannah Arendt (1958: 683, 685) hat auf die gemeinsame Rolle des Terrors in totalitären Systemen hingewiesen:

> »Das eiserne Band des Terrors konstituiert den totalitären politischen Körper und macht ihn zu einem unvergleichlichen Instrument, die Bewegung des Natur- oder des Geschichtsprozesses zu beschleunigen ... Praktisch heißt dies, daß Terror die Todesurteile, welche die Natur angeblich über ›minderwertige Rassen‹ und ›lebensunfähige Individuen‹ oder die Geschichte über ›absterbende Klassen‹ und ›dekadente Völker‹ gesprochen hat, auf der Stelle vollstreckt, ohne den langsamen und unsicheren Vernichtungsprozeß von Natur oder Geschichte selbst abzuwarten ... Innerhalb solcher über die Menschheit verhängten Prozesse, in die alle eingefangen sind und an denen sie nichts ändern können, außer daß sie dazu bestellt scheinen, ihre Geschwindigkeit zu erhöhen, kann es nur Vollstrecker und Opfer der ihnen inhärenten Gesetze geben.«

Der Terror war unverzichtbar, um die Individuen der Gesellschaft voneinander getrennt zu halten und ihnen allen Mut zu nehmen: »Die Grunderfahrung menschlichen Zusammenseins, die in totalitärer Herrschaft politisch realisiert wird, ist die Erfahrung der Verlassenheit.«

Davon abgesehen funktionierte der Terror im Rußland Stalins etwas anders als unter dem Nationalsozialismus. Die Studien, die die allen totalitären Regimes gemeinsame Barbarei zeigen wollten, auch Hannah Arendts imponierende, aber problematische Arbeit, haben es versäumt, auf einige aufschlußreiche Unterschiede hinzuweisen. Arendt sagt zu Recht, die Verhaftung wirklicher Regimegegner habe niemals ausreichen können, um die Lager in Rußland oder in Deutschland dauerhaft zu füllen. Das System brauchte Unschuldige (ebd.: 658). Doch die Frage ist nicht nur, ob der Terror auch Unschuldige traf (eine unglückliche Redeweise, mit der unterstellt wird, daß die sogenannten Schuldigen wirkliche Verbrechen begangen hätten). Es ist außerdem wichtig, ob sich voraussagen ließ, welche Unschuldigen ausgewählt und welche verschont bleiben würden.

Im deutschen Fall waren die Unschuldigen, mit denen die Lager gefüllt wurden, im allgemeinen Juden. Arische Unschuldige blieben weitgehend verschont, sofern sie nicht von persönlichen Feinden verleumdet wurden. Nichtjüdische Personen des politischen Lebens konnten unbehelligt überleben, wenn sie sich jeder organisierten Opposition enthielten. Nicht alle früheren Gegner wurden verschont, doch es bleiben viele übrig, die einfach dahinvegetierten. Sozialdemokratische Gewerkschaftsführer und Männer des Zentrums wie Konrad Adenauer warteten darauf, daß der Sturm sich wieder legte. In der Praxis definierte der Terror die rassische deutsche »Volksgemeinschaft«, bestätigte jene, die dazugehören durften, und richtete sich unerbittlich gegen die, denen dies aus »rassischen« oder anderen Gründen verwehrt wurde. Während einerseits der Führer zur Quelle allen Rechts erklärt und damit ein willkürlicher Begriff der Gesetzgebung in die Rechtsprechung aufgenommen wurde, blieben andererseits die Gesetze weiterhin in Kraft.

Ganz anders lagen die Dinge in der Sowjetunion. Zwar waren Verfassungsnormen formal festgeschrieben; dennoch konnten Meinungen, die sich im Rahmen der rechten Lehre bewegten, ein Jahr darauf rückwirkend als subversiv erklärt werden. Gegen Ende der 30er Jahre waren die Kader der ursprünglichen revolutionären Führer weitgehend liquidiert. Als Hitler seine Machtstellung gegenüber der deutschen Wehrmacht 1938 endgültig festigte, entfernte er zwei maßgebliche Generäle, wozu er in einem Fall zu dem völlig haltlosen Vorwurf der Homosexualität greifen mußte. Stalin dagegen ließ fast die Hälfte seines gesamten Offizierskorps liquidieren.

In Nazideutschland mochte das Gesetz offiziell einem Orakel gleichen, die Rechtspraxis war jedoch bei aller Brutalität berechenbar. In der Sowjetunion stand eine solche Verläßlichkeit nicht zu erwarten. Verrückte Zufälle entschieden darüber, wer von einer Verfolgung verschont blieb und wer nicht. Der deutsche Terror diente dazu, eine Schutzgemeinschaft zu stärken, und er richtete sich erbarmungslos gegen alle, die außerhalb der »Volksgemeinschaft« standen, während der sowjetische Terror gerade den Zweck verfolgte, jede derartige Prognostizierbarkeit auszuschalten. Als Hitler mit dem *Nacht-und-Nebel*-Erlaß vom 7. Dezember 1941 die gesetzliche Grundlage dafür schaffen wollte, durch willkürliche Verhaftungen Angst und Schrecken zu verbreiten, richtete sich dieser gegen Bewohner der besetzten Gebiete und nicht gegen deutsche Bürger.[54] Das Prinzip des deutschen Terrors (soweit dieser im eigenen Land ausgeübt wurde) bestand darin, ein ehernes Gesetz mittels vorhersehbarer Konsequenzen durchzusetzen. Jede Abweichung von diesem Gesetz (und alle Juden waren Abweichler) zog unweigerlich die Auslieferung an die Sphäre willkürlicher Macht, Folter und Entmenschlichung nach sich. Das Prinzip des sowjetischen Terrors bestand demgegenüber darin, die Willkürdisziplin des Unvorhersehbaren aufrechtzuerhalten.

Der Stalinismus verfuhr nach dem Zufallsprinzip. Nach einer Verhaftung gelangten die Menschen aus der näheren Umgebung des Opfers meist zu dem Schluß, dieses müsse irgend etwas getan haben, zu weit gegangen sein oder einen schlechten Charakter haben. Die Witwe von Ossip Mandelstam erinnert sich:

> »Wenn wir von einer Verhaftung hörten, fragten wir nie: ›Warum haben sie ihn abgeholt?‹ Und so wie wir machten es viele. Menschen aber, die vor Furcht schon nicht mehr klar denken konnten, stellten einander diese Frage, um sich selbst zu beruhigen: Man holt die Leute aus irgendeinem Grund, das bedeutet, ich werde nicht abgeholt, denn ich habe mir nichts zuschulden kommen lassen! ... ›Warum?‹ schrie Anna Andrejewna wütend, als ein Bekannter, angesteckt von dem allgemein üblichen Gebaren, ihr diese Frage stellte: ›Was heißt hier warum? Man muß endlich begreifen, daß sie die Leute für nichts und wieder nichts abholen...« (1975: 280)

Die Geschichte, die Partei hatten immer recht, aber worin sie recht hatten, das ließ sich nur schwer in Erfahrung bringen. Die Sicherheitsagenten pflegten zu sagen: »Gebt uns einen Mann, wir bringen ihn schon vor Gericht.« »Man muß nicht alles für wahr halten«, sagt in Kafkas *Der Prozeß* der Geistliche zu Josef K., »man muß es nur für notwendig halten.« – »Trübselige Meinung«, gibt K. zur Antwort. »Die Lüge wird zur Weltordnung gemacht.« Verborgene Götter verlieren jedoch durch ihre Unerforschlichkeit nicht ihre Anziehungskraft.

Die Unterscheidung zwischen vorhersehbarem und willkürlichem Terror mag überzogen sein. Der Alptraum, Freunde und Kollegen bei Nacht verhaftet, brutal verhört und anschließend in eines von Dutzenden Konzentrationslagern verschleppt zu sehen, war wohl kaum dazu angetan, daß sensible Deutsche sich in der »Volksgemeinschaft« wohl fühlen konnten. Im Dritten Reich wie im stalinistischen Rußland waren die Dauer des Aufenthalts und das Ausmaß des Leidens in einem Lager unvorhersehbar. Informelle Meinungsäußerungen mußten behutsam erfolgen, niemand konnte seiner Freunde sicher sein. Beide Systeme förderten Denunziationen und Anzeigen und zerstörten das mitmenschliche Vertrauen. Dennoch war die Qualität der jeweils erzeugten disziplinierenden Angst unterschiedlich. Wenn wir zwischen mehreren Demokratieformen unterscheiden, sollten wir auch verschiedene Formen des Terrors gegeneinander abgrenzen. In den Jahren nach 1933 mußten die Juden im Deutschen Reich zunehmend mit ihrem gesellschaftlichen Ausschluß, wirtschaftlicher Not und Entwürdigung rechnen; wer sich mit dem Gedanken an Opposition trug, mußte sich auf grausame Verhöre, die Internierung in einem Lager und auf den Tod gefaßt machen. Nach 1941 standen ihnen Deportation und in der Regel der Tod bevor. Doch der loyale oder passive nichtjüdische Bürger mußte nicht mit dem Terror leben wie in Rußland die Intelligentsia, die Parteimitglieder, Funktionäre oder die Leiter von Industriebetrieben. Und es gab manche Unglückliche, die den Bedrohungen beider Regimes ausgesetzt waren: »So wurden wir im zwanzigsten Jahrhundert hin- und hergefegt, eingeklemmt zwischen Hitler und Stalin.« (Mandelstam 1975: 280)

Wenn sich also beide Regimes im Hinblick auf den Terror fast einen Wettkampf geliefert haben, warum scheint es dann immer noch wichtig, auf der Einzigartigkeit der Naziverbrechen zu beharren? Warum trifft der Name Auschwitz im Unterschied zu Workuta oder Kolyma bis heute auf eine solche Resonanz? Weil es nirgendwo außer in den 1941 bis 1945 von Deutschland besetzten Ländern Europas einen Apparat gab, der so zielbewußt nur dem einen Zweck diente, einen Massenmord um seiner selbst willen zu betreiben – nicht nur Massenmord, sondern ethnische Vernichtung: die Ausrottung eines ganzen Volkes – zusammen mit den Zigeunern sogar zweier Völker – samt seiner Kinder und Greise (ohne auch nur den Vorwand individueller Verfehlungen). Das russische System war zügellos brutal, zynisch in seinem Verlangen nach Bestrafung und Schuldgeständnissen, eine Perversion aller Ideale, von denen die Revolutionäre einst beflügelt waren. Aber bei allem von ihm vergossenen Blut setzte es sich nicht einen Genozid um seiner selbst willen zum Ziel.

Wahrscheinlich war die physische Vernichtung nicht von Anfang an das Ziel der Nazis, zumindest keines, das für sie im Bereich des Möglichen lag. Die Entwicklung der Umstände ließ die »Endlösung« mörderisch werden. Doch die Logik und die Sprache des Nationalsozialismus billigten ohne weiteres den Mord. Beide beraubten die Juden so sehr ihres Menschseins, daß der Mord am Ende kaum noch als eine qualitativ neue Stufe erschien. Als Zeuge ist man vor allem entsetzt über die Tötung als solche; doch die Schergen selbst hatten die Schwelle des moralischen Empfindens bereits überschritten. 1941 wurde der Genozid zu einem technischen Ziel, das eine diensteifrige Bürokratie antrieb, die Oberhand über das denkbare Ziel eines »rationaleren« Einsatzes von Arbeitssklaven gewann und den verzweifelten Kriegsanstrengungen weitere Energien entzog. Von dieser unbeirrbaren Entschlossenheit zur Tötung einer ausgewählten Bevölkerungsgruppe war das Sowjetregime nicht befallen, auch wenn es die unbedingte Unterwerfung jeder möglichen oder eingebildeten Abweichung forderte.[55] Kein Mensch in Deutschland kümmerte sich darum, ob die Juden das Regime ablehnten – wer hätte etwas anderes von ihnen erwarten sollen, ausgenommen vielleicht die Lagerleiter, die ihre Dienste benötigten und ihre Mitarbeit erwarteten.

Es gibt noch weitere triftige Gründe, den von Nolte angestellten Vergleich zurückzuweisen. Sie sind eher methodologischer Art und betreffen weniger den Holocaust als solchen. Historiker halten es im allgemeinen für nicht zulässig, Fragen nach ihrer verborgenen Absicht oder ihren möglichen politischen Implikationen zu beurteilen. Nicht jedes historische Ergebnis findet das Wohlwollen des Liberalen oder des Konservativen: Wo gehobelt wird, da fallen Späne, auch in der Politik. Das führt uns zum Problem der »Interessen« oder der Motive zurück, die hinter einem Vergleich stehen. Selbst eine apologetische Absicht macht einen historischen Vergleich nicht ipso facto hinfällig. Aber immerhin gibt es zwei Kriterien, die uns die Entscheidung darüber erleichtern können, ob möglicherweise das Interesse an einer »Normalisierung« die Legitimität der zur Debatte stehenden wissenschaftlichen Untersuchung untergraben hat.

Erstens gibt es Hypothesen, die keine offenen Fragen, sondern kaschierte Thesen sind und als unechte Fragesätze formuliert werden. Unter diesen Bedingungen sind Beweise und Belege erforderlich, die den Behauptungen Substanz verleihen; sie können nicht einfach als offene Hypothesen vorgetragen werden – es sei denn, sie segeln unter falscher Flagge. Genau dies scheint mir bei Noltes Argumentation der Fall zu sein. Aber wer soll darüber befinden, was eine echte Frage und was eine getarnte These ist? Nolte, Fest und Hillgruber behaupten, der Historiker, der ihrer Frage widerspreche, ersetze Wahrheit durch Vorliebe und mache ein politisches Argument zu einer Frage des Geschmacks. Es gibt jedoch ein Prüfkriterium. Eine echte historische Frage wird die persönliche Meinung so lange nicht beeinflussen, solange sie unbeantwortet bleibt. Eine unechte Frage verfolgt hingegen den Zweck, Meinungen einfach dadurch zu beeinflussen, daß sie überhaupt gestellt wird. Ihr geht es nicht um die Wahrheit einer Behauptung, sondern darum, ob eine als wahr unterstellte Behauptung geäußert werden darf. Sie gibt vor, die Tragfähigkeit einer Hypothese zu erproben, erprobt jedoch in Wirklichkeit die Grenzen eines akzeptablen Diskurses und erreicht ihre Wirkung, weil liberale Gesellschaften es ablehnen, die Redefreiheit einzuschränken. »War Auschwitz wie der Gulag?« ist eine unbeholfene, aber echte Frage. »Dürfen wir nicht sagen, daß Auschwitz wie der Gulag war?« scheint mir eine unechte historische Fragestellung zu sein und kann deshalb die Vorrechte echter historischer Forschung nicht für sich in Anspruch nehmen.

Das zweite methodologische Kriterium bezieht sich auf die Resultate des Vergleichs. Vergleiche können nicht von vornherein für berechtigt oder unberechtigt, richtig oder falsch erklärt werden. Sie sind Werkzeuge, deren Zweckdienlichkeit von den gestellten Fragen abhängt. Ein unbefangener Vergleich sowjetischer und nationalsozialistischer Gefangenenlager ist zweifellos ein wichtiges Hilfsmittel, wenn es um die Ähnlichkeiten zwischen beiden Systemen geht. Aber wenn Vergleiche nicht an sich schon richtig oder falsch sind, dann können sie sich auch für die Wissenschaft als ebenso produktiv wie enttäuschend oder gar als irreführend und tendenziös erweisen. Wie sollen wir das unterscheiden?

Dafür gibt es zwei mögliche Prüfverfahren. Das eine kann lediglich retrospektiv angewandt werden: Ein fruchtbarer Vergleich bringt weitere Hypothesen und Forschungsprojekte hervor; spätere Forscher bauen auf seinen Einsichten auf und treiben unsere Erkenntnis voran, und am Ende wissen wir, daß uns der Vergleich nicht in eine Sackgasse geführt hat, sondern ein neuer Ausgangspunkt war. Das andere Verfahren gestattet zwar keine Aussage über die Fruchtbarkeit eines Vergleichs, aber zumindest darüber, ob sich in ihm eine Tendenz oder eine unlautere Absicht verbirgt. Jede echte komparative Vorgehensweise hebt ebenso sehr das Einzigartige wie bestehende Ähnlichkeiten hervor; sie bestimmt die Gemeinsamkeiten im Gegensatz zu den Unterschieden. Seit Aristoteles gilt der Vergleich als eine Übung in klassifikatorischer Logik, wobei das Allgemeine nur in bezug auf das Besondere verstanden werden kann. Ein Vergleich muß ein zweischneidiges Schwert sein. Das Widerstreben eines Historikers, beide Aspekte des Unternehmens zu berücksichtigen, sowie eine Tendenz, bestehende Unterschiede zugunsten der Ähnlichkeiten zu bagatellisieren, kann ein Zeichen für eine parteiische Absicht sein. Noltes erstes Buch war gerade wegen der durchgehaltenen Spannung zwischen einer übergreifenden Typologie des Faschismus und den Abweichungen bei den gewählten Beispielen so beeindruckend. Doch in seinen jüngsten Aufsätzen lag das Schwergewicht darauf, die Unterschiede möglichst gering zu halten, auf »logische« Verknüpfungen zurückzugreifen, wo tatsächliche Ähnlichkeiten bestenfalls abstrakt zu bestehen scheinen. In Noltes Schema würden die vorhandenen Unterschiede zu einer Überdehnung des Vergleichsrahmens führen; von daher rührt auch das Unbehagen bei dem Versuch, sie gedanklich durchzuarbeiten. Raymond Arons Wendung vom »Retten der Begriffe« oder Marc Blochs Beharren auf dem Herausarbeiten von Unterschieden ist demnach von besonderer Bedeutung. Es ist ein moralischer Anspruch an den Forscher, der die Redlichkeit des komparativen Historikers bewahrt und einen Maßstab zur Überprüfung der Qualität komparativer Ansätze bietet, die von anderen vorgelegt werden. Er ist mit der vergleichenden Geschichtsschreibung nicht unvereinbar, sondern ist im Gegenteil die Bedingung ihrer Gültigkeit.

»Angst vor dem Faschismus?«

Gewöhnlich betonen jene Autoren, die das Gemeinsame des Terrors unterstreichen, auch die Ähnlichkeit terroristischer Regimes. »Es ist der grundlegende Unterschied zwischen totalitären und allen anderen tyrannischen Herrschaftsformen, daß Terror nicht nur und nicht einmal primär zur Einschüchterung und Liquidierung von Gegnern benutzt wird, sondern ein permanentes Herrschaftsinstrument ist, mit dem absolut gehorsame Volksmassen regiert werden.« (Arendt 1958: 9) In der Tat brachte Arendt nur eine weitverbreitete Meinung zum Ausdruck, als sie Stalinismus und Nationalsozialismus als totalitäre Systeme auf dieselbe Stufe stellte und gleichzeitig den ausgeprägten Unterschied zwischen deutschem Nationalsozialismus und italienischem Faschismus hervorhob.[56] Dessen ungeachtet schrieb Nolte sein bis heute fundiertestes und anregendstes Buch über die Ähnlichkeit zwischen dem Nationalsozialismus und Mussolinis Bewegung als Spielarten des Faschismus. In diesem Punkt ist

Nolte so etwas wie ein Außenseiter geblieben. Anscheinend geht in der deutschen akademischen Welt ein Gespenst um, das viele Liberale und Konservative fürchten: die »Theorie« des Faschismus.

Karl Dietrich Bracher, dessen bahnbrechende Analysen des Untergangs von Weimar und des Aufstiegs des Nationalsozialismus sich in den 50er Jahren so überzeugend auf das Totalitarismus-Paradigma stützten, ist gegenüber dem Begriff »Faschismus« als einem begrifflichen Werkzeug besonders mißtrauisch geblieben. Offensichtlich keiner der beiden Fronten besonders zugetan, hat er sich im Historikerstreit zurückgehalten, wenn man einmal von seiner Behauptung absieht, Nolte sei zusammen mit der Linken für das unglückliche Festhalten am Faschismusbegriff verantwortlich (Bracher 1987). Bracher behandelte die Kontroverse als das jüngste Symptom der Doppelbödigkeit, wie sie der Geschichte der Bundesrepublik immanent sei. Westdeutschland hatte tatsächlich unausgesetzt gegen eine Art strukturelle Schizophrenie anzukämpfen: Es war einer von zwei deutschen Staaten, Erbe zweier gescheiterter Regimes, Arena zweier Generationen mit unterschiedlicher Erinnerung: »Die gegenwärtige Auseinandersetzung geht denn auch nicht nur um Richtung und Sinn unserer Epoche, sondern gleichzeitig um die Deutung einer trotz der zeitlichen Distanz nicht vergangenen, nicht leichthin zu historisierenden totalitären ›Vergangenheit‹« (Ebd.: 9) Angesichts dieser Belastungen sah sich die Bonner Republik der ständigen Gefahr eines Rückfalls in ideologisches Denken mit der Geringschätzung rechtsstaatlicher Verfahren ausgesetzt. Die Friedensbewegung und die Bewegung der Kernkraftgegner böten Leerformeln an, die »im Grenzbereich zwischen Demokratie und Diktatur operierten«. Derartige politische Antworten drohten zu »pseudoreligiösen Heilsvorstellungen« auszuarten, die in zukünftige totalitäre Ideologien münden könnten. Bracher prangerte zwar Vertreter der Linken an, behauptete jedoch gleichzeitig, der Unterschied zwischen links und rechts spiele für die großen Vereinfacher der Geschichte nur eine geringe Rolle – wie die späten 60er Jahre gezeigt hätten, »als uns Kritikern eines allzu allgemeinen Faschismusbegriffs zeitweise eine Front von Nolte über Habermas bis zur APO gegenüberstand« (ebd.: 8 f.).

Warum war Noltes Sicht des Faschismus für Bracher so unerträglich? Noltes *Der Faschismus in seiner Epoche,* seine erste bedeutende historische Arbeit, das Produkt eines Außenseiters seiner Disziplin, das ihm einen akademischen Lehrstuhl eintrug, bleibt bis heute sein brillantestes Buch (vgl. o. Kap. 1, S. 35 f.). Bezeichnenderweise ging es Nolte nicht darum, den Erfolg des Faschismus in der herkömmlichen Manier des Historikers zu erklären, der immer wieder auf die Ereignisse in ihrer zeitlichen Abfolge zurückgreift. Statt dessen bemühte er sich, eine Reihe zunehmend angemessener Definitionen für die Bewegungen im Verlauf ihrer Entfaltung zu finden. Die übliche Erklärung durch das Aufsuchen von Kausalketten wurde ersetzt durch ein asymptotisches Bemühen, den kleinsten gemeinsamen Nenner der einzelnen Faschismen zu finden. Für Nolte wohnen historischen Phänomenen Entelechien inne, denen sie sich mehr oder weniger vollkommen annähern. Erklären hieß definieren; tatsächlich hat er bis hin zu seinen jüngsten Veröffentlichungen diesen »Essentialismus« in Anspruch genommen. Den Gulag zum »logischen und faktischen Prius« des nationalsozialistischen Terrors zu machen, ist Noltes Äquivalent einer Kausalbehauptung.

Trotz dieses essentialistischen Ansatzes bestand Nolte zu Recht auf der historischen Besonderheit des Faschismus. Als Doktrin und Bewegung war er das Produkt einer bestimmten politischen Epoche: des Zeitalters der Weltkriege (einschließlich seines imperialistischen Vorspiels), der Krise des Liberalismus und der bolschewistischen Revolution. Gleichzeitig verkörperte der Faschismus einen allgemeineren Impuls. Er war eine Reaktion auf den modernen Prozeß der Emanzipation und eine radikale Absage an die liberale Gesellschaft, von der er gespeist wurde.

Erst in der Rückschau sind die dunkleren Folgerungen aus Noltes komplexer Beweisführung zutage getreten. Gewiß, schon 1963 hatte er gesagt, die Verwirrungen des modernen Menschen, deren Zeugnis der Faschismus sei, erforderten »Sympathie«. Andererseits hatte er betont, der Faschismus habe ein Verbrechen begangen, mit dem »in der Weltgeschichte nichts verglichen werden kann, auch nicht der Terror Stalins gegen das eigene Volk und die eigene Partei« (Nolte 1963: 35). Nach wie vor ist er überzeugt, trotz des Gulag sei die

Sowjetunion der westlichen Entwicklung näher gestanden als der Nationalsozialismus (Nolte 1987: 549). Doch Nolte hat sich von seiner unmißverständlichen Anklage gegen den Nationalsozialismus zurückgezogen und zu einem großartigen Schema Zuflucht genommen, das den marxistischen Sozialismus und den Faschismus als Revolten gegen die liberale und industrielle Welt versteht. In seinem allerersten Buch war der Faschismus sehr weit als eine Reaktion auf politische und wirtschaftliche »Transzendenzprozesse« definiert (und damit für Nolte erklärt) worden, die sich nacheinander im Liberalismus, im Sozialismus und in der Russischen Revolution verkörpert hatte. In der Alltagssprache bezog sich Transzendenz auf das für die Linke kennzeichnende Streben, Männer und Frauen aus den Hierarchien zu befreien, in denen sie von der Tradition festgehalten wurden. Sie bedeutete die Emanzipierung einer schrankenlosen menschlichen Natur aus den Fesseln des Bewußtseins und des praktischen Lebens, die ihr durch Armut, Klasse oder nationale Gemeinschaft auferlegt wurden. Dieser radikale Entwurf rief seinerseits das konservative Bestreben auf den Plan, den Menschen erneut in eine hierarchisch gegliederte politische Gemeinschaft einzubinden, die in einer bestimmten historischen Zeit und einem bestimmten Territorium verankert war. Der Faschismus war letztlich eine radikale Form dieses konservativen Programms. Allerdings hat Nolte in den vergangenen Jahrzehnten seine Akzente verschoben. Der Faschismus ist weniger eine Reaktion auf den Marxismus. Marxismus und Faschismus erscheinen vielmehr beide als Reaktionen auf den Prozeß der Transzendenz, der seinerseits nicht so sehr die Gestalt der Emanzipation, sondern der Weberschen »Entzauberung der Welt« annimmt. »Die Industrielle Revolution ist die erste Erscheinungsform der Abstraktion des Lebens, welche im Kern praktische Transzendenz ist.« (Nolte 1983: 488)

Kein Wunder, daß ein nüchtern denkender Politikwissenschaftler wie Bracher sich von solchen Grübeleien wenig angetan zeigte. Bracher betonte die institutionellen Ursachen des Zusammenbruchs der Demokratie und nicht die Ähnlichkeiten von Ideensystemen. In den ausgehenden 60er Jahren beschäftigte ihn der Aufstieg der NPD, und er war nicht bereit, Nolte darin zuzustimmen, der Faschismus sei lediglich eine Malaise der Zwischenkriegszeit gewesen. Er wollte den Deutschen ihre eigene staatsbürgerliche Anfälligkeit vor Augen führen; daher der Titel seiner Untersuchung über den Nationalsozialismus: *Die deutsche Diktatur,* in der keine Rede von einem internationalen Faschismus ist (Bracher 1969). Auch stand Bracher mit seinem Unbehagen an einem idealtypischen »Faschismus« nicht allein. Die Theorie des Faschismus wurde gegen Ende der 60er Jahre zum ideologischen Ausdruck der universitären Linken. Als die Studentenbewegung eine geistige Abrechnung mit der Generation ihrer Väter forderte (eine Abrechnung, die im Zuge der Veränderungen von 1945 weitgehend unterblieben war), war es die »Faschismustheorie«, die als vergröberte Ideologie herhielt. Der Nationalsozialismus wurde – in Übereinstimmung mit der marxistischen Analyse der Zwischenkriegszeit – als eine Reaktion des Kapitalismus in der Krise interpretiert. Dieser Reduktionismus zeigte sich im Titel eines damals populären Büchleins: *Formen bürgerlicher Herrschaft. Liberalismus – Faschismus* (Kühnl 1971; zus.fassend Saage 1976).

Die differenzierteren theoretischen Arbeiten über den Faschismus stützten sich auf »bonapartistische« Erklärungen, wie sie von Dissidenten der Linken bereits in der Zeit der Weimarer Republik vorgetragen worden waren. Die bonapartistische Theorie (erstmals von Marx in *»Der 18. Brumaire des Louis Napoleon* entwickelt) behauptete, eine Pattsituation der Klassen ermögliche dem Staat, die Kontrolle durch eine herrschende Elite abzuschütteln und sich selbst als autonome Gewalt mit einem diktatorischen Apparat zu installieren. Der bonapartistische oder faschistische Staat unterwerfe alle Klassen gleichermaßen einer Diktatur. Dies geschehe allerdings im ureigensten Interesse der Bourgeoisie, die ihre Herrschaft unter einem liberalen Regime wegen der eigenen inneren Klassenspaltungen oder ihrer Schwäche gegenüber anderen Klassen nicht mehr aufrechterhalten konnte. Die grobschlächtigeren Arbeiten der Faschismustheoretiker lehnten die bereits vor dem Zweiten Weltkrieg verworfene heterodoxe Bonapartismusanalyse ab. Sie waren eher geneigt, die ostdeutsche »Stamokap«-Analyse vom »staatsmonopolistischen Kapitalismus« zu übernehmen, die die nationalsozialistische Machtergreifung den Machenschaften einer kleinen Elite aus Finanzleuten und Industriellen zuschrieb.[57]

Die Theorie des Faschismus war Ende der 60er Jahre mehr als eine intellektuelle Übung. Häufig rechtfertigte sie auch einen ernsthaften Angriff auf die geistige Unabhängigkeit von Universitätsgelehrten. Von der Denunzierung von Ideen zur Denunzierung von Professoren war es nur ein kleiner Schritt (bei Nolte hinterließen diese Konflikte traumatische Spuren). Wenn es ein Ideenbündel gab, das das Aufkommen der Radikalen kennzeichnete, dann war es die Faschismustheorie – nicht länger lediglich eine Typologie als Handreichung für die Forschung, sondern offensichtlich der ideologische Keil der Linken, dem man Widerstand entgegensetzen mußte.

Trotz aller Unterschiede in den Erfahrungen mit dem Faschismus jedoch sieht sich der Historiker der Zwischenkriegsphase in Europa einer Reihe politischer Bewegungen – und später Regimes – gegenüber, die allesamt das Schützengrabenerlebnis als Quelle der moralischen Legitimität verherrlichen, paramilitärischen Uniformen und Verbänden anhängen, einen einzelnen zu ihrem Führer erheben, allen marxistischen Parteien und Gewerkschaften extrem feindlich gegenüberstehen, den Liberalismus und parlamentarische Regierungen verachten und gewalttätig in ihrer Sprache und ihrem Handeln sind. Einen gemeinsamen Begriff für diese charakteristische historische Gestalt abzulehnen hieße, einem übersteigerten Nominalismus zu huldigen.

In Deutschland haben die Gegner der Faschismustheorie ein besonderes Argument vorgebracht: Wenn es einen schlagenden Beweis dafür gebe, daß »Faschismus« kein legitimer Oberbegriff sei, dann die Tatsache, daß der Antisemitismus für den Nationalsozialismus grundlegend war, während er den italienischen Faschisten fast nichts bedeutete. Die Folgerungen aus diesem Beharren auf dem zentralen Stellenwert des Antisemitismus waren nicht immer klar ersichtlich. Vielen Beobachtern erschien diese Haltung einfach bewundernswert und gänzlich unproblematisch. Führende westdeutsche Interpreten stellten sich, wie es schien, der deutschen Krankheit, setzten sich damit auseinander und suchten ihr Heil nicht mehr in Ausflüchten, wie sie für die vorangegangene Generation charakteristisch waren. Wenn sich die ostdeutschen Historiker doch nur ein Beispiel daran nehmen würden! Aber es steckte mehr dahinter. Mit ihrem Beharren auf diesem zentralen Punkt unterstrichen die westdeutschen Historiker zugleich die antimarxistische Stoßrichtung ihrer Interpretationen. Zu einer Zeit, als der Springer Verlag und Franz Josef Strauß als die lautstärksten Vertreter israelischer Interessen auftraten und die bundesrepublikanische Linke ihrerseits eine abstoßend antiisraelische, eigentlich antisemitische Sprache an den Tag legte, erschien eine Historiographie des besonderen Charakters des nationalsozialistischen Regimes als heilsame Antwort auf derartige Tendenzen. Aber konnte sich hinter dieser Sicht der Dinge nicht auch das eigene apologetische Bemühen verbergen?

Das ist eine heikle Frage, mit Empfindlichkeiten befrachtet und Fehldeutungen ausgesetzt. Aber auf der großen internationalen Konferenz im höhlenartigen Reichstagsgebäude aus Anlaß des 50. Jahrestages der nationalsozialistischen Machtergreifung klärten sich die Fronten. Dort beharrten Walter Hofer und andere Gegner der Faschismustheorie einmal mehr darauf, der Antisemitismus sei das entscheidende Merkmal des Nationalsozialismus gewesen. Und in der großen Schlußrede behauptete der neokonservative (früher der SPD nahestehende) Philosoph Herrmann Lübbe, die Periode seit Kriegsende bis zum Beginn der 60er Jahre, so oft verurteilt wegen ihrer mangelnden Bereitschaft, sich mit den Verbrechen der Nazizeit auseinanderzusetzen, sei in Wirklichkeit eine Zeit der stillen Selbsterforschung gewesen. Eine Verdrängung der Vergangenheit habe es nicht gegeben. »Diese gewisse Stille war das sozialpsychologisch und politisch nötige Medium der Verwandlung unserer Nachkriegsbevölkerung in die Bürgerschaft der Bundesrepublik Deutschland.« Gerade der Versuch, ehemalige Nazis wieder zu integrieren, so die provokative These Lübbes, habe dem Zweck gedient, einen demokratischen Konsens für die junge Bonner Republik zu erleichtern. Angesichts der Tatsache, daß so viele Erwachsene in den Nationalsozialismus verstrickt waren, hätte eine moralistische Säuberung oder ein Ausschluß nur einen fortwährenden Groll erzeugt. Die Studenten der 60er Jahre, die für sich in Anspruch nahmen, als erste den Nationalsozialismus entschieden abzulehnen, taten in Wirklichkeit nichts anderes, als sich der staatsbürgerlichen Verantwortung der westdeutschen Gemeinschaft zu entziehen und ihre Verantwortung für die deutsche Vergangenheit zu bestreiten. Die Auseinandersetzung mit dem Faschismus wurde für Lübbe zu einer Methode, der Bundesrepublik die Legitimität abzusprechen.[58]

Diese Rede war eine Provokation. Die Journalistin Carola Stern brachte ihren Inhalt auf den Nenner: »Es ist alles eigentlich gut gelaufen, wenn nur die Linken nicht dazwischen gekommen wären.« (Zit. nach Broszat et al. 1983: 355) Und Herrmann Rudolph erwiderte, Lübbes Sicht der Vergangenheit müsse zu einem unzutreffend polarisierten Bild der Nachkriegsgeschichte führen. Lübbe stellte der angeblich tiefreichenden inneren Auseinandersetzung mit dem Nationalsozialismus die schrillen Thesen der Studentenrevolte von 1968 gegenüber. Damit, so Rudolphs Einwand, werde er dem Bewußtseinswandel nicht gerecht, der sich seit Mitte der 50er und während der 60er Jahre tatsächlich vollzogen und eine zweite Formationsperiode der BRD zur Folge hatte. Und was Lübbes Behauptung anging, die fehlende Bereitschaft, sich von Übeltätern der Nazizeit zu befreien, stelle den bewußten Versuch dar, diese als demokratische Bürger ohne ihre bedauerliche Vergangenheit zu integrieren – wie sollte es »Subjekte« ohne Vergangenheit geben? Durch eine Dosis geschichtlicher Amnesie, bemerkte Rudolph beißend, lasse sich keine neue »Identität« herstellen (ebd.: 360 ff.).

Lübbe erregte Ärgernis – aber war Bracher so weit von ihm entfernt, als er später (1987: 10) schrieb, die Hochschulkonflikte der 60er Jahre hätten historische Kontroversen »zunehmend politisiert... und oft bedenklich verzerrt«? So setzte zwei Jahre vor Bitburg die Debatte auf dieser Konferenz bereits die zentralen Themen des Historikerstreits auf die Tagesordnung: vor allem die immer wieder vorgebrachte Behauptung der Konservativen, die Faschismusanalyse der Linken sei implizit subversiv; sie verhindere eine endgültige Aufarbeitung der Vergangenheit, und sie mache die Möglichkeiten einer Identität zunichte.[59] Es gab allerdings einen entscheidenden Unterschied zum Historikerstreit: Auf der erwähnten Konferenz pochten führende Historiker besonders auf die judenfeindliche Politik des Dritten Reiches, um die linke Faschismustheorie in Mißkredit zu bringen (vgl. dazu Broszat et al. 1983: 220-226). Zur Zeit des Historikerstreits dagegen sah man die Besonderheit des nationalsozialistischen Antisemitismus als weniger gravierend an. Zweifellos waren die Juden Opfer – neben anderen. Recht verstanden waren auch die Kulaken in Rußland, die als Klasse liquidiert worden waren, oder die Wehrpflichtigen der Wehrmacht, die bei der Verteidigung ihrer Heimat gegen die Teilungspläne der Alliierten gefallen waren, allesamt Opfer. Heute, da die Angst vor dem Faschismus – das heißt, vor dem Faschismus als einem Idealtypus, der den Kapitalismus in Frage stellt – nicht länger umgeht, ist auch die Hervorhebung des nationalsozialistischen Antisemitismus überflüssig geworden. Die Konservativen und selbst die Historiker des *juste milieu* haben es nicht mehr nötig, die Linke, die so beunruhigend hellhörig auf antisemitische Strömungen reagierte, zu fürchten und zu verurteilen.

Der außenstehende Beobachter sieht sich damit einer quälenden Frage gegenüber: War das Beharren auf dem zentrlen Stellenwert des Antisemitismus, das als mutige Auseinandersetzung mit der deutschen Vergangenheit bewundert wurde, zumindest teilweise nichts als eine Strategie, um der radikalen Linken zu begegnen? Wurde der Antisemitismus für politische Zwecke instrumentalisiert? Diese Frage betrifft die Politik ebenso wie die Geschichtsschreibung. So dankbar die Israelis für jedes Verständnis sind, auf das ihr Belagerungszustand in westeuropäischen Intellektuellenkreisen stößt, die nur allzu oft bereit sind, die israelische Politik gegenüber der West Bank mit »Auschwitz« gleichzusetzen – war die Unterstützung durch Springer oder Strauß völlig frei von deutschen innenpolitischen Motiven?

Die Gefahren der Historisierung

Eine weitere schwierige Frage drängt sich auf: Tragen die Historiker der Linken eine gewisse Mitverantwortung für diese neuen Tendenzen? Eine neue Kontroverse über die Implikationen einer »Historisierung« des Nationalsozialismus ist ausgebrochen. Nolte (1987b) hatte eine »Historisierung« als sein Ziel benannt. Dieser Ansatz erscheint – bei all seiner Unklarheit – durch Noltes Schlüsse unwiderruflich diskreditiert. Aber es war Martin Broszat (woran Joachim Fest seine Leser erinnerte), der 1985 mit seinem Plädoyer für eine Historisierung des Nationalsozialismus den Rahmen abgesteckt hatte (vgl. *Historikerstreit* 1987: 390; Broszat 1985). Oder wie Dan Diner in seiner Einleitung zu einer Sammlung von Aufsätzen zu diesem Thema es formulierte: »Führt das Projekt der Historisierung des Nationalsozialismus notwendig zu solchen Positionen, für die der Name Ernst Nolte heute steht?« (Diner 1987: 9)

Broszat und Hans Mommsen würden diese Unterstellung zweifellos zurückweisen, doch der israelische Historiker Saul Friedländer, der ihre Arbeiten in vieler Hinsicht schätzt, ist sich mit Fest in manchen Urteilen einig. Friedländer ist davon überzeugt, daß Broszats »Historisierung« allzu leicht in einen apologetischen »Historismus« mündet. Sie verliere das grundlegend Verbrecherische des Regimes insofern aus dem Blick, als sie langfristige Modernisierungsprozesse wie die Entwicklung des Sozialstaats, die Aufwertung der Stellung der Frau oder die Nivellierung gesellschaftlicher Eliten zum Thema mache, die keine moralische Verurteilung zulassen. Sie spreche sich dafür aus, die kritische Distanz des Historikers gegenüber dem Regime aufzugeben. Und schließlich verlange sie vom Historiker, die Zeit von 1933-1945 als eine Zeit wie jede andere zu behandeln. »Über den Nazismus schreiben ist jedenfalls etwas völlig anderes, als eine Geschichte Frankreichs im sechzehnten Jahrhundert zu verfassen.«[60] Dan Diner bringt das Dilemma prägnanter auf den Punkt: Letzten Endes (wie das Motto von Christa Wolf nahelegt und wie Nolte explizit bestreitet) entzieht sich Auschwitz jedem Verständnis:

> »Auschwitz ist ein Niemandsland des Verstehens, ein schwarzer Kasten des Erklärens, ein historiographische Deutungsversuche aufsaugendes, ja, außerhistorische Bedeutung annehmendes Vakuum. Nur ex negativo, nur durch den ständigen Versuch, die Vergeblichkeit des Verstehens zu verstehen, kann ermessen werden, um welches Ereignis es sich bei diesem Zivilisationsbruch gehandelt haben könnte. Als äußerster Extremfall und damit als absolutes Maß von Geschichte ist dieses Ereignis wohl kaum historisierbar. Ernst gemeinte Historisierungsbemühungen endeten bislang in geschichtstheoretischen Aporien. Anders gemeinte, relativierende und das Ereignis eineb-

nende Historisierungsversuche enden hingegen notwendig in einer Apologie. Auch dies ist eine Lehre aus dem Historikerstreit.« (Diner 1987b: 73)

Ich stimme zu – Auschwitz bleibt unbegreiflich. Doch Broszat ging es um eine Historisierung des Dritten Reiches insgesamt und nicht lediglich von Auschwitz. Auschwitz bleibt ein Aspekt des Regimes, unauslöschlich mit ihm verbunden, aber nicht die Gesamterfahrung der meisten Deutschen. Eine Historisierung ist in meinen Augen ein Bemühen nicht um ein Verstehen von Auschwitz, sondern um das Verstehen eines Regimes, unter dem Auschwitz und eine gelebte Normalität (wenn auch nur als eine Form des falschen Bewußtseins) nebeneinander existieren konnten. Sie hat zum Ziel, der Gleichzeitigkeit von Banalität und Apokalypse oder, wie Peukert es ausdrückt, von »Barbarei und Alltag« auf die Spur zu kommen.[61] Für Friedländer, Diner und andere muß ein solches Bemühen um ein Verständnis jedoch zwangsläufig zu einer Entschuldigung führen. Die »Alltagsaspekte« des Dritten Reiches tragen dieselbe moralische und historische Bedeutung wie der Garten von Kommandant Rudolf Höss außerhalb der Zäune um die Krematorien.

Aber mündet das Bemühen um eine »Historisierung« zwangsläufig in eine Apologie? Leider ist der Begriff »Historisierung« unpräzise. Er kann zur Abwertung früherer Versuche führen, das Regime in seinem historischen Kontext zu verstehen, und zu der Binsenwahrheit, daß ein Historiker historisieren muß – worauf Nolte sich bei seiner Verteidigung berufen hat. Die Methodologie der »Historisierung« involviert – wie Kritiker zu Recht befürchten – einen revidierten Historismus, der immer Gefahr läuft, dem Subjektivismus zu erliegen. Historisierung versucht, über eine »Strukturgeschichte«, die auf Modellen der Politikwissenschaft gründet, wie sie für Brachers Arbeiten charakteristisch sind, hinauszugehen. Sie beabsichtigt eine Rekonstruktion der »Mentalitäten« unter dem Nationalsozialismus.

Die zentrale hermeneutische Kategorie der »Resistenz« ist zu einem weiteren unglücklichen Begriff geworden, ein Konzept, das in einem gemeinsamen Projekt unter der Leitung Broszats zum Thema »Bayern unter dem Naziregime« (1987) entwickelt wurde.[62] Mit »Resistenz« sollte eine Mischung aus Billigung und Ablehnung unterhalb der Schwelle einer offenen Opposition bezeichnet werden. Mittlerweile fallen unter diese Kategorie so unterschiedliche Aktivitäten wie Kirchenbesuch, Forderung von Lohnerhöhungen oder abfällige Bemerkungen über den jeweiligen Ortsgruppenleiter. Unsere Kritik an dem Begriff soll kein Vorwurf an die damalige Bevölkerung sein, sie habe nicht ihre Freiheit und ihr Leben aufs Spiel gesetzt. Es geht vielmehr darum, daß »Resistenz« unzutreffenderweise die Äußerung einer offen abweichenden Meinung suggeriert, subjektiv unbeirrbarer und objektiv wirksamer, als dies in der Realität der Fall war. Außerdem unterstellt der Begriff den Gruppen, auf die er angewandt wird, eine psychologische Homogenität. Soll man denn tatsächlich einen guten katholischen Konservativen, der sich etwa darüber aufregt, daß aus den Schulen alle Kruzifixe entfernt werden sollen, andererseits jedoch glücklich bei dem Gedanken ist, daß das kommunistische Gesindel bekommt, was es verdient, durch seine »Resistenz« charakterisieren?

Aber nehmen wir einmal an, der Begriff der Resistenz würde durch eine neutrale!e Beschreibung wie »selektive Mißbilligung« ersetzt. Erschiene dann das Projekt der »Historisierung« weniger anstößig? Um gerecht zu sein, Broszat plädierte nicht einfach für einen neuen hermeneutischen Zugang zum Nationalsozialismus. Das könnte in der Tat bedeuten, einem neuen Historismus und dessen Tendenz zu erliegen, implizit die Vergangenheit zu rechtfertigen: *Tout comprendre c'est tout pardonner* – Alles verstehen heißt alles verzeihen. Doch die von Broszat anvisierte Historisierung meint mehr als einfühlendes Verstehen. Sie will das Dritte Reich als eine Epoche unter anderen behandeln und auf diese Weise die langfristigen Entwicklungen verfolgen, die kontinuierlich alle jüngeren Epochen durchziehen. Als ein Beispiel führt Broszat die Sozialpolitik an: Die NS-Programme auf diesem Gebiet lassen sich als Bestandteil einer langfristigen Entwicklung der Sozialversicherung begreifen; sie sind nicht geprägt von den politischen Maßnahmen des Völkermords.[63] Selbstverständlich gibt es dabei Risiken: Jüngere historische Untersuchungen über die NS-Eugenik lassen bereits vermuten, daß die Politik des Völkermords von denen, die das Besondere der Judenverfolgung und -vernichtung auflösen wollen, lediglich als eine Eskalation des früheren eugenischen Denkens interpretiert wird, das für viele westliche Gesellschaften charakteristisch war. Die Gefahr der Apologie besteht. Trotz der Bemühungen von Diner und Friedländer ist unklar, auf welche Weise sich diese Gefahr aus dem historischen Unternehmen bannen ließe. Der kritische Historiker wird stets die Texte einen nach dem anderen in Angriff nehmen müssen.

Broszats Forderung nach einer »Historisierung« des Nationalsozialismus schloß an sein Konzept einer NS-»Polykratie« an. Seine einflußreiche Analyse des Dritten Reiches stellte nicht die totalitäre Autorität des Regimes in den Vordergrund, sondern die einander befehdenden Machtzentren. Sie hob die Verwirrung und die administrative Rivalität zwischen den Behörden hervor, die von Hitler nach und nach eingerichtet wurden und deren Ansprüche er wohl kaum selbst abgesegnet hatte (Broszat 1969; s.a. Hüttenberger 1976). In dieser Rekonstruktion der NS-Herrschaft folgten die politischen Ergebnisse weit weniger aus der NS-Ideologie als in der klassischen Totalitarismustheorie. Die konfligierenden Quellen der Autorität ermöglichten zudem Oasen relativer Freiheit, Nischen, die einer absoluten Kontrolle entzogen waren. Deshalb leistete die Betonung der Polykratie dem Begriff der »Resistenz« Vorschub. Die Nationalsozialisten gaben bei Machtkonfrontationen häufig nach. Sie mochten Kommunisten einsperren, aber sie scheuten eine Konfrontation mit der Kirche und zögerten, die Kruzifixe aus den bayrischen Schulzimmern zu entfernen; und sie stoppten das Euthanasieprogramm, als Geistliche und Familienangehörige protestierten (oder verschoben es zumindest so lange, bis der Kriegsausbruch die Aufmerksamkeit der Öffentlichkeit auf die Gewalttaten im Ausland ablenkte). Wenn Führungspersonen im Ausland – selbst in den von den Nazis besetzten Gebieten – sich widersetzten, ließen die Nazis die dortigen Juden relativ unbehelligt (wenn auch nur vorläufig, wie man glaubte). Kurz, die NS-Herrschaft war auf freiwillige Komplizenschaft angewiesen.

Die Geschichte der Resistenz geriet damit zu einer Geschichte der Möglichkeiten, eine Komplizenschaft zu vermeiden. Es war deshalb nur folgerichtig, daß der Historiker der Polykratie ein großes

Projekt leitete, das die verstreuten Auswirkungen des Nationalsozialismus auf der lokalen Ebene in Bayern untersuchte. Es ergab auch einen Sinn, daß die Historiographie des Alltagslebens mit ihrer Akzentsetzung auf der Möglichkeit der Resistenz zu einem wichtigen Forschungsfeld wurde. In den letzten Jahren entstand eine Fülle von Untersuchungen zur »Alltagsgeschichte« und administrativen Fallstudien. Sie beruhen auf einer jahrzehntelangen Auflösung des traditionellen Bildes von einer unbegrenzten zentralen Macht des von Hitler beherrschten Regimes.

Tim Mason (1981) hat verschiedene parallel geführte Debatten über den Charakter des Dritten Reiches systematisiert. Die Argumente betreffen die Form der Macht (autokratisch oder polykratisch) und der Herrschaft (totalitär oder fragmentarisch), die Rolle der Ideologie (primär oder nur sekundär im Hinblick auf die Resultate), den von Hitler ausgehenden Anstoß (allein ausschlaggebend oder nur gelegentlich). In jedem einzelnen Fall scheidet die wissenschaftliche Debatte die »Intentionalisten« von den »Funktionalisten«, wie Mason sie bezeichnet.[64] Masons brillant intuitive Charakterisierung schien sich besonders zweckmäßig auf jene Debatten anwenden zu lassen, in denen es um die Geschichte der Endlösung ging. Die Intentionalisten unterstreichen die zentrale Rolle der antisemitischen Ideologie; für sie ist der Holocaust ohne zentralisierte Anordnungen nicht denkbar, die explizit von Hitler ausgingen, und sie betonen, daß diese Befehle in logischer Konsequenz seit langem gehegte Pläne verwirklichten. Die Funktionalisten dagegen arbeiten den »verschlungenen Weg nach Auschwitz« heraus (so der Titel eines Buches von K. Schleunes). Sie rücken die Rivalität zwischen den einander bekämpfenden Behörden in den Mittelpunkt, die Eskalation des Tötens von der lokalen Ebene aus, die Erörterungen nachgeordneter Dienststellen darüber, wie das Judenproblem zu lösen sei, nachdem eine Zwangsemigration ausgeschlossen war.[65]

Die Debatten haben die Gemüter aufgewühlt und oft seltsame Koalitionen entstehen lassen und unvorhersehbare Gräben aufgerissen. Für Saul Friedländer, fraglos ein Intentionalist, ist Hans Mommsens Funktionalismus zutiefst bestürzend, nicht anders als die damit zusammenhängende »Historisierung«. In den Augen Friedländers sind die beiden Ansätze einander ähnlich. Sie bringen eine spezifische Schuld an den Schrecken des NS-Regimes zum Verschwinden. Damit wird die Verantwortung für ein unaussprechliches Verbrechen verschwommen und nicht mehr faßbar. Das trifft für die Funktionalisten keineswegs zu. Die Verantwortung trägt nach ihrer Meinung der gesamte Völkermordapparat der Nazis und nicht nur ein »einzigartiger« Hitler, der für die anderen möglicherweise eine Alibifunktion übernimmt. Entgegen Friedländers Ansicht waren es nicht die Intentionalisten, die sich gegen den neuen Revisionismus wandten. Hildebrand, der auf der absolut zentralen Rolle Hitlers beharrt, hat sich wiederholt nachdrücklich zum Verteidiger Noltes aufgeschwungen, während der Funktionalist Hans Mommsen einer der Hauptgegner der neokonservativen Historiographen war. Oder lag das vielleicht nur daran, daß die Funktionalisten als erste die Pandorabüchse der »Historisierung« geöffnet hatten, wenn sie sich später so bemüht zeigten, sie wieder zu schließen?

Wie in so vielen Debatten unter Historikern sind auch hier die Streitpunkte überzogen. Hildebrand und andere Intentionalisten fragen, ob das Regime auch ohne die Dynamik, die Kraft und das Charisma Hitlers vorstellbar gewesen wäre. Aber selbst wenn man zugibt, daß Hitler eine entscheidende Rolle gespielt hat, und seine zielgerichtete Manie für die Vernichtungspolitik als ausschlaggebend ansieht, so wird damit einer funktionalistischen Betrachtungsweise noch nicht die Grundlage entzogen. Sie hat es mit der Art und Weise zu tun, wie das Regime seine Wirkung ausübte, und sagt nichts über die Quellen seiner Legitimität aus. Selbstverständlich war Hitler von wesentlicher Bedeutung für den Aufwand an krimineller Energie. Himmler und Heydrich hätten das Morden effizienter organisiert, aber sie hätten es nicht legitimiert. Eine funktionalistische Analyse der Endlösung tut dem Schrecken über die Resultate keinen Abbruch.

Broszats Programm einer »Historisierung« hatte aber auch einige merkwürdige Argumente zur Folge. Was soll der Hinweis bedeuten, daß das Dritte Reich politische Maßnahmen durchgeführt habe, die auch von demokratischen Regimes ergriffen wurden, daß – um das oft zitierte Beispiel der Sozialpolitik aufzugreifen – die Deutsche

Arbeitsfront ein Sozialversicherungssystem ähnlich dem Beveridge-Plan anstrebte.[66] Was soll daran überraschend sein? Ein moderner Arbeitsmarkt unterwirft selbst Regierungen mit Mordplänen bestimmten strukturellen Anforderungen. Das Argument verfehlt offenbar den Kern der Sache und trägt nichts Wesentliches zum historischen Verständnis bei. Kein Kritiker des Nationalsozialismus stellt die normale politische Sphäre in Frage: Beamte im Dritten Reich bedienten sich eines Deficitspending in Keynesscher Manier; der Betrieb in Krankenhäusern lief normal; Karajan und Klemperer dirigierten; die Post stellte Briefe und Pakete zu. Ähnlichkeiten im Postdienst rechtfertigen es im allgemeinen nicht, Regimes miteinander zu vergleichen. Wirklich moralisch von Bedeutung sind die wenigen Institutionen, die das Mordgeschäft betrieben, und nicht die zahlreichen normalen Seiten des gesellschaftlichen Räderwerks.

Das heißt nicht, daß technische Maßnahmen und Kontroversen innerhalb des Regimes in den Jahren 1933 bis 1945 sich nicht beispeilsweise als Teil einer eigenen Geschichte erörtern ließen. Ob man dabei einen moralisch wertenden Standpunkt einnimmt, hängt von der jeweiligen Fragestellung ab. Bezweckt die Untersuchung, das Wesen des NS-Regimes als historisches oder politisches Phänomen im allgemeinen zu erforschen, dann bedeutet die Aufzählung der zahlreichen Aspekte des normalen Alltagslebens als Gegengewicht zu dem außergewöhnlichen Terrorapparat eine Trivialisierung. Geht es dagegen um die langfristige Rolle des Staates für den Arbeitsmarkt oder um die Entwicklung der Familienpolitik, dann können die entsprechenden Entwicklungen von 1933 bis 1945 als ein Kapitel innerhalb einer längeren und moralisch weniger belasteten Geschichte behandelt werden.[67] Beispielsweise ist es durchaus angemessen, die Prozesse der Entscheidungsfindung innerhalb des Regimes nicht nur als Ausfluß der Ideologie, sondern auch als eine bestimmte (zweifellos wenig anziehende) Form der bürokratischen Politik zu untersuchen. In der Arbeit, auf die sich die linken Befürworter einer »Historisierung« immer wieder berufen, entsprach die während des Krieges an den Tag gelegte Opposition des Finanz- oder des Arbeitsministeriums gegen die ehrgeizigen Pläne der Deutschen Arbeitsfront für eine Alters- und Krankenversicherung bestimmten Rivalitätsmustern innerhalb des Regierungsapparats, wie sie für die meisten modernen Staatsbürokratien typisch sind.[68] Andererseits können bürokratische Konflikte um die Sozialpolitik tatsächlich die Entscheidungsfindung unter den Nationalsozialisten allgemeiner beleuchten und dadurch auch die Anfänge der Endlösung in ein helleres Licht rücken. Wenn ein Historiker sich daran macht, die Geschichte des NS-Regimes oder des Nationalsozialismus oder der deutschen Nation während dieser Zeit zu schreiben, dann dürfen diese »normalen« bürokratischen Aspekte nicht einfach gegen die mörderischen Seiten ins Feld geführt werden. Es mag sein, daß Gott Bilanz zieht; die Historiker brauchen lediglich die Einträge im Hauptbuch festzuhalten.

Beschäftigt man sich eingehender mit dem Verhältnis von bürokratischer Politik und Ideologie, tritt eine der Schwierigkeiten des Funktionalismus deutlich zutage. Das Problem besteht nicht darin, daß Entscheidungen zum Völkermord auf unteren Ebenen in die Praxis umgesetzt und verschärft wurden, sondern darin, daß die bürokratische Eigendynamik nur in bestimmten Kontexten eine mörderische Dimension annehmen kann. Wir müssen die Möglichkeit in Betracht ziehen, daß Hitler noch nicht an Auschwitz dachte, als er 1924 in der Festung Landsberg *Mein Kampf* diktierte oder als er 1933 Kanzler wurde. (Was seine Phantasien zuließen, steht auf einem anderen Blatt.) Andererseits dürfen wir aber auch nicht vergessen, daß zwar in den meisten Gesellschaften der bürokratische Apparat durch gedankenlose behördliche Maßnahmen viel Ungemach verursacht, daß aber nur dort, wo die entscheidenden Legitimationsnormen pervertiert und ins Verbrecherische verkehrt werden, der Diensteifer des Durchschnittsbeamten zum Völkermord führen kann.

Die quälenden Fragen zur Geschichte der Endlösung sind genau genommen keine historischen Fragen. Man könnte sich fragen, warum sich die Historiker und Historikerinnen mit solchen Fragen herumschlagen. Sie brauchten doch nur zu sagen, wie es gewesen ist. Das Problem besteht darin, daß dieses »wie es gewesen ist« einen moralischen Standpunkt voraussetzt; Historiker können gar nicht vermeiden, daß in den Kern ihrer Existenz- und Kausalaussagen

Urteile mit einfließen. »Wie es gewesen ist« bedeutet zumindest, daß es nicht etwas anderes gewesen ist – das heißt, daß implizite oder explizite Entscheidungen getroffen worden sind und daß jemand diese zu verantworten hat.

Das Problem der ethischen Kohärenz bleibt zwar ein philosophisches. Dennoch müssen sich Psychologen, Moralisten und Historiker die Frage stellen, wie es möglich ist, daß Männer und Frauen scheinbar normal und dennoch Mörder sind. Sartre bestand darauf, daß der Antisemitismus eine tiefgreifende Charakterstörung sei. Man könne ihn nicht als dunklen Fleck auf einem ansonsten sauberen Charakter und den Antisemiten nicht als im übrigen normal ansehen. So befriedigend es sein mag, auf einer widerspruchsfreien moralischen Identität zu bestehen, so ist Sartres Position doch anfechtbar. Im Fall des Kunsthistorikers, der gleichzeitig ein Spion ist, oder des Mörders, der gleichzeitig Familienvater, Hundeliebhaber und Förderer wohltätiger Einrichtungen ist – wo sollen wir da Identität oder vielmehr moralische Kohärenz finden? Gibt es unterhalb völlig unvereinbarer Verhaltensweisen ein einheitliches moralisches Selbst?[69] Weitere Untersuchungen an den Mördern könnten von einer psychopathischen Identität ausgehen, einem absoluten Mangel an menschlichem Mitgefühl, von dem die ganze Lebensgeschichte gekennzeichnet ist. Es kann auch sein, daß das moralische Selbst ein gespaltenes Selbst ist, daß es die intuitive Scheu, Leben anzutasten, nur innerhalb des engsten Familien- und Freundeskreises gibt.

Die Frage nach der moralischen Kohärenz eines epochalen Ereignisses wie der Endlösung stellt uns vor noch schwierigere Probleme. Hierin liegt einer der Gründe, warum der Historiker nicht auf Analogien verzichten kann. Die einzige Möglichkeit, sich der moralischen Dimension anzunehmen, ist der Vergleich mit ähnlichen oder weniger ähnlichen Situationen. Die Methode zur Feststellung der Verantwortung ist der Jurisprudenz entlehnt und beruht auf dem Vergleich von Einzelfällen mit möglichen Präzedenzfällen. Der Historiker erzählt eigentlich weniger, wie es gewesen ist, sondern er bietet Analogien dazu an, wie es heute sein könnte.

Die zentrale Bedeutung von Analogien ergibt sich auch aus dem Umstand, daß die Geschichte zwar Klassen von Ereignissen untersucht, zugleich aber individuelle Entwicklungsprozesse verfolgt, die in ihrer Entstehung und ihrem Verlauf einmalig sind. Diese alte Weisheit des Historismus bleibt eine wichtige Wahrheit, auch wenn es nicht die ganze Wahrheit ist. Sofern sie freilich einzigartig sind, lassen sich historische Erscheinungen niemals restlos durch den Rückbezug auf andere Ereignisse erklären. Durch ihre Singularität bleiben geschichtliche Ereignisse in gewissem Maße unsagbar. Das gilt ganz sicher für Auschwitz, aber auch für die normale Politik und die normale Gesellschaft. Das Einmalige kann der Historiker nicht unmittelbar mitteilen. Er kann es lediglich durch plausible Analogien darstellen. Nur bis zu einem gewissen Grad gehört die Kausalerklärung als Erklärung der Kräfte, die ein Ereignis geschehen lassen, zur historischen Analyse. Sie erfordert, Ereignisse als erlebte Erfahrungen nachvollziehbar zu machen. Ist das gleichbedeutend mit einer Neuauflage des alten Diltheyschen Programms des psychologischen *Verstehens* oder – weniger irrational – des historischen Idealismus eines Croce oder Collingwood? Die Antwort lautet nein. Es sind gerade die Extreme der Geschichte des 20. Jahrhunderts, wie sie in diesen Kapiteln aufgegriffen werden, die das intuitionistische oder idealistische Vorhaben undurchführbar machen. Eine Erklärung – in dem Sinne, daß ein Ereignis plausibel oder verständlich gemacht wird – kann bestenfalls approximativ sein. Für die meisten von uns kann es niemals eine psychische Verschmelzung von Historiker und historischem Protagonisten geben. Selbst der begrenzte Grad an Aufklärung, der sich erreichen läßt, beruht darauf, daß unzulängliche Analogien für das geschilderte Erlebnis aufgefunden werden.

Mit Hilfe von Vergleichen lassen sich Typologien erstellen – »Faschismus«, »Genozid« oder »Totalitarismus« –, die ihrerseits dem Historiker als Matrizen zur Bildung von Analogien dienen. Komparative Geschichtsschreibung ist kein Teilgebiet der Geschichte, sondern deren grundlegende Methodik. Analogien stellen vergangenen Entwicklungen andere Vorgänge gegenüber, denen sie zwar nicht gleichen, aber ähneln, und erklären so jene durch diese. »Seinesgleichen geschieht« – diese Überschrift in Robert Musils Roman *Der Mann ohne Eigenschaften* könnte über jeder historischen Arbeit stehen. In dieser Hinsicht unterscheidet sich die Geschichte von den Sozialwissenschaften, selbst von der historischen Soziologie: Der Sozialwissenschaftler sieht in der Typologie das eigentliche Erkenntnisziel. Die Aufgabe des Historikers dagegen ist es, aus dem Köcher der Erfahrung die richtigen Analogien herauszuziehen – oder, mathematisch gesprochen, sich mittels aufeinanderfolgender Typologien oder Analogien dem Ziel der Erkennntis asymptotisch anzunähern, als wären die Analogien Regressionen. Bei Ereignissen wie der Endlösung kann diese Methode kläglich versagen. Einmal mehr in diesem Zusammenhang scheinen Walter Benjamins fragmentarische Thesen zur Geschichte die zutreffendste Einsicht zu bieten: »Vergangenes historisch artikulieren heißt nicht, es erkennen, ›wie es denn eigentlich gewesen ist‹. Es heißt sich einer Erinnerung bemächtigen, wie sie im Augenblick einer Gefahr aufblitzt.« (Benjamin 1940: 695)

Kapitel 3

Deutsche Geschichte als Fallgeschichte

»Exakte Wissenschaft kann
Das ganze Ärgernis enthüllen
Von Luther bis auf heute,
Das eine Kultur rasend machte,
Entdecken, was in Linz geschah,
Welch riesige Imago
Solch psychopathischen Gott schuf...«

W.H. Auden, »1. September 1939«

Auden, der diese Zeilen schrieb, als in Europa der Krieg ausbrach, hielt wenig von der Fähigkeit einer »exakten Wissenschaft«, wirklich zu einem tieferen Verständnis des deutschen Irrweges beizutragen. Die Erfahrung des Nationalsozialismus überschreitet die Grenzen dessen, was sich durch Geschichte »erklären« läßt. In einer Hinsicht kann Geschichte jedes Phänomen erklären, indem sie ein vorangegangenes Ereignis anführt. Andererseits kann der Historiker überhaupt nichts zureichend »erklären«. Keine Ursache erscheint unserer Intuition ausreichend, um die brutalen Auswirkungen der Zeit von 1933 bis 1945 in Deutschland nachvollziehbar zu machen. Audens Wort »psychopathisch« bezeichnet präzise die Abkehr vom normalen Verhalten: Historiker sind ebenso wie Psychologen überfordert, wenn sie ein Krankheitsbild des Massenmörders mit den sanften Manieren erstellen sollen. Eine Prognose ante factum war unmöglich; die Fallgeschichte ist ein rein retrospektives Werkzeug. Sobald der Diagnostiker jedoch versucht, in die Fallgeschichte einen Sinn zu bringen, muß er wieder auf Vergleiche zurückgreifen. Abnormes Verhalten setzt eine Norm voraus.

Ein Sonderweg?

Die vermutlich umfassendste Fallgeschichte war Karl Dietrich Brachers Werk *Die deutsche Diktatur* (1969), das die Ursprünge und die Geschichte des Dritten Reiches verfolgte. Erschienen zum Ende der 60er Jahre, spiegelte das Buch das Interesse des Autors an der neugegründeten neonazistischen NPD, der der Autor ein Nachwort widmete. Bracher unterstrich die besondere Anfälligkeit seines Landes für ein autoritäres Regime und nicht das generelle Phänomen des Faschismus (dessen »Formel«, wie er in einem Leserbrief in der FAZ vom 6. September 1986 behauptete, nicht zuletzt unter dem Einfluß Noltes eine »Inflationierung« erfahren habe). Der Begriff des Totalitarismus war für ihn dagegen von größerem Wert. Besonders in seinen früheren Veröffentlichungen zum selben Thema hatte er ausgiebig von ihm Gebrauch gemacht. Diese nach wie vor unschätzbaren Arbeiten – *Die Auflösung der Weimarer Republik* (1955) und *Die nationalsozialistische Machtergreifung* (1960) – ließen den Einfluß der »amerikanischen« Sozialwissenschaften der 50er Jahre erkennen[70] – genauer gesagt einer ursprünglich deutschen Soziologie, die in ihrem transatlantischen Exil ihrer Dialektik oder ihres Dezisionismus entkleidet und in ihr Ursprungsland reimportiert worden war. Obgleich Brachers Werk einen großartigen Überblick gibt, wirkt der Stil der historischen Analyse heute nicht mehr anregend. Er »historisiert« nicht, wie Broszat und Mommsen fordern, sondern wirkt keimfrei, weit entfernt von der gelebten Erfahrung. Er verhält sich zu den tatsächlichen Geschehnissen wie die makroökonomische Theorie zur Entlassung eines Arbeiters. Darüber hinaus impliziert der fallgeschichtliche Ansatz Charaktermängel, im vorliegenden Fall eine langanhaltende Abweichung von den »normalen« westlichen Mächten. »Das ganze Ärgernis/von Luther bis auf heute« erscheint so erklärungsbedürftig.

Der Historikerstreit brach zu einem Zeitpunkt aus, als die Idee einer deutschen Geschichte als einer Fallgeschichte unter Beschuß geraten war. Nicht nur Konservative wie Michael Stürmer wehrten sich gegen die stillschweigende Folgerung, daß Deutschland immer noch gleichsam ein Patient in Behandlung sei.[71] Es hat eine weit umfassendere Abkehr von einer deutschen Geschichte als Fallgeschichte gegeben. Das ist wahrscheinlich auch gut so. Bei der Fallgeschichte geht es darum, ein Ergebnis zu erklären, das dem Historiker bekannt ist – in diesem Fall läuft das auf eine katastrophische Entelechie hinaus, auf eine Entfaltung des innewohnenden Bösen, auf eine Krankheitsgeschichte.

Angesichts Leni Riefenstahls andächtiger Menschenmassen, die ihren Führer erwarteten, angesichts der flammenden Reden von Goebbels oder Hitler, in denen eine Welt teuflischer Feinde – England, die Juden, der Bolschewismus – an die Wand gemalt wurde, drängte sich die Vorstellung einer nationalen Pathologie geradezu auf. Dieses Verhalten *war* abweichend, nach den Maßstäben, die in Deutschland ebenso galten wie in seinen Nachbarländern. Das Problem der Fallgeschichte liegt nicht darin, daß sie dem Patienten eine falsche Diagnose stellt (können wir wirklich ohne den Begriff eines abweichenden Verhaltens auskommen?), sondern daß sie zumindest für nationale Gesellschaften als Werkzeug zu grob ist. Sie reduziert die Geschichte des Subjekts auf die einer latenten Krankheit, während die gesamte Komplexität des soziopolitischen Verhaltens erfaßt werden muß, und sei es auch nur, um schließlich die Krankheit zu verstehen. Um über eine bloße Chronik der Ereignisse hinauszugehen, muß jeder Historiker Fragen zur Vergangenheit stellen. Doch die Fragen werden die möglichen Antworten begrenzen. Sie müssen fortwährend erweitert und revidiert werden, und nicht nur deshalb, weil es inzwischen mehr als 40 Jahre einer guten deutschen Nachkriegsgeschichte gibt, die den zwölf schlechten Jahren entgegengehalten werden können. Die historiographischen Probleme bleiben bestehen; man stellt neue Fragen, um vollständigere Antworten zu erhalten. Geschichte als Geschichte des Abnormen bringt uns nur bis zu einem bestimmten Punkt.

Selbst jene Historiker, die das Dritte Reich sozusagen in die richtige Perspektive rücken möchten, bestreiten nicht, daß die deutsche Nationalpolitik häufig kein gutes Ende genommen hat. Die Reichseinigung kam spät, das parlamentarische Regierungssystem war ein totgeborenes Kind oder untauglich, Sprache und Verhalten der politischen Führung schwankten zwischen Arroganz und Unterwürfigkeit. Diese Urteile sind zweifellos komparativ, aber welchen Vers haben die Historiker sich auf die Serie verhängnisvoller Abweichungen von der westlichen Norm gemacht? Die nach dem Krieg vorherrschende Fallgeschichte stellte den gescheiterten deutschen Revolutionen oder der Schwäche des Liberalismus die »erfolgreichen« Beispiele Englands und der Vereinigten Staaten oder Frankreichs gegenüber. Sie schrieb die Fehlschläge dem unzureichenden Selbstbewußtsein des deutschen Bürgertums zu. Einige konservative Historiker bieten eine ältere Fallgeschichte als Gegenmodell an, die die deutschen Schwierigkeiten widrigen geopolitischen Umständen zuschreibt. Etwas vereinfacht ausgedrückt wird Deutschland von der einen Seite als Opfer seiner antiquierten Klassenstruktur und von der anderen als Opfer seiner Nachbarn verstanden.

Die Vorstellung von einem Versagen des Bürgertums liegt häufig dem Paradigma der gebrochenen nationalen Entwicklung zugrunde, die als »deutscher Sonderweg« (vgl. Grebing 1986) bezeichnet wird, worin offenkundig eine historische Abweichung mitenthalten ist. Ursprünglich hatte dieser Begriff positive Anklänge. Während der Zeit der Französischen Revolution beglückwünschten sich deutsche Autoren, daß ihr Land vor solchen romanischen Übertreibungen verschont geblieben war. In Deutschland brauchte es keine Revolution, da das neue preußische Landrecht oder die Philosophie Kants die Segnungen eines rechtlichen Universalismus mit sich brachten. Während des Ersten Weltkriegs stellte Thomas Mann (1918: 38) der deutschen Kultur die europäische Zivilisation entgegen – die eine tief, bedeutungs- und seelenvoll, die andere literarisch, geistreich und dem oberflächlichen Geschwätz ergeben. »Was wir die ›Zivilisation‹ nennen, was sich selber so nennt, ist nichts anderes, als eben dieser Siegeszug, diese Ausbreitung des bürgerlich politisierten und literarisierten Geistes, die Kolonisation der bewohnten Erde durch ihn. Der *Imperialismus der Zivilisation* ist die letzte Form des römischen Vereinigungsgedankens, gegen den Deutschland ›protestiert‹; und gegen keine seiner Erscheinungsformen hat er ... einen furchtbareren Kampf auszufechten gehabt, als gegen diese.« Großbritannien war von den deutschen Konservativen wegen seiner Stabilität, die sich das ganze 19. Jahrhundert hindurch erhielt, bewundert und um sein Empire beneidet worden. Mit einer Mischung aus Selbstgefälligkeit und Unsicherheit setzten sie dem Land der *Händler* das der *Helden* entgegen. Der natürliche Reichtum der Vereinigten Staaten mochte zwar Einwanderer anlocken, aber das Land war wild, desorganisisert und frönte einem krassen Materialismus. Deutschland dagegen war keiner Massendemokratie oder der Korruption des politischen Parteiwesens verfallen; und seine Bürokraten dienten selbstlos.

Die Vorstellung von einem deutschen Sonderweg bot sich auch Historikern an, die der Entwicklung des Landes kritisch gegenüberstanden. Irgendwo war mit Deutschland etwas schief gegangen. Einige orteten die falsche Weichenstellung in der Zersplitterung des Reiches im Mittelalter, andere sahen in Luthers vehementer Absage an Rom den Wendepunkt. Etwas wahrscheinlicher in dieser Hinsicht sind jene Jahrzehnte im 17. Jahrhundert, als in England parlamentarische Eliten über die Stuarts die Oberhand gewannen, während die preußischen Städte und Provinzialstände durch den Großen Kurfürsten tyrannisiert und unterworfen wurden. Dann, im ausgehenden 18. und im 19. Jahrhundert, als Frankreich und England zunehmend eine Demokratisierung des Wahlrechts auf nationaler Ebene betrieben, schlossen Preußen und später das Deutsche Reich lediglich konstitutionelle Kompromisse, mit denen die politische Rolle der adligen ostelbischen Großgrundbesitzer und einer machtvollen Monarchie festgeschrieben wurde. Ähnlich argumentierten auch Vertreter der Geistesgeschichte, die deutschen Philosophen hätten ihre Vorstellungen von Freiheit allein auf das Reich der Ideen beschränkt und den Schauplatz der Politik für weniger wichtig gehalten. Der aufgeklärte Liberalismus in Deutschland betrachtete die universelle Anwendbarkeit des Gesetzes als die entscheidende Errungenschaft und übersah dabei die Frage, wer das Gesetz machte und welche öffentlichen Verfahrensregeln es festlegte. Die Gerechtigkeit des Verfahrens wurde zum Ersatz für demokratische Macht.

Kurzum, in Deutschland gab es keine liberale Revolution wie in England, in den nordamerikanischen Kolonien und in Frankreich. Ein zaghaftes, mühsam sich bildendes Bürgertum verkaufte sich feudaler Macht und feudalem Ansehen. Die untere Mittelschicht aus Ladeninhabern und Handwerkern – so erklärten Marx und Engels das Scheitern der Revolution 1848 – liebäugelte kurz mit dem Radikalismus, bekam eine Heidenangst vor dem Proletariat und warf sich der Reaktion in die Arme: »Demütig und kriecherisch unterwürfig unter einer starken feudalen oder monarchischen Regierung, wendet es sich dem Liberalismus zu, wenn die Bourgeoisie im Aufstieg ist; sobald die Bourgeoisie ihre eigene Herrschaft gesichert hat, wird es von heftigen demokratischen Anwandlungen befallen, versinkt aber jämmerlich in Furcht und Zagen, sobald die Klasse unter ihm, das Proletariat, eine selbständige Bewegung wagt.« (Engels 1849: 10) Max Webers großer geistiger Entwurf ließe sich als die Geschichte der Modernisierung des Bürgertums charakterisieren. So verspätet sie auch in Deutschland erfolgte, so war sie doch allein schon aus nationalem Interesse geboten: »Gefährlich und auf die Dauer mit dem Interesse der Nation unvereinbar ist es, wenn eine ökonomisch sinkende Klasse die politische Herrschaft in der Hand hält. Aber gefährlicher noch ist es, wenn Klassen, *zu* denen *hin* sich die ökonomische Macht und damit die Anwartschaft auf die politische Herrschaft bewegt, politisch noch nicht reif sind zur Leitung des Staates.« (Weber 1895: 19; vgl. W.G. Mommsen 1959) Während des Ersten Weltkriegs argumentierte Thorstein Veblen (1915) in ähnlicher Weise, Deutschland habe Englands fortschrittlichen technischen Errungenschaften übernommen, ohne die Zeit zu finden, die Werte einer soliden Arbeit und einer Demokratie in sich aufzunehmen, wie sie ein solches industrielles System bei den Engländern herangebildet hatte.

Dieses Konzept einer Ungleichzeitigkeit zwischen wirtschaftlicher und politischer Modernisierung prägte auch in der Folgezeit einflußreiche historische Interpretationen, so auch Eckart Kehrs innovative Studien während der Weimarer Republik[72] und die Arbeiten, die von Alexander Gerschenkron und Hans Rosenberg während ihrer Emigrationszeit in Berkeley veröffentlicht wurden.[73] Ähnliche Auffassungen beherrschten andere US-amerikanische Untersuchungen, die zeigen wollten, wo die Deutschen wiederholt an einer Liberalisierung gescheitert waren, oder die Spielarten des konservativen Denkens nachzeichneten, bei denen nationale Einheit, ein organischer Nationalismus, geistige Bindung und eine Unterwerfung der kritischen Vernunft verherrlicht wurden.[74] In den 60er Jahren wurden diese Interpretationen nach Westdeutschland reimportiert und gaben Historikern der Zeitgeschichte wie Hans-Ulrich Wehler, Jürgen Kocka und Heinrich August Winkler wichtige geistige Anregungen. Auch Ralf Dahrendorf verarbeitete sie in seiner vielgelesenen liberalen Kritik an deutschen Konservativen und den auf den Staat fixierten Sozialdemokraten: *Gesellschaft und Demokratie in Deutschland* (1965).[75]

Zum Ende der 60er Jahre beherrschte das Paradigma der verfehlten Modernisierung offensichtlich die westdeutsche Historiographie.[76] Ihm zufolge war die wirtschaftliche Entwicklung weit vorangeschritten (wenngleich ein vormoderner Rückgriff auf Kartelle und Protektionismus das Bild etwas trübte), während längst überholte politische Elemente beibehalten wurden. Hauptsächlich mit Blick auf Japan und Deutschland behauptete Barrington Moore (1969), in Gesellschaften, deren Modernisierung von oben erfolgt sei – das heißt in Ländern, in denen aufgeklärte Oligarchen der alten herrschenden Gruppen ihre politische Herrschaft rationalisiert und eine industrielle Entwicklung gefördert hätten –, sei eine Anfälligkeit für einen späteren Faschismus zu erwarten. Für Winkler (1972) hatten die Statusängste einer unteren Mittelschicht und die Sehnsucht nach einer stabilen Ständegesellschaft eine lähmende Wirkung auf die Demokratisierung. Jürgen Kocka verglich den Weg der Angestelltenschaft in Deutschland in den Faschismus mit der heilsameren politischen Entwicklung ihres Gegenstücks in den Vereinigten Staaten. Darüber hinaus ging er der Frage nach, auf welche Weise das machtvolle Bild der alten preußischen Bürokratie die Ausbildung moderner industrieller, meritokratischer Hierarchien verhindert hat (Kocka 1977; s.a. ders. 1969). In allen seinen Arbeiten waren England oder die USA das implizite Modell einer wünschenswerten Entwicklung. Die Historiographie legte eine fortschreitende internationale Zusammenarbeit an den Tag. Ihre Vertreter bedienten sich der früheren deutschen, in den USA wiederaufgewärmten Gesellschaftstheorie und sahen bewundernd auf das französische Projekt einer Sozialgeschichte, wie sie von der Zeitschrift *Annales* propagiert wurde, oder auf die angewandte Ökonometrie. Die Geschichte dagegen würde sich mühsam als Geisteswissenschaft vorankämpfen (z.B. Wehler 1973b, 1980; W.J. Mommsen 1981). Viele Historiker halten an dieser Überzeugung fest, und in mancher Hinsicht liegt sie auch Habermas' eigener Berufung auf ein Ensemble fortschrittlicher und liberaler westlicher Werte zugrunde. Bei einer solchen Anhängerschaft muß der deutsche Sonderweg fast zwangsläufig als Irrweg erscheinen, den das Nachkriegsdeutschland endlich zu überwinden hatte.

Heute ist dieses historische Paradigma in völliger Auflösung begriffen – anfänglich in Frage gestellt durch Historiker aus dem Land, das das Modell einer wünschenswerten politischen Entwicklung war. Ralf Dahrendorf hatte die Frage gestellt: Warum war Deutschland nicht England? Tatsächlich war es gar nicht so weit davon entfernt, gaben Geoff Eley und David Blackbourn zur Antwort.[77] Es war kein Zufall, daß Ende der 70er Jahre britische Historiker die Idee in Frage stellten, Deutschland sei ein verhindertes England. Ein wirtschaftlicher Niedergang Großbritanniens, der sich über eine Generation hinzog, löste eine allgemeine Gewissenserforschung aus, über welche ökonomischen Lebensquellen die Bundesrepublik Deutschland verfügen mochte, die England nicht mehr zu Gebote standen. Traf es nicht zu, fragten Historiker und Journalisten gleichermaßen, daß die britische Mittelschicht die Wertvorstellungen der britischen Aristokratie übernommen hatte, als sie großartige Landhäuser errichtete und eine Stellung in der Finanzwelt oder im Staatsdienst wählte, statt in die Industrie zu gehen (vgl. die starke Resonanz auf Wiener 1981)? Während einst einer gemischten Elite aus Aristokratie und Wirtschaftsleben das Verdienst dafür zuerkannt wurde, zum Sieg der britischen liberalen Demokratie beigetragen zu haben, gab man jetzt derselben Kombination die Schuld an einem industriellen Verfall, der bis auf die 70er Jahre des 19. Jahrhunderts zurückging. Britische Beobachter stellten die alte Kritik von Veblen und Weber auf den Kopf. Die früheren Kritiker Deutschlands hatten die »Feudalisierung« der deutschen Bourgeoisie und die sich daraus ergebende politische Ängstlichkeit beklagt;

die Diagnosen der Jahre nach 1970 gaben der Gentryfizierung der britischen Bourgeoisie die Schuld an deren wirtschaftlicher Ängstlichkeit. Es war nur noch eine Frage der Zeit, bis eine solche Revision zu dem Schluß führte, daß Deutschland in wesentlicher Hinsicht nicht weniger bürgerlich war als Großbritannien.

Die Untersuchung von Blackbourn und Eley fand bereitwillige Aufnahme bei deutschen Konservativen, die erfreut darüber waren, daß ihre eigene Kritik durch Außenstehende bestätigt wurde. Umgekehrt fühlten sich die Kritisierten von sophistischen Wortführern jener westlichen Gesellschaften verraten, die von ihnen als leuchtendes geschichtliches Beispiel hingestellt worden waren.[78] In der Rückschau läßt sich freilich unschwer erkennen, wie leicht das Paradigma des deutschen Sonderwegs mittlerweile zu erschüttern war. Dieser Ansatz hatte in den Nachwehen der erbittert geführten Kontroverse um Fritz Fischers 1961 erschienene Deutung der deutschen Absichten vor und während des Ersten Weltkriegs ein historiographisches Übergewicht erlangt. Fischers schonungslose Kritik der deutschen Annexionsgelüste reihte sich ein in einen breit angelegten Angriff auf die defensiven Hypothesen der Historiker, die nach 1945 in Westdeutschland wieder auftauchten. Fischer behauptete in seinem Buch *Griff nach der Weltmacht,* 1914 habe sich die deutsche Politik in den Händen industrieller und agrarischer Eliten befunden. Sein strenges Urteil über die damaligen Staatsmänner, die bislang eher als unfreiwillige Teilnehmer am Kriegsgeschehen geschildert worden waren, stand in scharfem Gegensatz zu der tröstlichen Auffassung, daß Deutschland sich nicht wesentlich anders verhalten habe als seine Gegner. Fischer behauptete letztlich, die deutschen Ziele im Ersten Weltkrieg seien dieselben gewesen wie die der Nazis nach 1933. Diese These untergrub die beruhigende, zuweilen selbstgefällige oder apologetische Vorstellung, Deutschland sei 1933 »dämonischen« Kräften zum Opfer gefallen oder habe einen »Betriebsunfall« erlitten (wie Gegner dieser Beschwichtigungsversuche spöttisch bemerkten) (vgl. Fischer 1961, 1969; Moses 1975).

In den Nachwehen der Fischer-Kontroverse und angesichts der übermächtigen linken Kultur an den westdeutschen Hochschulen und des Geistes von 1968 spielten sich die kritischen Historiker, für die Deutschland seit langem eine Sonderentwicklung durchmachte, mühelos in den Vordergrund der historiographischen Szene. Besonders vom Terrain des Zweiten Kaiserreichs (1871-1918) wurden die konservativen Historiker vertrieben.[79] Gerhard Ritter und andere, die zum Teil – wie Hans Rothfels – aus dem Exil zurückkehrten, hatten vor der Machtergreifung bei Historikern studiert, die ihrerseits ihre Ausbildung noch vor dem Ersten Weltkrieg empfangen hatten. Sie hatten den Bismarckschen Nationalstaat als Höhepunkt der deutschen Entwicklung in bestem Andenken bewahrt. Mit der Vielzahl namhafter deutscher Universitätsgelehrter war ihnen diese Ära als glückliche Verbindung von Macht und Kultur im Gedächtnis geblieben. Nur widerwillig räumte diese ältere Generation ein, daß diese glänzende Epoche durch ein Übermaß an Militarismus und Brutalität verdüstert wurde (s. Ritter, Vorwort zu 1959 ff.). Ihre Kritik beschränkte sich allerdings weitgehend auf den schmollenden Wilhelm II. und die verquaste Politik und die ehrgeizigen Militärklüngel an seinem Hof. In den 60er und den beginnenden 70er Jahren wurde das Zweite deutsche Kaiserreich dann endgültig um seinen Glanz gebracht. Seine Bourgeoisie ahmte den feudalen Lebensstil nach; Sonderinteressen vereitelten die notwendige Steuerreform; der Staatsapparat konnte seine Herrschaft nur ausüben, indem er eine anhaltende antikatholische und später antisozialistische Propaganda betrieb oder imperialistische Abenteuer im Ausland ermutigte. Die berühmten Universitäten erwiesen sich jeder geistigen Unabhängigkeit gegenüber als feindselig; ein bornierter Konformismus behinderte Künstler und Bühnenautoren.

In der Rückschau erwies sich der Blickwinkel, unter dem sich dieses düstere Bild des Zweiten Kaiserreichs ergab, als zu eng (s. Nipperdey 1975): Wie konnten deutsche Industriehierarchien so sehr unter einer vormodernen Erblast leiden, zu einer Zeit, als die Wirtschaft so dynamisch expandierte und so viele neue Techniken einführte? Wie konnten die Professoren ausgerechnet zu einer Zeit so konformistisch sein, als sie im Begriff standen, die moderne Soziologie, Physik, Mathematik und Kunstgeschichte zu schaffen? Wie konnte die städtische Kultur Deutschlands so verkümmert sein, wenn Parteien und Presseorgane so heftig debattierten und so viele

Wähler mobilisierten? Konnte man die politische Teilhabe der Arbeiterklasse wirklich als bloß »negative Integration« abtun, im Gegensatz zur echten Integration des englischen Proletariats? Woran sollte man den Unterschied erkennen zwischen echter und Scheinintegration – ganz besonders zu einer Zeit, als der Arbeiterklasse in Deutschland eine mächtige Partei zur Seite stand, während die englischen Arbeiter Mühe hatten, überhaupt eine solche Partei zu organisieren? Und wenn die Integration der englischen Arbeiter tatsächlich so triumphal geglückt war, warum sind sie dann offenbar eigensinniger, hartnäckiger proletarisch und von der übrigen Gesellschaft stärker getrennt geblieben als in den anderen Industrieländern (vgl. Ritter 1974; Groh 1973; Saul 1974)?

Einige der historischen Kritiker des Kaiserreichs untergruben selbst die Vorstellung von besonderen Mängeln in der deutschen Entwicklung, als sie den Begriff des »organisierten Kapitalismus« zu neuem Leben erweckten, der auf den sozialdemokratischen Theoretiker Rudolf Hilferding zurückgeht. Organisierter Kapitalismus ist ein bestimmter Typus der politischen und wirtschaftlichen Entwicklung, bei der eine Ära des marktorientierten, liberalen Kapitalismus (etwa bis 1870 oder 1880) im ausgehenden 19. Jahrhundert ersetzt wurde durch eine enge Verzahnung politischer und ökonomischer Maßnahmen wie Schutzzölle, staatliche Programme zur sozialen Sicherung und die beschleunigte Bildung von Kartellen und Gewerkschaften.[80] Der Begriff unterstellte eine gegenseitige Durchdringung von Staat und Wirtschaft, die den Sozialstaat und die globale Wirtschaftssteuerung in Deutschland nach dem Zweiten Weltkrieg vorahnen ließ. Die heuristischen Ansprüche des Begriffs waren allerdings übernational. Er bezeichnete ein allgemeines Stadium der kapitalistischen Entwicklung, keinen ausschließlich deutschen Weg, auch wenn er weitgehend am Beispiel der deutschen Verhältnisse entwickelt wurde. Die Berufung auf einen »organisierten Kapitalismus« schwächte zwangsläufig das Argument von einem deutschen Sonderweg, dem etliche dieser Historiker sich bereits verpflichtet hatten.

Aber auch in anderer Hinsicht häuften sich die Probleme. War der Prozeß der außenpolitischen Entscheidungsfindung nicht doch autonomer als es der »Primat der Innenpolitik« Eckart Kehrs (und damit auch die Arbeiten Fischers und Wehlers) zuließen (s. Hildebrand 1976)? Hatte die extensive Einbeziehung von Modellen der Sozialwissenschaft – Modernisierung, Konstruktion von Idealtypen, Faschismustheorien – nicht das besondere historiographische Unternehmen unterhöhlt, zu »verstehen«, was die geschichtlichen Akteure mit ihrem Tun bezweckten? Und ganz grundsätzlich: Gab es wirklich nur eine einzige westliche Norm, von der Deutschland abgewichen war? Konnte die internationale Frontenbildung von 1939-1941 – die Demokratien gegen das nationalsozialistische Deutschland – eine dauerhafte Basis für die Gesellschaftstheorie der Nachkriegszeit abgeben? War die Entwicklung in Frankreich nicht ebenso verschieden von der Englands und der Vereinigten Staaten wie die Deutschlands? Schließlich hatten die Interpreten der US-amerikanischen Gesellschaft in den 40er und 50er Jahren das einmalige Erbe der USA im Unterschied zu dem der europäischen Länder hervorgehoben. Nach dem Krieg besannen sich Beobachter Frankreichs in ihrer Enttäuschung über die »Sackgassengesellschaft« (»stalemate society«) der Vierten Republik auf Alexis de Tocquevilles Gegensatz zwischen den Fehlschlägen der französischen Republik und dem Erfolg der US-amerikanischen Demokratie (Crozier et al. 1963; Lucky 1955). Im Grunde genommen stellten sie die Frage: »Warum war Frankreich nicht Amerika?«, während Dahrendorf gefragt hatte: »Warum war Deutschland nicht England?«. Mit Blick auf die 50er und 60er Jahre ließ eine verborgene Ausrichtung auf eine Modernisierung die Vereinigten Staaten und Großbritannien als die geeigneten Beispiele einer politischen und gesellschaftlichen Entwicklung erscheinen. Frankreich und Deutschland schienen beide vom Kurs abgekommen zu sein, für Deutschland allerdings mit verhängnisvolleren Konsequenzen. Eine Periode französischer und westdeutscher Erfolge, des Niedergangs in Großbritannien und einer über Vietnam, Watergate und weitere Skandale ins Schleudern geratenen US-Politik reichte aus, um die Voraussetzungen dieser Modelle in Frage zu stellen. Bei genauerem Hinsehen hatte jede Nation ihre eigene Sonderstellung.

Nachdem man einmal das Paradigma vom deutschen Sonderweg

aufgegeben hatte, ließen sich zudem bestimmte historische Ereignisse innerhalb und außerhalb Deutschlands befriedigender erklären. Einerseits: England blieb, so erinnerten sich die Historiker, bis weit ins 19. Jahrhundert hinein ununterbrochen von einer Adelsschicht beherrscht. Arno Mayers Behauptung (1981: 4), in Europa habe sich eine alte Ordnung, die »durch und durch vorindustriell und vorbürgerlich« war, bis 1914 erhalten, ist wohl eine Übertreibung, aber auf jeden Fall zeigt sie, daß England und – mit Abstrichen – Frankreich gesellschaftlich nicht weniger konservativ waren als Deutschland. Andererseits: Jetzt wurden die Historiker auch den Stärken des deutschen Stadtlebens gerechter. Die oberflächliche Vorstellung, daß es in Deutschland keine Tradition der Selbstregierung gegeben habe, zerfiel, je mehr die Historiker ein Geflecht aus Berufsverbänden, kommunaler Selbstverwaltung und wirtschaftlicher Organisation wieder in den Vordergrund der Betrachtung rückten: Deutschland war keineswegs eine Feudalgesellschaft ohne alle städtische Institutionen.[81]

Kein Wunder, daß die neue Sicht der deutschen Verhältnisse das Augenmerk auf andere historische Perioden lenkte. Nicht mehr dem Deutschen Kaiserreich von 1871-1918, sondern dem Jahrhundert vor der Reichseinigung galt nunmehr das Interesse. Jetzt zeigten sich für die Historiker wieder deutlicher die selbstverwalteten Städte, die Reformbestrebungen des späten Heiligen Römischen Reiches, die begeisterten Anhänger der Französischen Revolution und die neuen unternehmerischen, akademischen und bürokratischen Kader der napoleonischen Ära und der Zeit des Biedermeier. Sie betonten den gesellschaftlichen und rechtlichen Wandel während des gesamten 19. Jahrhunderts: Zeichen der Krise, die sicherlich verrieten, daß die Regierungen borniert und antiquiert waren, gleichzeitig aber auch auf wirtschaftliche und politische Gärungsprozesse verwiesen (z.B. Koselleck 1967; Berding 1973). Während französische Historiker die Bedeutung der »Geselligkeit« zur Schaffung eines sozialen Geflechts für die republikanische Politik hervorhoben, widmete man sich in Westdeutschland der raschen Zunahme des Vereinswesens: Zusammenschlüsse auf der Grundlage eines lokalen Patriotismus, eines Interesses an verbesserten landwirtschaftlichen Methoden oder einer wirtschaftlichen Entwicklung der Gemeinde; Schützenvereine oder Zirkel von Zeitungsabonnenten. Letztlich konnten sich konservative Historiker die Ergebnisse dieser Forschungsarbeiten zunutze machen, um dem früheren Modell von einer Rückständigkeit Deutschlands die Grundlage zu entziehen. Thomas Nipperdeys jüngste Synthese der deutschen Geschichte von Napoleon bis Bismarck zerstörte das alte biedermeierliche Klischee von einem militaristischen Preußen, einem verschlafenen Süddeutschland und einer ängstlichen Bourgeoisie und zeichnete stattdessen eine Gesellschaft, in der rege politische Debatten geführt wurden (Nipperdey 1976, 1986a). Am Ende muß zwar der Liberalismus einige empfindliche Schläge hinnehmen, aber wir erleben ein Regime, das zweifellos »entwicklungsfähig« war – und kaum den vielbeschworenen Sonderweg voller Hemmnisse. Das Deutschland des 19. Jahrhundert hatte endlich eine Geschichte und nicht mehr nur eine Fallgeschichte.[82]

Graduelle Unterschiede oder Abweichung von der Norm?

Hat die Vorstellung von einem deutschen Sonderweg überhaupt nichts Überzeugendes mehr für sich? Wenn die Entwicklung jeder Nation einen eigenen Sonderweg darstellt, ist die Abweichung von einer Norm kein sinnvoller Begriff mehr. Andererseits hat Kocka (1987) daran erinnert, daß keines der Länder, mit denen Deutschland sich gern vergleicht, einen autoritären Weg gegangen ist. Die Deutschen bestimmten den Bereich der ihnen ähnlichen Länder selbst – und wichen von deren Entwicklung in wesentlicher Hinsicht ab. Doch selbst wenn der Historiker den Zugang über eine Fallgeschichte verwirft – gibt es kein triftiges Modell einer deutschen nationalen Entwicklung, das die Anfälligkeit für autoritäre Regimes erklären könnte? War der Nationalsozialismus demnach nur das zufällige Produkt kurzfristig auftretender politischer Faktoren? Muß man also die deutsche nationale Identität zu etwas Unproblematischem erklären? Anders gefragt, war der Nationalsozialismus die Krankheit eines Kapitalismus in der Krise, von der zufällig jenes Land befallen wurde, das den Ersten Weltkrieg verloren hatte und zu einem demütigenden Friedensvertrag gezwungen worden war?

Offenbar kann das Modell eines deutschen Sonderwegs in seiner ursprünglichen Formulierung uns nicht mehr weiterhelfen. Der Rückgriff auf eine verkümmerte Bourgeoisie oder Mittelschicht, die sich von ostelbischen Junkern und dem Militär einschüchtern ließ, kann weder die Annexionswut von 1914 noch die Labilität der Weimarer Demokratie befriedigend erklären. Viele Historiker werden dennoch Einwände erheben. Zweifellos verließ sich das Deutschland von 1914 mehr als andere Länder auf militärische Lösungen, ob man an die Reichseinigungskriege denkt oder an die tolpatschigen diplomatischen Drohgebärden in den letzten Jahren vor Kriegsausbruch. Es tat sich besonders viel auf militärische Prachtentfaltung zugute und hatte seine Eliten stärker auf Pauken und Trompeten eingeschworen als das unerschütterlich zivile England. Aber selbst in dieser Hinsicht sind die Unterschiede weniger deutlich ausgeprägt, als oft behauptet wird. Während der Militarismus in Deutschland endemisch zu sein schien – »Kennst Du das Land, wo die Kanonen blühn?« parodierte Erich Kästner in den 20er Jahren Goethe –, übten die Briten außerhalb ihrer Insel eine militärische und rassistische Herrschaft in einem Empire aus, das sich von Irland im Westen über Kapstadt im Süden bis Indien und Hongkong im Osten erstreckte. Dem könnte man entgegenhalten, daß Deutschland »autoritär« war und fast noch eine ständische Gesellschaftsordnung aufwies. Aber die englische Klassengesellschaft war kaum weniger elitär als die deutsche. Zwar bevorzugten die Briten mehr die feine englische Art, aber wenn es sein mußte, legten auch sie die Samthandschuhe ab. Es dürfte schwerfallen, Anhaltspunkte für eine starke Undurchlässigkeit der gesellschaftlichen Schichtgrenzen und selbst für eine Arroganz der oberen Schichten auszumachen, die in Großbritannien kein Pendant gehabt hätten. Mochte auch ein reaktionärer Junker wie Oldenburg-Januschau schwadronieren, mit einem Leutnant und zehn Mann würde er den Reichstag auseinanderjagen, diese anachronistische Pose wurde nicht mehr ernst genommen.

Die Monarchen sowie die gewählten Staatsoberhäupter Ost- und Mitteleuropas fanden sich damit ab, daß es eine oppositionelle Presse und Parteienlandschaft gab. Das heißt nicht, daß diese Gesellschaften einheitlich demokratisch gewesen wären. Noch immer gab es in Fabriken und auf dem Land große Enklaven der Willkürherrschaft. Weite Landstriche, die der Grundherrschaft unterlagen, unterstützt durch Schuldknechtschaft, strenge Gesetze gegen Landstreicherei und ein politisches Klientelwesen, verhinderten eine weitergehende Demokratisierung im italienischen Mezzogiorno ebenso wie in Andalusien, Rußland und Rumänien, im ländlichen Ungarn und in Ostdeutschland – und in Südamerika. Doch außerhalb dieser Regionen herrschten im allgemeinen ein starker politischer Wettbewerb und Meinungspluralismus. Diese riesigen Reservate gutsherrlicher Macht bildeten sogar eine wichtige Grundlage für das Gedeihen einer liberalen Kultur im ausgehenden 19. Jahrhundert. Ungarische Magnaten, britische Liberale und Konservative, Demokraten aus den Südstaaten im US-Senat, Rechtsanwälte aus Palermo konnten aus Parlamentsdebatten eine Kunstform machen, die an Burckhardts Renaissancestaat erinnerte. Und dennoch: Gab es keine Unterschiede zwischen Großbritannien und Deutschland? Keinen sozusagen strukturellen Hang zur autoritären oder militärischen politischen Lösung im Deutschen Reich, aber nicht in England? Und wenn nicht, warum nicht?

Wie Marc Bloch (1963) vor 50 Jahren forderte, muß jeder Vergleich Unterschiede wie Gemeinsamkeiten herausarbeiten. Eine Überwindung des fallgeschichtlichen Ansatzes schließt die Erkenntnis wirklich vorhandener Unterschiede nicht von vornherein aus. Die Tatsache, daß die Errungenschaften der deutschen Bourgeoisie lange Zeit unterschätzt wurden, bedeutet nicht, daß das politische Leben in Berlin dem in London oder Paris ebenbürtig gewesen wäre. Die Staatsbeamten, der Hof, das Parlament und die Parteien spielten jeweils ihre eigene Rolle. Erbtitel verliehen überall Ansehen, doch die mit ihnen verbundene Macht war nicht überall dieselbe. Trotz der Kritik, die an der These des deutschen Sonderweges geübt wurde, trotz des zutreffenden Hinweises, daß die Deutschen ein lebendiges Bürgerdasein, politische Organisationen und öffentliche

Diskussionen genossen hatten, wurden die Länder unterschiedlich regiert. Paul Kennedy hat in einem Vergleich zwischen Deutschland und England diesen Aspekt überzeugend auf den jüngsten Stand gebracht: »Welcher Bereich auch ausgewählt wurde – Kontrollen der Legislative über die Exekutive, Vorrechte des Monarchen, Rolle des Militärs, Führung der Wirtschaft, Pressefreiheit, Aufsicht über das Bildungswesen –, stets war die deutsche Haltung besonders obrigkeitshörig und staatstreu.« (Kennedy 1982: 436)

Kennedys knappe Formel übergeht allerdings die Tatsache, daß die britischen Eliten einen derart ausgebauten Staatsapparat weder wünschten noch benötigten. Die politischen Konflikte des 17. und 18. Jahrhunderts endeten mit der Bestätigung, daß die britischen Oberklassen ihre nationale Gesellschaft in ihrem Eigeninteresse regierten. Vergleichbare Krisen in Deutschland, vor allem in Preußen, führten zu einem anderen Ergebnis. Die städtischen Patrizier und die Honoratioren auf dem Land waren eingeschüchtert. Sie blieben einflußreich auf der lokalen Ebene, waren jedoch gezwungen, in den Staatsdienst oder das Offizierskorps einzutreten, wenn sie auf nationaler Ebene eine politische Rolle spielen wollten. Das Geschäft gewann an Attraktivität, indem Staatsämter mit Adelsprädikaten gekoppelt und die Großgrundbesitzer mit größeren Machtbefugnissen über die ortsansässigen Bauern und deren Land ausgestattet wurden. Spätere Gelegenheiten, die Machtverhältnisse umzukehren, wurden nicht wirklich genutzt: daher das »Scheitern« des Liberalismus 1815, 1848 und 1862. Und was die Jahre vor dem Ersten Weltkrieg angeht, so spielte der Deutsche Reichstag hier eine wesentlich geringere Rolle als andere Parlamente. Er war nicht in der Lage, die weitgehenden Befugnisse des Monarchen einzuschränken, und er brachte zweifellos auch keine eigene Exekutive hervor. Für manche politischen Beobachter lag der Unterschied in der Verfassungsklausel, daß Mitglieder des preußisch-deutschen Kabinetts nicht dem Reichstag (und damit keiner Parteienkoalition) angehören durften, doch das war nur eine aus einer ganzen Reihe von Besonderheiten.

Der auffälligste Unterschied zwischen dem deutschen Regime und den übrigen bestand möglicherweise in der Rolle der Parteien.[83] Großbritannien und die Vereinigten Staaten waren im wesentlichen

Parteienstaaten, eine sattsam bekannte Tatsache, von der sich kluge Beobachter immer wieder beeindruckt zeigten (s. Schieder 1958). In keiner Verfassung wurde den Parteien ein besonderer Rang eingeräumt. Dennoch wurden diese Zusammenschlüsse, die den Zweck verfolgten, politische Macht durch Wählerstimmen zu erringen, Sprecher für jene zu sein, die mit ihnen über den einzuschlagenden politischen Weg im großen und ganzen einer Meinung waren, und diejenigen mit einem Amt zu belohnen, die sich am politischen Kampf beteiligten, unter den Bedingungen eines allgemeinen Männerwahlrechts zur entscheidenden Regierungsinstitution. Es war kein Zufall, daß politische Soziologen wie Max Weber, Robert Michels und Moisei Ostrogorsky in den Mittelpunkt ihres Interesses die Herrschaft der Parteien seit etwa 1890 stellten. In Großbritannien und den Vereinigten Staaten waren nationale Parteien bereits straff organisiert, noch bevor der Staat im späten 19. und im 20. Jahrhundert ausgedehnte Verwaltungsaufgaben übernahm. Tatsächlich traten sie als eine Kraft für eine geschlossene Regierungsgewalt genau deshalb auf den Plan, weil eine unabhängige Exekutivgewalt in England in ihre Schranken gewiesen und in den USA ganz außer Funktion gesetzt wurde. Das war in Deutschland nie der Fall. Hier entwickelten sich die Parteien im Schatten einer geachteten Exekutive und einer starken Bürokratie. Gewiß mußten die Parteiabgeordneten im Reichstag beschwichtigt werden, um einen Haushalt durchzubringen und bestimmte politische Maßnahmen durchzusetzen (was nicht immer einfach war), doch die politische Initiative ging meist vom Beamtenapparat aus.[84]

Die Stärke der deutschen Parteien lag fraglos in ihrer Organisation. Sie waren ideologisch geschlossen, sie hatten wichtige Verbindungen zu Interessengruppen und Presseorganen, und ihre Anhängerschaft unter den Wählern überstand die umstürzenden Ereignisse von 1918 und zum Teil sogar von 1933 und 1945. Doch der Historiker muß zwischen einzelnen Dimensionen der Stärke unterscheiden: Zwar war der innerparteiliche Zusammenhalt stark, aber der Hang zum Regieren war schwach. Als den Parteien im November 1918 die politische Macht zufiel, waren sie nicht darauf vorbereitet, sie auszuüben. Die deutschen Parteiführer wollten nicht an die Regierung um des Regierens willen. Sie wollten um Rat gefragt werden, befürworteten zweifellos eine Politik, die ihren wirtschaftlichen Interessen am besten diente, und bestanden darauf (vor allem die Katholiken), daß ihnen vom Kabinett ihre Unentbehrlichkeit versichert wurde. Der persönliche Erfolg wurde an der Stellung in der eigenen Parteiorganisation gemessen und nicht an der Meisterung eines nationalen Problems. Die Parteien dienten als Transmissionsriemen. Das Parlament stand einer Exekutive gegenüber, die theoretisch von den Parteien unabhängig war, auch wenn diese ihr große Schwierigkeiten machen konnten. Das Ergebnis war, wie Max Weber während des Ersten Weltkriegs trübsinnig bemerkte, ausschließlich negativ. England konnte man mit Recht als einen »Volksstaat« ansehen, »während ein Parlament der Beherrschten mit negativer Politik gegenüber einer herrschenden Bürokratie eine Spielart des ›Obrigkeitsstaats‹ darstellt« (Weber 1918: 328). In England blieb der Zugang zur Regierungsgewalt entscheidend. Die Parteien strebten die Macht politischer Entscheidungen an; ihre Vertreter bildeten die Exekutive. Dasselbe galt für Frankreich. Wenn es dort auch noch keine festen Parteien gab, so forderten doch große Parlamentskoalitionen einen wesentlichen Anteil an der politischen Macht. In den großen Auseinandersetzungen der Dritten Republik vor 1914 ging es indirekt auch darum, wer die Macht innehatte – die Kirche oder die Republik – und wessen Werte eine Vorrangstellung einnahmen.

Möglicherweise hat eine weitere Besonderheit die Ausbildung eines Parlamentarismus in Deutschland behindert: Dessen Fähigkeit, ohne Bürgerkrieg oder Staatsstreich von oben mit einer linken Mehrheit zu leben, wurde bis zur Novemberrevolution 1918 nicht auf die Probe gestellt. In England und Frankreich lösten die Regierungskoalitionen je nach dem Ausgang der Wahlen einander ab. Hätten die Labour Party oder die französischen Sozialisten einen wesentlichen Anteil der Abgeordneten gestellt, wären ihnen wahrscheinlich Kabinettsposten angeboten worden. In Deutschland hingegen führten die Wahlergebnisse nicht zu unterschiedlichen Koalitionen. Und eine Parlamentsmehrheit, die sich auf die sozialdemokratischen Abgeordneten gestützt hätte, erschien noch furchteinflößender und hätte im Ernstfall wahrscheinlich einen Putsch von oben ausgelöst. Die Nichtsozialisten akzeptierten zwar im November 1918 die Machtübernahme durch die SPD als das kleinere Übel, nach 1930 jedoch zogen viele von ihnen eine autoritäre politische Lösung einer SPD-geführten Regierung vor. Die Fähigkeit des politischen Systems in Deutschland, einen friedlichen Wechsel der Regierungskoalitionen zuzulassen, war äußerst schwach entwickelt.

Die Hervorhebung solcher Hindernisse auf dem Weg zu einer Demokratie führt nicht zwangsläufig zur Annahme eines deutschen Sonderwegs. Manchmal bietet sich eine historische Möglichkeit mehrmals an. Eine Rücksätndigkeit muß nicht für immer fortbestehen. Parteien und Parlament hätten wahrscheinlich auch dann einen Machtzuwachs erfahren (und sei es auch ohne eigenes Dazutun), wenn der Erste Weltkrieg die »normalen« politischen Verhältnisse nicht außer Kraft gesetzt hätte.[85] Gewiß, jeder Schritt in Richtung auf eine »Öffnung« – der Versuch, den Kaiser nach dem Interview mit dem *Daily Telegraph* zu ducken, die Wahlsiege der Reformisten 1912 – löste einen konservativen Rückschlag aus. Trotz alledem war langfristig ein neues politisches Gleichgewicht, das einer parlamentarischen Mehrheit mehr Einflußmöglichkeiten einräumte und nicht darauf beruhte, die SPD zu isolieren, ein plausibles Denkmodell (s. Blackbourn/Eley 1980: 37-54). Die Hypothese eines Sonderwegs läßt demgegenüber zuwenig Raum für den verändernden Einfluß von »normalen Krisen«, wie ich sie bezeichnen möchte. Jede sichtbare Reform gerät unter diesem Blickwinkel bestenfalls zu einer Scheinreform, die nur die Machtstellung der alten Eliten befestigt.

Die Hypothese eines deutschen Sonderwegs beansprucht außerdem, politische Resultate durch gesellschaftliche Faktoren einer ganz bestimmten Art zu erklären: Sie geht davon aus, daß die Fehler der deutschen Politik aus Schwächen der Gesellschaft oder der Kultur resultieren. Selbst wenn man einmal als richtig unterstellt, daß deutsche Institutionen sich von denen anderer westlicher Länder unterschieden und daß sie liberal-demokratische Entwicklungen behinderten – so bleibt immer noch die Frage, ob diese Unterschiede auf unmittelbare Faktoren oder auf »tiefere« Ursachen zurückzuführen sind. Es ist die Suche nach angeblich tieferreichenden (»strukturellen«) Ursachen, die die Analysen von Marx und Engels,

Weber, Veblen und ihren jüngsten Erben kennzeichnet. Und diese strukturellen Probleme, die sich so entscheidend negativ auf die deutsche Politik ausgewirkt haben, sind nach diesem Verständnis obendrein von besonderer Art – sie sind die Überbleibsel einer vormodernen, vorbürgerlichen Epoche.

Der Vorstellung von einem deutschen Sonderweg liegt eine Theorie der verspäteten Entwicklung zugrunde. Andere Gesellschaften, deren Entwicklung als normgerecht angesehen wird, schüttelten ihre feudale Vergangenheit durch eine wie immer geartete bürgerliche Revolution ab. Nicht so die deutsche. Nach dieser Lesart blieben die Überreste einer vormodernen, ständischen Gesellschaft in einer zur Hälfte modernisierten Form eingebettet. Althergebrachte Zünfte erhielten sich bis in die Mitte des 19. Jahrhunderts, bildeten sich dann um zu Körperschaften öffentlichen Rechts, verhinderten auf diese Weise das Aufkommen eines modernen Staatsbürgertums und brachten den kleinbürgerlichen Chauvinisten hervor, der ganz dem Statusdenken verfallen war, einen Typus, den Heinrich Mann in seinem Roman *Der Untertan* dargestellt hat. Die männlichen Angehörigen der Bourgeoisie errangen den Status eines Reserveoffiziers, indem sie mindestens eine mittlere Schulbildung erwarben, und verinnerlichten die rigiden Anschauungen dieser demokratiefeindlichen Kaste. Die ostelbischen Junker bewahrten bis 1872 längst überholte Rechtsbefugnisse über die Bauern und übten danach immer noch eine informelle Gerichtsbarkeit aus. 1849 setzten sie ein ungleiches Wahlrecht durch, das ihnen das politische Übergewicht in Preußen sicherte; und 1878 sorgten sie für Schutzzölle, die es ihnen ermöglichten, als feudale Agrarkapitalisten auf dem Land zu bleiben. Das Beamtentum in seiner Abhängigkeit vom Monarchen und einer lebenslangen Anstellung behinderte ein stärker meritokratisches System. »Nicht ökonomische Gründe, auch nicht die vielberufene ›Interessenpolitik‹ ... sind schuld an der politischen Unreife breiter Schichten des deutschen Bürgertums«, erklärte Max Weber 1892 in seiner berühmten Antrittsvorlesung, »der Grund liegt in seiner unpolitischen Vergangenheit... Und die ernste Frage für die politische Zukunft des deutschen Bürgertums ist jetzt: ob es nicht nunmehr zu *spät* ist, sie nachzuholen.« (Weber 1918: 22) Die Raupe des alten Regimes spann sich in den Kokon der gesellschaftlichen Wandlungen des 19. Jahrhunderts ein und entpuppte sich anschließend ... als eine noch fettere und gefräßigere Raupe.

Wogegen sich die Kritiker der These von einem Sonderweg Deutschlands gewandt haben, war die Vorstellung, ein »rückständiger« gesellschaftlicher Unterbau habe zwangsläufig die politische Entwicklung negativ beeinflußt.[86] Zum einen argumentieren sie, die demokratiefeindliche Entwicklung der Politik lasse sich auf Fehler und Mängel allein auf der politischen Ebene zurückführen: Fehlplanung, Arroganz, mangelnde Kompromißbereitschaft, bornierte wirtschaftliche Zielsetzungen. Ein wesentliches Belegstück hierfür ist die neue Deutung der Wahlergebnisse zur Zeit der Weimarer Republik. Diese legen die Vermutung nahe, daß der Nationalsozialismus ein breiter politischer Protest und nicht allein das Werk einer in Angst versetzten unteren Mittelschicht war.[87] Zum zweiten stellen die Kritiker die Indices für eine Rückständigkeit in Frage. Zuviele Großstadtbewohner Deutschlands schlossen sich zu politischen Vereinen zusammen, organisierten sich, warben um Wählerstimmen und lasen Zeitungen. Zuviele Junker beteiligten sich an Banken und Industrieunternehmen. Zuwenige Ladeninhaber und kleine selbständige Geschäftsleute übten einen nachhaltigen Einfluß auf die Rebellion der Massen gegen die Republik von Weimar aus. Und um ex negativo zu argumentieren: Zuviele britische Ladeninhaber wiesen dasselbe kleinbürgerliche, häufig chauvinistische Denken auf, das sich mit imperialen Erfolgen identifizierte und vor gesellschaftlich Höherstehenden katzbuckelte. Warum sollte dieses Verhalten, das in England die Bezeichnung »deference politics« (Politik der Unterwürfigkeit) trug und angeblich zur Festschreibung des parlamentarischen Liberalismus beitrug, als eine Stütze des Obrigkeitsstaats in Deutschland verurteilt werden? Die liberalen Gesellschaften waren kaum frei von vormodernen Hinterlassenschaften (und zwar auf allen gesellschaftlichen Ebenen). Jedes politische Gemeinwesen ruhte auf einem kumulativen Sediment von sozialen Strukturen. Soweit politische Muster der gesellschaftlichen Organisation entsprachen, waren sie nicht der Ausdruck einer bestimmten Ebene der gesellschaftlichen oder wirtschaftlichen Entwicklung. Das heißt also, daß die Politik einer jeden Nation Organisationsformen, Konflikte, Rivalitäten und Resultate mit sich brachte, die über jede eindeutige Determinierung durch diese Elemente hinausgingen.

Geographie als Schicksal?

Wenn wir die These von einem Sonderweg samt ihrer Theorie einer überholten oder »rückständigen« Politik aufgeben, müssen wir dann auch auf jede generalisierende Erklärung politischer Unterschiede verzichten? Einige Konservative haben ein rivalisierendes historisches Paradigma aus der Mottenkiste geholt und aufzupolieren versucht, das erstmals gegen Ende des 19. Jahrhunderts aufgekommen war: einen Quasi-Determinismus bezüglich der deutschen Geschichte, der sich jedoch nicht auf gesellschaftliche Strukturen, sondern auf die besondere geographische Lage Deutschlands beruft. Michael Stürmer beispielsweise hat behauptet, die historische Identität der Deutschen sei aus der Mittellage der Nation in Europa und ihren exponierten Grenzen im Osten und Westen hervorgegangen. Wenn man Hagen Schulze liest, der in das gleiche Horn bläst, ist man versucht zu sagen: Es ist die Geographie, die den Menschen ausmacht.

»Was ist anders mit den Deutschen? Ihre Unfähigkeit, ein Geschichtsbild zu finden, das auf die Dauer Identität und Selbstbewußtsein der Nation verbürgt, hat eine Fülle von Ursachen, die aber allesamt auf einen letzten Grund zurückführen: Deutschlands Lage in Europa. Deutschland: das ist durch die Jahrhunderte hindurch europäisches Niemandsland, eine Fülle von ›Deutschländern‹ – les Allemagnes, wie die Franzosen sagen, eine Menge größerer und kleinerer Territorialstaaten zwischen Maas und Memel, Etsch und Belt, in denen man in aller Regel Deutsch spricht ... Da gibt es keinen natürlichen Mittelpunkt; kein Land hat in seiner Geschichte so viele Hauptstädte gehabt wie Deutschland, von Aachen über Goslar, Nürnberg, Prag, Wien, Frankfurt, Berlin bis Bonn. Das Land zerfließt, es hat keinerlei natürliche Grenzen, zudem ist seine Verkehrsgeographie von Gebirgen und Flüssen zerhackt.« (Schulze 1987: 169 f. Warum Schulze Flüsse als Hindernisse für einen nationalen Verkehr betrachtet, ist nicht ganz ersichtlich.)

Deutschland hat nicht nur keine zentrale Organisation, keine zusammenhängenden Grenzen; es hat darüber hinaus eifersüchtige und mächtige Nachbarn im Osten und im Westen. Frankreich stand immer nur einem einzigen mächtigen Gegner zu einer bestimmten Zeit gegenüber, erst Spanien, dann Deutschland; Rußland hatte es nur mit Deutschland zu tun – Deutschland lebte angeblich unter der fortwährenden Bedrohung eines Zweifrontenkrieges, nachdem es ihm einmal gelungen war, Frankreich in seiner Entschlossenheit zu überwinden, das Nachbarland für immer zersplittert und ohnmächtig zu halten. Für Stürmer ist Deutschland ein »Land der Mitte«[88]. Außerdem soll die exponierte geographische Lage Quelle der deutschen politischen Schwierigkeiten sein: »Die Lage Deutschlands – conditio Germaniae... (das heißt), daß der Ort der deutschen Geschichte, mitten in Europa, immer auch ihre erste Bedingung war. Mitten in Europa liegt die Deutsche Frage, liegen Chancen und Grenzen deutscher Freiheit, Selbstbestimmung und Souveränität, zuerst in Alteuropa, dann im Zeitalter des Nationalismus und selbst noch dort, wo wir stehen, jenseits des Nationalstaats.« (Stürmer 1986d: 314) Letzten Endes haben Stürmer und Schulze Sir John Seeleys Axiom aus den 80er Jahren des 19. Jahrhunderts wieder ausgegraben: Die Freiheit, die ein Land seiner Bevölkerung einräumen kann, steht im umgekehrten Verhältnis zu dem Druck, der auf seine Grenzen ausgeübt wird. Nach 20 Jahren »Primat der Innenpolitik« ist der »Primat der Außenpolitik« wieder zurückgekehrt.

Das Bild ist nicht völlig aus der Luft gegriffen. In den großen historischen Epen, mit denen die Deutschen (zumindest bis 1945) aufwuchsen, finden wir Friedrich II. von Preußen in seinen ständigen Kriegen, der losstürmt, um die Franzosen bei Roßbach zu schlagen, nach Osten galoppiert, um die Österreicher bei Leuthen zu besiegen, zwischendurch in Zorndorf über die Russen triumphiert, anschließend an zwei Fronten verheerende Schlappen einstecken muß und nur durch den Tod der Zarin 1762, den die Vorsehung geschickt hat, gerettet wird. (Goebbels und Hitler versuchten sich mit der Erinnerung an diese angebliche Macht des Schicksals Mut zu machen, als Roosevelt drei Wochen vor Beendigung des Krieges vom Schlag getroffen wurde.) Die ehrgeizigen Ziele, Annexionen und Präventivkriege, mit denen der große Friedrich sich in diese Lagen gebracht hatte, waren im allgemeinen weniger Gegenstand der Erörterung. Natürlich stand auch Bismarck ständig die Gefahr eines Zweifrontenkriegs vor Augen; er neutralisierte seine potentiellen Feinde, mußte dann jedoch erleben, daß seine Nachfolger ziemlich leichtfertig eine französisch-russische Annäherung zuließen. Die Lage als »Land der Mitte« bedeutete allerdings nicht nur eine geopolitische und strategische Zwangslage; sie beeinflußte auch das politische Denken. Generationen von Sozialisten träumten davon, zwischen dem französischen Rationalismus und dem russischen Agrarsozialismus eine Brücke zu schlagen. Radikale auf der Rechten erwärmten sich für die seelenvolle russische Autokratie. Eine Mischung aus Slawophilie und Abneigung gegen westliche Frivolität kennzeichnete die Haltung mancher deutscher Kulturkonservativen (s. Stern 1961 und 1972). Deutschland als ideologische und geographische Brücke zwischen Ost und West schwebte den nationalistischen, reaktionären politischen Kritikern der wilhelminischen Ära vor, den Nationalbolschewiken der Weimarer Zeit und selbst so frühen Anhängern der CDU wie Jakob Kaiser, bis der Kalte Krieg diesen Träumen ein Ende machte. Die Vorstellung, zwischen beiden Lagern eine Verbindung herzustellen, geisterte auch in den Köpfen der Neutralisten in der SPD herum. Peter Bender, dem eine politische Verwirklichung von Mitteleuropa unmöglich schien, hoffte dennoch darauf, daß Deutschland zwischen Ost und West eine Mittlerrolle spielen würde (Bender 1987: 302).

Mitteleuropa, hätte Stürmer als überzeugter Anhänger der NATO sogleich eingewandt, ist nicht die einzige Schlußfolgerung, die sich aus der Idee Deutschlands als Land der Mitte ziehen läßt. Der Begriff war als historisches Paradigma und nicht als politische Vision gedacht. Aber bestimmt die geographische Lage eines Landes tatsächlich dessen historische Entwicklung? Polen, gleichfalls eine Nation ohne natürliche Grenzen, gefangen zwischen mächtigen Nachbarn, dehnte sich zwei Jahrhunderte lang aus und wurde gegen Ende des 18. Jahrhunderts geteilt, während Deutschland im Verlauf des nächstfolgenden Jahrhunderts seine Einheit verwirklichte. Die Geographie allein vermag die unterschiedlichen Geschicke der beiden Länder nicht zu erklären. Historiker führen die Auflösung Polens auf seine Gesellschaftsstruktur und seine politischen Institutionen zurück: eine agrarische Klassengesellschaft mit einem grundbesitzenden Adel, der eifersüchtig seine Privilegien hütete und keine wirksame Zentralgewalt akzeptieren wollte. Primat der polnischen Innenpolitik? Betrachten wir das umgekehrte Verhältnis: Die Geographie soll erklären, warum England, das durch den glücklichen Umstand seiner sicheren Insellage kein stehendes Heer benötigte – das tendenziell eine Stärkung der Exekutive gegenüber dem Parlament bedeutet –, es sich leisten konnte, liberal zu sein. Aber wie steht es dann mit dem Inselreich Japan, dessen politische Strukturen im 19. und 20. Jahrhundert so viele auffällige Ähnlichkeiten mit Deutschland aufweisen: Modernisierung von oben, die Notwendigkeit, mit einer Militäraristrokratie fertig zu werden, eine beschleunigte Industrialisierung, ein schwaches Parlament, eine Verfassung nach Bismarckschem Muster, eine militaristische Grundhaltung, ein schikanöses Verhalten in der Außenpolitik und ein verhängnisvoller Expansionismus? Geographische Faktoren können hier als Erklärung allein nicht genügen.

Spekulative Geschichtsdeuter von Hegel über Spengler bis hin zu George Kennan haben unterschiedliche Regierungsformen mit geographischen Unterschieden zu erklären versucht. Die Konservativen haben die These vom Primat der Innenpolitik in Frage gestellt und durch einen geographischen Determinismus mit apologetischen Implikationen ersetzt, während die Gegner dieser Ansicht allzu einseitig den Expansionismus der Eliten als Ausdruck ihrer innenpolitischen Interessenlagen gedeutet haben; und doch hatten sie damit nicht ganz unrecht. Es ist wenig sinnvoll, das Konzept vom deutschen Sonderweg durch den Begriff eines Landes der Mitte zu ersetzen, der partikulare historische Ergebnisse nur unzureichend bestimmt. Obgleich es Mode geworden ist, Politik als einen lebenswichtigen Bestandteil des gesellschaftlichen Lebens anzusehen, für den um seiner selbst willen gekämpft werden muß[89] – eine Handlungssphäre, innerhalb deren Bürger durch die Leidenschaft zu herrschen oder sich der Herrschaft zu widersetzen mobilisiert werden –, können auch gesellschaftliche Interessen Gegenstand der Politik sein.

Die Ablehnung der Hypothese eines Sonderwegs hat eine Abneigung gegen alle Modelle nach sich gezogen, die Politik durch die Klassenstruktur der Gesellschaft erklären wollen, d.h. auf der Grundlage des Marxschen Verhältnisses von Basis und Überbau. Etwas allgemeiner ist sie Teil der großen Strafe für die 60er Jahre, der Verdrossenheit über den Neomarxismus, der sich anschließend einstellenden Begeisterung für Hermeneutik und Subjektivität, der Faszination der Erinnerung und der Abschaffung des Modernismus. Zweifellos hat die Sozialwissenschaft in den vergangenen Jahrzehnten brauchbare Alternativen zu allzu vereinfachten sozioökonomischen Erklärungsmodellen angeboten. Aber zugleich hat sie Ansätze ins Spiel gebracht, die letzten Endes zuwenig erklären. Betrachten wir drei Alternativen, die jede für sich zunächst aufschlußreich waren, sich im Hinblick auf ihre Erklärungskraft jedoch als unbefriedigend erwiesen haben:

1. *Die Kulturanthropologie,* der wir den wichtigen Hinweis verdanken, daß Wertsysteme und Diskurse ihre je eigene Logik haben, liefert bedenkenswerte Argumente für die Behauptung, Politik sei kaum mehr als eine Form des Rituals, das um seiner selbst willen vollzogen wird. Aus dem *homo politicus* wird der *homo ludens.* In Deutschland sitzen die wichtigsten Wortführer einer anthropologisch orientierten Geschichte im Max-Planck-Institut in Göttingen, wobei es sich allerdings um eine aktive Schule von Historikern der Alltagsgeschichte handelt.[90] Seit die *oral history* mit Begeisterung aufgenommen wurde, hat man mit Hilfe dieser Methoden auch versucht, den Erfahrungen des Nationalsozialismus bei den einfachen Bevölkerungsschichten nachzuspüren. Diese Bemühungen haben ein wesentlich differenzierteres Bild darüber ergeben, wie normale Menschen ihre kleinen Kompromisse mit dem System schlossen oder Lücken fanden, die ihnen ermöglichten, wenn auch nicht Widerstand zu leisten, so doch sich abseits zu halten.[91]

Dieser Ansatz birgt aber auch Gefahren, wie sich in der Diskussion um die 1985 erstmals ausgestrahlte Fernsehserie *Heimat* gezeigt hat. Dieser Film, von Regisseur Edgar Reitz als Antwort auf die US-amerikanische Fernsehserie *Holocaust* entworfen, zeichnet das

Leben einiger Familien in einem (fiktiven) Hunsrückdörfchen von 1920 bis in die Jahrzehnte nach dem Zweiten Weltkrieg nach. In einer Länge von zwölf Stunden schildert er sehr eindrucksvoll die Aufeinanderfolge der einzelnen Generationen und die allmähliche Durchbrechung der ländlichen Abgeschiedenheit. Der Film bediente und verkörperte zugleich selbst das sehnsüchtige Bedürfnis der Bevölkerung, den eigenen geschichtlichen Wurzeln nicht in der hohen Politik, sondern in den Gemeinschaften der Kindheit nachzugehen. Den Dorfbewohnern im Film erscheint die Naziherrschaft als eine vorübergehende und nebensächliche Gegenwart, von der sie zum Opportunismus verführt, ansonsten aber nur indirekt und von fern berührt werden. Wie der Regisseur geltend machte, war diese distanzierte Empfindung bei vielen Landbewohnern authentisch: Für ihn stellte sich die Aufgabe, das unpolitische Gewebe des Lebens zu zeigen, das sie in ihrer Heimatgemeinde führten. Auch hier tritt das Problem der »Identifikation« mit bestimmten historischen Akteuren auf: Bei Reitz sind die Dorfbewohner ein bukolisches Gegenstück zu Hillgrubers Weltmacht. Unter ihrem Blickwinkel kann die Sphäre politischer Herrschaft als für das alltägliche Leben letztlich unerheblich ausgeblendet werden (s. Hansen 1985; Geisler 1985). Aber muß der Künstler oder der Historiker nicht gleichzeitig eine Vielfalt von Standpunkten einnehmen? Die historische Ethnographie verführt den Historiker dazu, seine distanzierte Haltung aufzugeben und zum Volkskundler zu werden. Alltagsgeschichte beginnt mit der Darstellung, in welch kleinen Verästelungen oder wie subtil Macht wirksam wird. Sie kann damit enden, daß Macht und Herrschaft sich in einem Äther der Volkskultur auflösen.

2. *Die politische Soziologie* mit ihrer verspäteten Entdeckung der »relativen Autonomie des Staates« – die nur jenen bemerkenswert erscheinen konnte, die Hans Rosenberg über Preußen gelesen hatten, ohne Otto Hintze zu lesen – erliegt der Neigung, eine unbestimmte bürokratische Instanz zu verdinglichen oder sich in Abstraktionen aufzulösen. Nachdem viele Historiker und politische Soziologen ihr Vertrauen in neomarxistische Erklärungsmodelle verloren haben,

berufen sie sich nun auf die Vorrangstellung des Staates und auf die Bürokratien als eigenständige Kausalelemente in der Geschichte. Die Vertreter der These von einer Autonomie des Staates sind zu ihren Formulierungen weitgehend auf dem Umweg über das neomarxistische Modell des »Bonapartismus« gelangt. Diese Analyse geht auf Marx zurück, der in seiner Schrift *Der 18. Brumaire des Louis Napoleon* den Gründen für den Erfolg Bonapartes nachgegangen und zu dem Schluß gekommen war, daß im Fall einer Pattsituation zwischen einer aufsteigenden und einer absteigenden Klasse dem Staat eine entscheidende Machtrolle zufällt, die er normalerweise nicht einnehmen kann. Vermittelt durch die Arbeiten von Nicos Poulantzas leitet dieses Paradigma David Abrahams Untersuchung über den Untergang der Weimarer Repulbik (Abraham 1981). In den Dienst einer konservativen Sichtweise gepreßt, hat es offenbar Michael Stürmers Kennzeichnung des Bismarckschen Systems als »cäsaristisch« beeinflußt: Nach diesem Verständnis suchte Bismarck die gesellschafltichen Klassen und Interessen zu umgehen und zum Zweck seiner Machtpolitik eine plebiszitäre Mobilisierung der Massen zu erreichen (Stürmer 1974).

Die Sozialwissenschaftler, die die These von der Autonomie des Staates vorbringen, haben die Vorstellung von einer Pattsituation zwischen den Klassen in jüngster Zeit zunehmend aufgegeben; sie unterstreichen nur noch die Ressourcen und Ziele des Staates und wirken dabei wie die verlorenen Söhne und Töchter der deutschen historistischen Tradition. Einmal mehr wird dem Bereich des Politischen ein autonomer Status eingeräumt. Politisches Handeln rechtfertigt sich selbst, nur daß die Akteure keine zur Herrschaft geborene Aristokratie oder eine Gruppe von Intellektuellen mehr sind, die sich am eigenen Diskurs berauschen. Sie sind vielmehr die etablierten Wortführer dauerhafter Bürokratien, die sich mit dem Leviathan identifizieren. In dieser Hinsicht ähnelt die Akzentsetzung auf der staatlichen Wirtschaft der dritten Alternative, dem jüngsten von deutschen Historikern vorgetragenen Modell.

3. *Der Neo-Machiavellismus* (vielleicht genauer gesagt eine Wiederbelebung clausewitzschen Denkens) betont die Politik als Gewalt

und Herrschaft. Nipperdey beginnt seine Geschichte mit der Erinnerung daran, wie Napoleon Deutschland durch seine Eroberung umformte, und folgerte daraus, daß nur derjenige, der aus ideologischen Gründen blind für die Macht sei und seinen Blick ausschließlich auf soziale Bewegungen und die Innenpolitik richte, diesen Faktor unterschätzen könne (1986a: 11). Aber die Frage ist nicht, ob etwa die Bielefelder Historiker Macht und Gewalt ausblenden. Es geht vielmehr darum, daß die Macht und selbst militärische Siege oder Niederlagen in einem umfassenderen Kontext verstanden werden müssen: Warum war Deutschland von Anfang an so wehrlos gegenüber den französischen Revolutionsheeren? Wenn der Historiker nicht die unterschiedlichen Ebenen der ideologischen und sozialen Mobilisierung in Betracht ziehen will oder die Kosten der sozialen Schichtung, kann sich der Faktor militärischer Unter- oder Überlegenheit als unzureichende Erklärung erweisen. Vielleicht ist es an der Zeit, »die Gesellschaft wieder ins Spiel zu bringen«.

Allgemein bleibt festzuhalten, daß es kein einzelnes historisches Paradigma gibt, das zu einem Dogma erhoben werden könnte. Immer wieder wird der Historiker oder Politikwissenschaftler von Ein-Faktor-Modellen verführt. Tocqueville lieferte ein solches für Frankreich, als er behauptete, eine lange Geschichte der Zentralisierung der Regierung – unter der Monarchie wie unter der Revolutionsregierung gleichermaßen – habe die lokale Selbstverwaltung geschwächt und daher die revolutionären Experimente von 1789 und 1848 im Despotismus enden lassen. Frederick Jackson Turner bot die These von der »frontier«, der US-amerikanischen Siedlungsgrenze, als Schlüssel zur Geschichte der USA an, die angeblich durch die Verfügbarkeit von freiem Land geprägt wurde. Ganz in der feierlichen Tonart der Amerikastudien der 40er und 50er Jahre schlug Louis Hartz (1955) eine weitere vor: das Fehlen einer feudalen Vergangenheit.[92] Jede Version hat eine einzige entscheidende Variable unterstellt. Diese können oftmals sehr überzeugend sein, aber sie stellen eben nur einen Teilaspekt dar. Nach Vietnam hat die ursprünglich beruhigende Idee eines amerikanischen Sonderwegs ebenfalls an Überzeugungskraft verloren. Aber wenn wir solche Paradigmen der nationalen Geschichte widerwillig aufgeben müssen, auf welcher historischen Grundlage können wir dann das Gefühl einer nationalen Identität entwickeln? In der Überzeugung vieler deutscher Historiker, Intellektueller und Politiker ist Identität der eigentliche Zweck historischer Arbeit. Die Geschichte wird als Wegweiser vereinnahmt, doch wenn ihr ein zusammenhängendes Muster fehlt, welchen Weg kann sie dann noch weisen? Ist unter solchen Umständen nicht die Frage angebracht, ob diese deutschen Historiker und ihr Publikum von der Geschichte zuviel verlangen?

Kapitel 4
Eine brauchbare Vergangenheit? Museen, Erinnerung und Identität

> Im Jahr 1596 lehrte Matteo Ricci die Chinesen, wie man einen Gedenkpalast bauen könnte ... Von allem, das wir im Gedächtnis behalten wollen, schrieb Ricci, sollten wir uns ein Bildnis machen, und jedem dieser Bildnisse sollten wir einen Standort zuweisen, an dem es ungestört ruhen kann, bis wir bereit sind, es durch einen Akt der Erinnerung wieder hervorzuholen. Da dieses gesamte Erinnerungssystem seinen Dienst nur leisten kann, wenn die Bildnisse an ihrem zugewiesenen Ort bleiben und wenn wir uns an diesen sofort erinnern können, wäre es offenbar am einfachsten, wirkliche Standorte zu wählen, die wir so gut kennen, daß wir sie niemals vergessen können. Doch das wäre ein Fehler, dachte Ricci ...
>
> *Jonathan Spence* (1984: 1 f.)

Im Museum für Deutsche Geschichte

Matteo Riccis Palast sollte kein Gebäude werden, sondern ein Gebilde der menschlichen Phantasie; nur imaginäre Pavillons sind flexibel genug, um den ständig größer werdenden Inhalt eines aktiven Gedächtnisses unterzubringen. Knapp vierhundert Jahre später beschloß Bundeskanzler Helmut Kohl, den Deutschen einen Gedenkpalast zu geben, genauer gesagt zwei – allerdings wirkliche Gebäude mit echten Ausstellungsstücken. Die jungen Bürger der Bundesrepublik sollten ein Gefühl dafür entwickeln, »woher wir kommen, wer wir als Deutsche sind, wo wir stehen und wohin wir gehen werden« (Kohl 1985: 917). Die schwierige Frage war jedoch, woran eigentlich erinnert und wie diese Erinnerungen vermittelt werden sollten. Trotz ihrer Verwicklung in die »Revisionismusdebatte« stürzten sich die westdeutschen Historiker in eine ähnliche Auseinandersetzung über die Pläne der Regierung, zwei historische Museen einzurichten: das *Haus der Geschichte* in Bonn zur Präsentation der Entwicklung der Bundesrepublik Deutschland seit ihrer Gründung und das *Deutsche Historische Museum* in Berlin – unmittelbar gegenüber dem monumentalen Reichstagsgebäude und heute für Ausstellungen und Kongresse genutzt – das die Denkwürdigkeiten der deutschen Einzelstaaten seit ihren Anfängen beherbergen sollte.

Diese Pläne haben starke Emotionen freigesetzt.[93] Obgleich die Frontlinien zwischen den streitenden Parteien nicht dieselben waren wie beim Historikerstreit, konnte man in den Auseinandersetzungen um die Museen einen seiner Aspekte sehen. Für Joachim Fest war dieser Streit lediglich die Verlängerung des Risses, »der durch die historische Wissenschaft geht und sie in zwei Lager teilt ... die Theorie einer Verschwörung von rechts, zu der Nolte, Hillgruber, Stürmer und Hildebrand groberweise verkoppelt wurden, die verunglimpfenden Bezichtigungen und die Ausweitung des Streits auf das Historische Museum«, all dies war das Werk derer, die »vereinfachend gesprochen, ... Hitler und den Nationalsozialismus als eine Art Gegenmythos bewahren und politischen Absichten dienstbar machen wollen« (in »Historikerstreit« 1987: 389). Doch mit dieser Diagnose macht man es sich wirklich zu einfach. Gewiß, Kritiker von links befürchten, das Museum werde Geschichte mißbrauchen, um ein konventionelles Nationalgefühl wiederzubeleben, ein klischeehaftes und beruhigendes Bild der deutschen Vergangenheit zu zeichnen.[94] Andererseits gibt es einige Historiker, die im Historikerstreit der »rechten« Position äußerst kritisch gegenüberstanden und trotzdem den Auftrag des Museums standhaft verteidigen. Allerdings haben sie die Notwendigkeit »kritischer«, thematisch gebundener Exponate der Sozialgeschichte betont – Ausstellungsstücke, die an eine hierarchische Gesellschaftsordnung und Unterdrückung erinnern, an Militarismus, Vorurteile und Völkermord; Räume, die der Geschichte des Alltagslebens gewidmet sind – im Unterschied zu einer linearen Darstellung der herkömmlichen politischen Entwicklung.

Folglich gab es zwei Ebenen der Debatte. Die interne Diskussion unter den Historikern, die mit der Planung eines Museums betraut wurden, kommt in den Kompromißformeln der offiziellen »Konzeption« zum Ausdruck. Dieses Konzept sah sich seinerseits einer vehementen öffentlichen Kritik durch die grundsätzlicheren Skeptiker ausgesetzt, von denen einige sich bereits im Historikerstreit engagiert hatten. Manche halten das Vorhaben überhaupt für problematisch – wie auch immer so ein historisches Museum organisiert sein möge. Das Projekt wurde mit der Regierung Kohl identifiziert; seine Verwirklichung würde beträchtliche Summen kosten; es sei mit ideologischen Erwartungen verknüpft, die bestenfalls verworren und nebulös und schlechtestenfalls reaktionär sind und sich in jedem Fall wahrscheinlich gar nicht realisieren lassen. Es wirft neue Fragen auf über die Beziehungen zwischen Text, Bild und Erziehung des Museumspublikums. Es ist zu einem Ersatz für jene »Identität« geworden, die so häufig heraufbeschworen und so selten genauer bestimmt wird.

Museen sind in den 80er Jahren wieder in Mode gekommen. Die Bildung individueller Vermögen und eines ungleich verteilten Wohlstandes, das Aufkommen eines postmodernen Stils, der auf einem historischen Mischmasch beruht, und möglicherweise die ins Stokken geratenen großen Reformprojekte für die Zukunft haben zu einer glanzvollen Inventarisierung der Kultur geführt.[95] Der neue Reichtum in Japan und Kalifornien treibt die Preise für Kunstwerke in schwindelnde Höhen. Das Interesse an ethnischen Ursprüngen fördert die kulturelle Rekonstruktion, verleiht alten Reiseführern neuen Reiz, läßt alte Stadtkerne und Viertel wiedererstehen (die westdeutschen Großstädte haben mittlerweile alle ihre Altstadt), restauriert Fabriken, Kirchen und Synagogen. Die westlichen Gesellschaften haben eine Zeit der Selbst-Archäologisierung durchlebt.

Unter den Museumsbegeisterten standen die Westdeutschen in vorderster Front. Über 50 Millionen Besucher schlenderten 1981 durch die Museen des Landes, so daß durchschnittlich jeder Westdeutsche einmal im Jahr ein Museum besuchte. Zwischen 1960 und 1970 wurden 227 neue Museen eröffnet, im Jahrzehnt darauf waren es knapp 300, und in den Jahren nach 1980 erlebte man in Westdeutschland nachgerade eine Gründungseuphorie (Frei/Hochreiter 1986: 385). Hätte es wohl in irgendeinem anderen Land eine ähnlich leidenschaftliche Diskussion über ein geplantes historisches Museum gegeben wie in der Bundesrepublik Deutschland? Zum Teil ging es in der öffentlichen Auseinandersetzung darum, ob es überhaupt ein kohärentes historisches Museum geben kann, d.h., ob eine einheitliche visuelle Darstellung dieser problematischen Geschichte überhaupt möglich sei. Inzwischen ist das Museum kein ausschließlich pädagogisches Projekt mehr, sondern eine umstrittene Allegorie der nationalen Identität der Deutschen.

Die Anfänge des Projekts gehen zurück bis ins Jahr 1979. Damals besuchte Bundespräsident Walter Scheel das Münchner Institut für Zeitgeschichte und sprach über die Möglichkeit einer Dauerausstellung zur deutschen Geschichte. Man hoffte, ein breiteres Publikum für die positiven wie die negativen Erbteile der deutschen Geschichte zu interessieren. Der Berliner Senat hatte die Idee einer historischen Ausstellung seit 1978 erörtert. Der unerwartete Erfolg der Preußen-Ausstellung von 1981 ermutigte ihn, eine Wiederholung ins Auge zu fassen, während die neue CDU-Regierung unter Kohl mit ihrem Anspruch, eine politische und gesamtgesellschaftliche Wende herbeizuführen, ebenfalls die deutsche Geschichte auf ihr Programm gesetzt hatte. 1982 waren zwei Projekte geplant: ein Haus der Geschichte in Bonn, das der kleinen Hauptstadt eine eigene Ausstellung zur Geschichte der Bundesrepublik Deutschland ermöglichen würde, und ein Forum oder Museum zur deutschen Geschichte in Berlin. Im Oktober machte die Bundesregierung unter Helmut Kohl erstmals offiziell den Vorschlag, ein Haus der Geschichte in Bonn einzurichten. Dieser Vorschlag traf auf eine weniger lautstarke Opposition als das Berliner Projekt, das 1984 angekündigt wurde. Zum einen war es ein weniger grandioses Vorhaben, und zum anderen verfügte Bonn nicht über jene linke Kulturszene, wie sie die ehemalige Reichshauptstadt belebt. Das Bonner »Haus der Geschichte« war dazu gedacht, das historische Selbstverständnis zu stärken und im Rahmen nationaler und internationaler Beziehungen zu verankern, in dem die Bundesrepublik existierte und der ihr politisches Leben ganz entscheidend bestimmte (vgl. Gall et al. 1984).

Auch die Initiatoren des Berliner Projekts wurden von dem Ziel geleitet, historisches Bewußtsein in der Bevölkerung zu verankern. Nach Hans Mommsen ging die Initiative für ein Museum für deutsche Geschichte von dem Berliner Verleger Wolf Jobst Siedler aus. Der Vorschlag war in einem Memorandum enthalten, das dem Berliner Senat von den Historikern Michael Stürmer, Hagen Schulze, Hartmut Boockmann und Eberhard Jäckel übergeben wurde, die den unterschiedlichsten politischen Richtungen angehören. Boockmann berichtet, es sei der damalige Westberliner Bürgermeister Richard von Weizsäcker gewesen, von dem die Anregung ausging.[96] Das Konzept des Berliner Kultursenators, ein »Forum für Geschichte und Gegenwart« in den ungenutzten Ausstellungsräumen des Martin-Gropius-Baus einzurichten, wurde im Mai 1983 durch den Vorschlag der Bundesregierung übertrumpft. In einer Rede vor dem 35. Deutschen Historikertag im Oktober 1984 in Berlin verkündete der Kanzler, die Regierung plane, Berlin zu seiner 750-Jahrfeier 1987 ein historisches Museum zu schenken. Das geplante »Forum für Geschichte und Gegenwart«, dessen mehrheitlich sozialdemokratischen Befürworter sich davon eine stärker kommunal orientierte Reihe von Ausstellungen, Seminaren oder Geschichtswerkstätten zur *oral history* versprachen, mußte dem grandiosen Nationalmuseum weichen – etwa so, als hätte man ein Projekt für ein experimentelles Theater in den Rang eines Plans für eine Staatsoper erhoben.

Kohl sah in dem Museum »eine nationale Aufgabe von europäischem Rang«, doch die Idee weckte böse Ahnungen bei den oppositionellen Sozialdemokraten, die sich bereits von der Planung für das »Haus der Geschichte« in Bonn ausgeschlossen sahen. Im Mai 1985 berief die SPD-Fraktion des Berliner Senats eine Kommission zur Erarbeitung einer Konzeption für ein »Museum für Geschichte und Kultur« in Berlin, um noch einen gewissen Einfluß auf die Planung nehmen zu können. Hans Mommsen faßte ihre Kritik und Gegenvorschläge in einem Memorandum zusammen. Darin vertrat er die Meinung, die Idee eines Forums entspreche weit eher der aktuellen deutschen Lage. Ein Museum im herkömmlichen Sinne werde einen wilhelminischen Nationalismus heraufbeschwören und stelle ein überholtes Konzept dar.

Die Initiative ging jedoch an die Sachverständigenkommission über, die vom Bundesbauminister in Bonn einberufen wurde. Zu den Sachverständigen gehörten Historiker und Politikwissenschaftler, der Verleger Wolf Jobst Siedler, einige Museumsdirektoren und als Vorsitzender der Präsident der Stiftung Preußischer Kulturbesitz, die die großen vom Deutschen Reich hinterlassenen Kunstsammlungen verwaltet. Die Delegierten, die vom ursprünglichen Berliner Arbeitsausschuß bestimmt worden waren, hielt man für zu wenig konsensfähig, doch nach einigem Hin und Her wurde die von Bonn einberufene Sachverständigenkommission erweitert und aufgefordert, bis März 1986 ein Konzept zu erarbeiten. Die SPD-Arbeitsgruppe in Berlin ließ sich nicht beschwichtigen. Mitte November veröffentlichte sie einen Bericht, in dem sie davor warnte, daß das geplante Museum trotz der Versicherungen der Sachverständigen »einem primär nationalen Geschichtsbild zur Wirkung verhelfen« könne (zit. nach H. Mommsen 1986d: S. 312).

Ende März 1986 reichte die 16köpfige Sachverständigenkommission ihr Konzept für ein »Deutsches Historisches Museum« beim Bundesbauministerium ein. Einen Monat später zur Veröffentlichung freigegeben, stellte das Konzept in erster Linie die Arbeit eines Unterausschusses aus sieben Experten dar, darunter auch zwei der ursprünglichen Planer, Hartmut Broockmann und Michael Stürmer, und ein Wortführer der gemäßigten Linken, Jürgen Kocka. So nahm es kaum wunder, daß der Bericht ein peinlich genau ausgewogenes Dokument darstellte, das vor didaktischer Beflissenheit strotzte. Es enthielt sowohl die reformistischen Forderungen nach einem kritischen Ansatz, die neue Fragen und Kritiken auslösen würden, als auch das konservative Bemühen um »Identität«:

»Das Museum ... soll zur kritischen Auseinandersetzung anregen, aber auch Identifikationsmöglichkeiten bieten. Das Museum soll vor allem den Bürgern unseres Landes helfen, sich darüber klar zu werden, wer sie als Deutsche und Europäer, als Bewohner einer Region und als Angehörige einer weltweiten Zivilisation sind, woher sie kommen, wo sie stehen und wohin sie gehen könnten. Ihnen und auch Besuchern aus anderen Ländern soll das Museum einen Überblick über die deutsche Geschichte in ihrem europäischen Zusammenhang und ihrer inneren Vielfalt geben – weder überheblich noch selbstanklägerisch, sondern nüchtern, selbstkritisch und selbstbewußt.«[97]

Welche Probleme versuchte dieser Bericht zu lösen? Zunächst einmal die Frage: Wer waren überhaupt die Deutschen? Stürmer hatte ursprünglich ein Museum für das 19. und 20. Jahrhundert vorgeschlagen, das sich auf die Schaffung und die wechselvolle Entwicklung eines deutschen Nationalstaates konzentrieren sollte. Der Bericht forderte nunmehr Exponate, die bis in die Zeit der keltischen und römischen Vorfahren zurückreichten, eigentlich jedoch mit der frühen Erwähnung von »Deutschen« im 9. Jahrhundert begannen. Welche Regionen sollten als deutsch gelten? Deutsche, so betonte der Zeithistoriker und Politikwissenschaftler Arnulf Baring (1987) in einem *Spiegel*-Interview, in dem er sich kritisch zu dem Projekt äußerte, hatten bis nach Sizilien und Nowgorod einen prägenden Einfluß ausgeübt: »Wir müssen die Erinnerung aushalten, daß wesentlich wir Deutschen den Kontinent geprägt haben, ohne expansionistischen oder imperialistischen Sehnsüchten zu verfallen.« Doch ein neues Museum in Westberlin, das Posen, Kaliningrad oder auch Wien als deutsche Städte zeigte, würde sofort laute Proteste und den Vorwurf des Revanchismus auslösen. Das Konzept hatte also mit Schwierigkeiten zu kämpfen. »Charakteristisch für die deutsche Vergangenheit sind die sich ändernden Grenzen des von Deutschen besiedelten Raums in der Mitte Europas. Charakteristisch ist auch, daß die Deutschen zumeist in einer Vielzahl von Staaten gelebt haben und daß das deutsche Siedlungsgebiet von einem Kranz aus Rand- und Mischzonen umgeben war.« Das Museum sollte daran erinnern, »daß etwa auch die Geschichte Burgunds, der Schweiz, der Niederlande und Österreichs lange Zeit zur Geschichte des Alten Reichs gehörten oder mit der deutschen Geschichte verbunden waren... Dies kann nicht im Sinn eines Anspruchs auf wiederzubelebende Zugehörigkeiten oder Abhängigkeiten geschehen ... Die Abwesenheit scharf gezogener Grenzen ... wird sowohl als Quelle von Spannungen und Konflikten, wie auch als Grundlage kulturellen Reichtums, produktiver Symbiosen und vielfältiger Ausstrahlungen sichtbar werden.« Aus naheliegenden Gründen äußerte sich das Konzept klarer über das, was nicht in die Ausstellung gehörte, als über das, was berücksichtigt werden mußte. Die Bundesrepublik Deutschland hat kein ausschließliches Geschichtsbild von sich, und als pluralistische Gesellschaft begrüßt sie rivalisierende historische Modelle. »Das Museum darf deshalb nicht versuchen, eine Botschaft zu vermitteln ... Es muß sich veränderbar und entwicklungsfähig halten – ohne allerdings in amorpher Beliebigkeit und Unverbindlichkeit zu verfließen, ohne auf Urteile und Auswahl zu verzichten. Diese Anforderungen stehen zueinander in Spannung, die aber in der konkreten Arbeit der Einrichtung des Museums weitgehend auflösbar sein wird.«[98]

Die Kommission widmete ihr Hauptaugenmerk der Umsetzung von historischen Ideen in räumlich-physikalische Arrangements. Die Berliner Sozialdemokraten hatten Wechselausstellungen befürwortet, die den jeweils aktuellen Interessen der Besucher Rechnung trügen, statt eines sofortigen und endgültigen Konzepts zur Organisation deutscher Geschichte. Die »Konzeption« machte gewisse Zugeständnisse an das Bedürfnis, einige Räume für Wechselausstellungen vorzusehen, und gelangte zu dem Schluß, während der Bauarbeiten an dem geplanten Museum genügten die Räumlichkeiten des Gropius-Baus, der später als Ausweichquartier bei besonders großen Ausstellungen genutzt werden könnte. Trotzdem forderten die Sachverständigen unmißverständlich, ein wesentlicher Teil des Museums müsse eine Dauerausstellung aufnehmen. Im Innern des Gebäudes sah der Bericht allerdings zwei unterschiedliche Ansätze vor: einen themenbezogenen, der die Sozialhistoriker zufriedenstellte, und einen chronologischen, der wohl den Traditionalisten gerecht werden sollte. 35000 Quadratmeter seien für die Ausstellung und den Orientierungsraum nötig (was etwa der Größe von sechs Fußballplätzen entspricht), und die ursprünglich bewilligten 250 Millionen DM würden wohl nicht ausreichen. Die Autoren verwiesen auf das Centre Pompidou in Paris, das fünfmal soviel gekostet hatte, aber nur dreimal soviel nutzbaren Raum bot wie das geplante Gebäude. Den physikalischen Aspekten des Museums widmete man liebevolle Aufmerksamkeit, obgleich für endgültige Planungen erst der Ausgang eines Architektenwettbewerbs abgewartet werden mußte. Dennoch ließ es sich die Kommission nicht nehmen, die Vorgaben für den Entwurf festzulegen: Die Besucher betreten die Ausstellung über einen Orientierungsraum, in dem eine große Relieflandkarte Mitteleuropas zu sehen ist; entweder begehbar unter einem Säulenumgang oder an den Wänden, auf die man die einzelnen Stufen der deutschen Siedlung vom 9. Jahrhundert bis 1946 projizieren kann. In einem kleineren Foyer werden die Besucher über den Wert der Ausstellungsstücke als historische Quellen belehrt. Derart vorbereitet gelangen sie in die einzelnen Hallen, die chronologisch geordnet bestimmte Epochen zum Thema haben: frühe Völker, Karolingerzeit und Hochmittelalter, Spätmittelalter, frühe Neuzeit (dazwischen vermutlich die Reformation), das 19. Jahrhundert bis zu den Revolutionen am Ende des Ersten Weltkriegs, die Weimarer Republik und das Dritte Reich.

Aus Besorgnis, die chronologisch angeordneten Ausstellungsräume könnten das traditionelle Verständnis der nationalen Entwicklung zu sehr betonen, befürworteten Kocka und die Sozialhistoriker »Vertiefungsräume« für die entsprechenden Entwicklungen in der Sozial-, Wirtschafts- und Kulturgeschichte. Der Vertiefungsraum für 1933, so der Vorschlag des Berichts, stellt die unterschiedlichen nationalen Reaktionen auf die Weltwirtschaftskrise und die Herausforderungen der liberalen Demokratie in der Zwischenkriegszeit dar: den Stalinismus, den italienischen Faschismus, Diktaturen in anderen Ländern und erfolgreiche liberal-demokratische Bemühungen, der Bedrohung zu begegnen. Der Vertiefungsraum für 1945 zeigt den Krieg als weltweites Phänomen und behandelt die Frage, ob die deutsche Kapitulation das Ende des deutschen Sonderwegs bedeutete. Solche Präsentationen setzen anspruchsvolle und kühne pädagogische Anstrengungen voraus. Der Bericht sagte allerdings nichts darüber, daß der Aufbau der Ausstellungen in den Vertiefungsräumen ein anderer sein würde als in den chronologisch angeordneten Räumen, denen ein anderes Geschichtsverständnis zugrundelag. Wenn es eine Chance für wirklich neue Ansätze gab, dann in den sechs großen »Themenräumen«, in denen so überdauernde menschliche Anliegen behandelt werden sollten wie Krieg und Frieden, Arbeit und Muße, das Verhältnis zwischen den Geschlechtern, Religion und Gesellschaft, Gesundheit, Krankheit und Tod und Juden in Deutschland, wobei das zuletzt genannte Thema die Geschichte früher Vorurteile, der Emanzipation und des Völkermords zurückverfolgen sollte.

Vielleicht ist eine Kommission, die von Historikern dominiert wird, nicht das optimale Forum, um ein Konzept für ein solches Museum zu erarbeiten. Wäre es nicht vielleicht besser gewesen, sich für den Anfang einfach auf die wahrscheinlich zu erwartenden Besucher einzustellen: Busladungen deutscher Schulkinder, gleich ihren amerikanischen Altersgenossen ausgelassen, ungeduldig und mit anderen Dingen beschäftigt als mit der Frage, ob eine Konföderation eine lebensfähige Alternative zu Bismarcks Kaiserreich gewesen wäre; oder Touristen, ermattet von den langen Wegen in Berlin vom Tiergarten und Zoo zur Siegessäule, zum Reichstag und zur Mauer ... und zum Museum?

Wenn man einmal einräumt, daß es in der Geschichte um alte und neue Themen, Politik und Macht, Arbeit und Hierarchie, Liebe, Geschlechterverhältnis und Familie gehen sollte, wäre es da nicht besser gewesen, die Einzelausstellungen zentraler um Schlüsselthemen des deutschen Lebens im Lauf der Jahrhunderte zu organisieren: z.B. die sieben Jahrhunderte der Zünfte oder der Reichtum und die Bedeutung der Stadtstaaten und der städtischen Kultur, bürokratische und militärische Obrigkeit, Frömmigkeit und Innerlichkeit, Rebellion der nachwachsenden Generation und romantische Gegenkultur und schließlich das Thema deutscher Expansionsträume und periodisch aufflammender Intoleranz gegenüber ethnischen Minderheiten? Stattdessen las sich der Bericht streckenweise wie die Zwischentitel in den deutschen Handbüchern für Geschichte, die seit dem 19. Jahrhundert immer und immer wieder umgeschrieben wurden. Die Verteidiger des Elaborats verwiesen entschuldigend auf den Zeitdruck, unter dem die Kommission stand. Es könnte aber auch so gewesen sein, daß die Mitglieder der Kommission zwar deutlich die Differenzen gesehen haben, die sie zu überwinden hatten, aber nicht darüber nachdachten, in wievielen Dingen sie eigentlich übereinstimmten. Die problematische Annahme, Identität sei immer historische Identität und zeitliche Abfolge sei die privilegierte Form der Vermittlung einer nationalen Kultur, war das gemeinsame Band – das möglicherweise die Originalität des Ergebnisses einschränkte.

Dort, wo die Kommission ihre Phantasie einsetzte, ging es ihr mehr um Architektur als um Kultur:

»Um einen Zentralraum, der den historischen Knotenpunkt oder das zu vertiefende historische Problem zum Thema hat, könnten weitere Räume angeordnet werden, die dem Vergleich, der rückblendenden oder vorausschauenden Reflexion, der Darstellung kontroverser Sichtweisen oder der Verknüpfung mit der außerdeutschen Geschichte gewidmet sind. Die architektonische Gestalt ist als ›Serpentine‹, ›Spirale‹, ›Wabensystem‹, als System ›Keller/Parterre/1. Stock/Speicher‹ oder ›Turm‹ denkbar.« (Sachverständigenkommission 1986: 17).

Die meisten Historiker müssen sich damit zufrieden geben, ideale Lehrpläne und -veranstaltungen zusammenzustellen. Die Kommission dagegen konnte es sich erlauben, eine räumliche Analogie zur »westlichen Zivilisation« (in ihrer germanischen Ausprägung) an den Ufern der Spree ins Auge zu fassen, samt Vertiefungs-, Epochen- und Themenräumen, gegenüber dem massigen Koloß eines ausgebrannten Reichstagsgebäudes. Unwillkürlich sieht man den Geist Albert Speers vor sich, der über diesen kollektiven Träumen schwebt und bedauert, daß es sein Schicksal war, Berlin für einen früheren Auftraggeber neu zu planen, und daß er nicht – nunmehr geläutert und postmodern – als Architekt für eine tausendjährige Geschichte des Deutschen Reiches eine Wiedergeburt erleben kann.

Die Kritik an dem Museumsprojekt kam von denen, die im Historikerstreit links standen, nicht von rechts. Wenn die Konservativen unglücklich über die Zugeständnisse an die Sozialgeschichte, an Pluralismus und kritische Reflexion waren, so schlugen sie doch kein Gegenprojekt vor. Kockas Siege für themenorientierte Teilausstellungen beruhigten nicht alle seine sozialdemokratischen Kollegen, die mit ihm einer Meinung waren. Selbst manche seiner Freunde warnten im privaten Kreise, die Neokonservativen würden dieses Projekt ihren eigenen Absichten dienlich machen. Warum sollte man überhaupt ein Museum in unmittelbarer Nähe zum Reichstag errichten, fragte Arnulf Baring (1987), da doch der Reichstag selbst schon längst zu einem Museum geworden sei? Als ein Symbol des Scheiterns – hier wurde 1918 die Weimarer Republik ausgerufen, hier wurde 1933 das verhängnisvolle Feuer gelegt, und hier ließ Ende April 1945 ein sowjetischer Soldat die rote Fahne des Siegers wehen – war der Reichstag nach Meinung Barings zweifellos als Haus der deutschen Geschichte am besten geeignet. Wenn es unbedingt ein neues Museum sein mußte, dann besser ein provisorischer Zeltbau, den man im Lauf der Zeit unterschiedlichen Bedürfnissen anpassen konnte. Die Idee, die Museen aufzuteilen, nehme dem ganzen Vorhaben seine Glaubwürdigkeit. Westberlin erhalte gnädig die Ausstellung des nationalen Scheiterns, während das Bonner »Haus der Geschichte« zu einer Propagandaschau verkomme, die von allen Interessengruppen in Anspruch genommen werde. Das ganze Projekt zeige nur zu deutlich, daß es an Mut fehlte. »Optimistische Zeiten, wie die der sozial-liberalen Epoche bis 1974, blicken nach vorne, glauben an sozial-technologische Entwürfe, an umfassende Reformen. Heute glaubt das niemand mehr... Die Zeiten sind doch eher nachdenklich...«, so Baring im Gespräch mit dem SPIEGEL.

Hatten die Meinungsverschiedenheiten rein politische Gründe? »Der Streit um das Historische Museum, so viel ist klar«, behauptete Konrad Adam in der *Frankfurter Allgemeinen Zeitung* v. 10.10.86, »ist primär keine Angelegenheit der Wissenschaft, kein Kampf zwischen Aufklärern und Obskuranten. Statt um die Wissenschaft geht es um Politik; Machtfragen stehen an, nicht Fragen der Erkenntnis.« Das stimmt teilweise. Es gab eine Trennlinie zwischen unterschiedlichen Parteipräferenzen. Der entschiedenste akademische Gegner des Projekts, Hans Mommsen, verfaßte die Kritik der SPD am Bonner Planungsverfahren. Am 2. Juli 1986 veranstaltete die Arbeitsgruppe »Kunst und Kultur« der SPD-Bundestagsfraktion eine öffentliche Anhörung in Bonn, die zu einem tagelangen Austausch von Beschuldigungen und Rechtfertigungen ausartete. Jürgen Habermas eröffnete die Debatte mit einem Angriff auf den neokonservativen Revisionismus, der eine Woche später leicht abgeändert in der *Zeit* erscheinen sollte, und schloß mit der Empfehlung, das Museumsprojekt lieber aufzugeben, als diese neokonservativen Tendenzen zu unterstützen. Mommsen warf der Sachverständigenkommission Konservativismus vor; nur eine Einzelausstellung über das Mittelalter fand Gnade vor seinen Augen. Der Bremer Senator Franke zieh Richard Löwenthal wegen dessen Mitarbeit in der Kommission der Blauäugigkeit, während ein Delegierter aus Westberlin Kocka des Opportunismus bezichtigte. Löwenthal und

Kocka wehrten sich heftig gegen diese Vorwürfe. Löwenthal, der in seiner Jugend politisch gegen die Nazis gekämpft hatte, nach London emigriert, später zurückgekehrt und schließlich das intellektuelle Sprachrohr des gemäßigten SPD-Flügels geworden war, unterstrich seine eigene Gegnerschaft zu einem neokonservativen Revisionismus. Er war jedoch überzeugt, daß das geplante Museum diesen Tendenzen entgegenarbeiten werde. Es könne jenes gesunde Geschichtsbewußtsein wieder stärken, das der deutschen Nachkriegsgeneration leider fehle. Kocka bestand darauf, daß die in den Vorschlag eingegangenen wirtschafts- und sozialgeschichtlichen Themen jeden gefährlichen Nationalismus verhindern würden, sofern die Regierung den Empfehlungen der Kommission folgte.[99]

Die Kritiker gaben sich nicht zufrieden. Mommsen (1986d: 316-320) kritisierte nach wie vor den fehlenden inneren Zusammenhang und den Traditionalismus des Projekts. Zum Teil erklärte sich der konstatierte Mangel an Zusammenhang unübersehbar aus der Notwendigkeit, die unterschiedlichen Auffassungen unter einen Hut zu bringen: Stürmer wurde das Konzept von Deutschland als Land der Mitte zugeschrieben; Kockas Einfluß zeigte sich wohl am deutlichsten in der Empfehlung des Kommissionsberichts, soziale Ungleichheit und hierarchische Gesellschaftsstruktur als immer wiederkehrende Aspekte in den chronologischen Räumen zur Geltung zu bringen. Jedenfalls kam in Kockas Mitwirkung und Mommsens Kritik die gemeinsame Überzeugung zum Ausdruck, daß dem öffentlichen Gebrauch von Geschichte ein hoher Stellenwert zukommt und daß das diffuse gemeinsame Merkmal, Deutscher zu sein, durch eine Darstellung der Vergangenheit an Konturen gewinnen kann.

Die Museumsdebatte ist noch nicht abgeschlossen. Im Herbst 1986 veranstalteten die konservative Hanns-Martin-Schleyer-Stiftung und die sozialdemokratische Friedrich-Ebert-Stiftung jeweils eigene Tagungen im Berliner Reichstag. Auf der ersten Veranstaltung erhob Michael Stürmer den Vorwurf, die Kampagne gegen das Museum sei ein diffamierender Schauprozeß. Auf der Gegenveranstaltung machte Freimut Duve, der im Jahr zuvor die SPD-Anhörungen in Bonn organisiert hatte, den Historikern, die mit der Regierung zusammengearbeitet hatten, den Vorwurf, sie hätten ihre Unabhängigkeit geopfert (Wirsing 1986). Andere Kommentatoren wie Christian Meier bezweifelten die Notwendigkeit eines derart umfangreichen Projekts (s. Seibt 1986). Die Museumsdirektoren beklagten, daß man sie bei der Planung weitgehend übergangen hatte. Wie konnte man ein so großes Museum bauen, wenn man sich noch gar nicht um eine Sammlung gekümmert hatte? Soll das Haus ein »Lesemuseum (werden) oder ein Haus, wo Geschichte erlebbar und erfahrbar wird«, fragte Frau Pohl-Wever, die Leiterin des Bremer Stadtmuseums (zit. nach Mohr 1986).

Zum Jahresende 1986 waren die Zweifel und Befürchtungen noch nicht geschwunden. Was für eine Geschichte würde in dem Museum sichtbar werden? Was für eine Identität? Welches Gewicht sollte das Dritte Reich haben? Christian Meier sagte, nach Auschwitz sei nichts mehr so wie früher, und er machte den Vorschlag, das Museum um einen zentralen Raum zu gruppieren, der der Geschichte des nationalsozialistischen Regimes, des Zweiten Weltkriegs und der Judenvernichtung gewidmet sei. Von diesem Zentrum aus könnten verschiedene Korridore den Besucher vorwärts oder rückwärts in die historische Zeit geleiten (ebd.). Die Sachverständigenkommission wollte die Geschichte der Juden in Deutschland als Teil einer langen und kummervollen Erfahrung behandelt wissen; eine eigene Ausstellung über die Geschichte der jüdischen Gemeinden, ihre Emanzipation im 19. Jahrhundert und ihre Verfolgungen wurde in Betracht gezogen. Trotzdem bestand der eigentliche Zweck des ganzen Museums zumindest für die Konservativen darin, zum Ausdruck zu bringen, daß die sogenannte Endlösung des Dritten Reiches nicht der Schlußpunkt der deutschen Geschichte sei. Ohne seine gegenwärtige apologetische, politische Zielrichtung ist dieser Standpunkt durchaus vertretbar. Christian Meiers Vision wird der deutschen Geschichte wahrscheinlich nicht gerecht und würde auch die jüdische Geschichte verfälschen. Und sie würde zweifellos eine Reaktion auslösen, die alle pädagogischen Absichten zunichte machte. Es bleibt aber zu fragen, ob die emotionslose Behandlung der Judenfrage, wie sie in der Konzeption angestrebt wird, tatsächlich die Ungeheuerlichkeit der damaligen Ereignisse vermitteln kann. Die Mitglieder der Sachverständigenkommission beschlossen, vermerkte eine Berichterstatterin, es sei am besten, dieses Verbrechen des Völkermords auf dieselbe Stufe zu stellen wie andere, leichter nachvollziehbare Maßnahmen der Nazis, während doch Deutschland – und hier zitierte sie Hannah Arendt – das moralische Gefüge der gesamten westlichen Welt erschüttert habe (Wirsing 1986).

Trotz aller Bedenken mußte es mit dem Projekt weitergehen. Die Planungen für das Berliner Museum litten unter starkem Zeitdruck: Die 750-Jahrfeiern, im Osten und im Westen der Stadt konkurrierend vorbereitet, standen bevor. Auch die Vorschläge der Architekten schufen Probleme – die Auseinandersetzungen um den Standort des Museums führten dazu, daß einige Mitglieder die Jury verließen und kein erster Preis vergeben wurde. Die Entwürfe, die auf Platz zwei und drei kamen, wurden als Grundlage für weitere Diskussionen akzeptiert, und der Senat faßte einen Beschluß über den Standort (Sack 1986). Bis zum Oktober mußte das Zaudern ein Ende haben, denn da sollte Kanzler Kohl zur formellen Grundsteinlegung anreisen. Der schließlich erreichte Konsens kam überwiegend durch die Ermüdung aller Beteiligten zustande.

Das Berliner Museumskonzept repräsentierte auch die widersprüchlichen Ansprüche Kohls und seiner Berater: Einerseits sollte das Museum den Respekt vor der deutschen Geschichte als andauernder Gegenwart fördern, andererseits sollte die Vergangenheit bewältigt werden: Indem sie die Relikte ihrer Geschichte zur Schau stellen, werden die Deutschen diese Geschichte annehmen und überwinden. Aber diese Vorstellung einer musealen Bewältigung der Vergangenheit ist eine Fehlkonzeption. Die Frage ist nicht, was die Geschichte uns lehren kann, sondern was wir aus ihr lernen wollen, stellte der Bochumer Historiker Jörn Rüsen auf dem von der Friedrich-Ebert-Stiftung veranstalteten Forum fest (Wirsing 1986). Die Vergangenheit kann man nicht bewältigen; man kann sie lediglich befragen. Das schließt die Frage nach Identität keineswegs aus. Mit Recht erwiderte Hartmut Boockmann auf kritische Einwände von links, die Idee einer historischen Identität könne man nicht in Bausch und Bogen verurteilen. Wie anders als durch das

Bewußtsein einer »Identität« könnte ein Museum jemals späteren Generationen ein Empfinden dafür vermitteln, daß sie etwas mit den Verbrechen ihrer Vorfahren im Dritten Reich zu tun haben? Entscheidend ist, welcher Begriff von Identität gemeint ist: ein passives Erfülltsein von einer mystischen Geschichte oder eine aktive Beteiligung. Identität ergibt sich aus der Übernahme von Verantwortung, ein Punkt, den Habermas im November 1986 angesprochen hatte (Boockmann 1986b; Habermas 1986b). Wie kann ein Museum an dieser staatsbürgerlichen Aufgabe gegenüber einem Publikum mitwirken, das häufig davon überzeugt ist, es sei der »Gnade der späten Geburt« teilhaftig? Es muß seinen Besuchern alternative historische Reaktionen und Deutungsmuster anbieten, statt sie vor vollendete Tatsachen zu stellen (vgl. Frei 1986).

Immerhin begann zum Jahresende 1987 dieses Mißtrauen gegenüber der anderen Partei zu schwinden. Einige Historiker, darunter Christian Meier, standen dem Vorhaben nach wie vor skeptisch gegenüber und waren enttäuscht über die lineare Darbietung der Geschichte einer Nation, akzeptierten dies jedoch als *fait accompli.* Die hohen Baukosten machten es wahrscheinlich, daß das Museum nur in einzelnen Abschnitten fertiggestellt werden konnte. Die Anfangsphase mit einer Wechselausstellung weitgehend von der Art, wie die SPD sie gefordert hatte, würde sich voraussichtlich über mehrere Jahre erstrecken.

Eine zweite Schwierigkeit könnte sich daraus ergeben, daß *zwei* Museen geplant sind. Keiner der beiden streitenden Seiten kann daran gelegen sein, den Eindruck zu erwecken, die deutsche Geschichte habe 1945 aufgehört. Zweifellos wird das Berliner Museum auch Exponate aus der Zeit nach dem Untergang des Dritten Reiches bis in die Gegenwart hinein zeigen. Dennoch hält sich der Eindruck, daß es noch immer überwiegend ein schwarz-weiß-rotes Museum sein wird, das den Aufstieg und die Exzesse des deutschen Nationalstaats zum Thema hat und den von Bonn vorgesehenen 1200 Quadratmetern den Rang eines Epilogs zuweist. Für Konservative liegt die Gefahr darin, daß die Berliner Sammlung den Eindruck erwecken könnte, alle Geschichte vor 1933 sei lediglich der Prolog zum Dritten Reich gewesen. Die Linke könnte befürchten, das Bonner »Haus der Geschichte« werde bestätigen, daß die Vergangenheit vor 1945 keine Rolle mehr spielt. Da die Politik öffentlicher Projekte in der BRD zwei Museen erforderte, ist es wichtig, daß die Teilausstellungen jedes der beiden Museen möglichst viele Brücken zwischen der Nachkriegszeit und der Zeit vor der deutschen Kapitulation schlagen.

Ein letztes Problem wird in jedem Fall bestehen bleiben. Es ist die grundsätzliche Schwierigkeit, Geschichte durch zentral gelegene Ausstellungen zu präsentieren. Schließlich ist ein Museum kein Buch: Die Besucher haben keine Zeit zur Lektüre längerer Erläuterungen. Das Museum muß große Menschenmengen unterrichten; es muß faszinieren und unterhalten, selbst wenn es Trauer und Schmerz auslöst. Auf welche Weise Dauerausstellungen der fortwährenden Veränderung des Geschichtsbewußtseins Rechnung tragen können, wird immer ein schwieriges Problem sein. In Kunstmuseen ist es leicht, Gemälde umzuhängen. Naturgeschichtliche Museen arrangieren ihre Exponate im Umfeld von Beziehungen, die auf physikalischen Strukturen oder gemeinsamen Umwelten beruhen. Aber es ist eine Sache, eine Ausstellung um – sagen wir – Gliederfüßer oder Kleinsäugetiere zu gruppieren, und eine ganz andere Sache, so schwierige Themen wie Bismarcks Kriege oder das Verführerische am Nationalsozialismus darzustellen.

Manche Nationen sind gleichsam selbst Museen; in Großbritannien zum Beispiel werden immer noch Traditionen und Altbewährtes hochgehalten, häufig in unausgesprochen politischer Absicht. Doch in Westdeutschland war das nicht möglich: Ein Staat mußte neugeschaffen, seine Städte mußten wiederaufgebaut, seine Werte neudefiniert und seine Gesellschaft mußte geöffnet werden – das alles in einem stärker leistungsorientierten Sinne als vor 1945. Das erklärt vielleicht die Sehnsucht nach Museen als Heiligtümern einer Kontinuität, die im öffentlichen Leben nicht mehr existiert.

Im Oktober 1987, als Helmut Kohl zur Grundsteinlegung nach Berlin kam, wirkten die Skeptiker resigniert und die Befürworter weniger zuversichtlich und zurückhaltender. Das Museum wird den Erwartungen wohl nicht genügen, die es geweckt hat. Möglicherweise wird es weder das Gefühl einer nationalen Identität fördern, wie das seine konservativen Fürsprecher einst im Auge hatten, noch zu einer aktiven Befragung der Vergangenheit ermutigen, wie es von der Linken angestrebt wurde. Das Museum erscheint heute nicht mehr als Treibhaus für einen öffentlichen Diskurs. Auch in diesem Sinne ist das Museumsprojekt eine Allegorie auf die allgemeineren Beschränkungen des staatsbürgerlichen Lebens. Die kritischen Fragen müssen von den Besuchern ebenso wie von den übrigen Bürgern kommen. Eine Generation hindurch haben die Westdeutschen von der Bewältigung der Vergangenheit gesprochen. Diese Vergangenheit in einer Ausstellung unterzubringen, die Erinnerung durch chronologisch angeordnete Ausstellungsstücke faßbar zu machen, stellt eine Form der Vergangenheitsbewältigung dar. Das legt freilich die Vermutung nahe, daß das Ziel möglicherweise falsch bestimmt wurde und sich jetzt nur erreichen läßt, wenn die Vergangenheit in gläsernen Schaukästen gebannt wird. Adornos Begriff einer »Aufarbeitung« der Vergangenheit bleibt eine konstruktivere Zielbestimmung, zwar anspruchsvoller, aber in ihrem Verzicht auf endgültige Ergebnisse zugleich auch praktikabler (Adorno 1959). Der Historikerstreit ist eine Mahnung, daß es unechte und echte Möglichkeiten gibt, die Vergangenheit aufzuarbeiten. Welche davon das Museum anbieten wird, muß vorläufig offenbleiben.

Es scheint mir zwar nicht sinnvoll, alle durch den Gang der Ereignisse sich neu ergebenden Aspekte nun noch nachträglich zu berücksichtigen und meine ursprünglichen Ausführungen entsprechend zu revidieren. Doch die Ereignisse der letzten Jahre in Deutschland machen doch einen kleinen Nachtrag zur Entwicklung der Museumskontroverse seit 1987 notwendig. Inzwischen ist ein eifriger und kluger Museumsdirektor ernannt, Christoph Stölzl, der sich durch eine umfangreiche Veröffentlichung *Deutsches Historisches Museum* (1988) ausgewiesen hat. Aber die Probleme der Wiedervereinigung haben die Debatte um die Museen in den Hintergrund geraten lassen. Wer an dem für den neuen Museumsbau vorgesehenen Gelände (am Spreebogen nur einige Hundert Meter von Reichstagsgebäude entfernt) vorbeikommt, findet dort zwar ein stolzes Schild: »Hier entsteht das Deutsche Historische Museum«, doch es scheint fraglicher denn je, ob der Grundstein dazu auch wirklich einmal gelegt werden wird. Nach der Entscheidung vom Juni 1991 für Berlin als Hauptstadt und Regierungssitz kommen auf die Stadt so viele Megaprojekte zu, daß die Zukunft der auszustellenden Vergangenheit erst einmal in weitere Ferne gerückt ist. Die Gegenwart hat in nächster Zeit absoluten Vorrang gegenüber der Vergangenheit.

Das (im Aufbau befindliche) Deutsche Historische Museum ist in das Gebäude eingezogen, das bisher das Ostberliner Museum für Deutsche Geschichte beherbergte, nämlich das barocke ehemalige Zeughaus Unter den Linden 1. Das Ostberliner Museum für Deutsche Geschichte ist als selbständige Institution unter diesem Namen nicht mehr existent, sondern in das Deutsche Historische Museum aufgegangen (man kann wohl auch sagen: abgewickelt worden). Der die DDR betreffende Ausstellungsraum wurde schon im Herbst 1989 geschlossen. Derzeit wird das Gebäude renoviert und Austellungsräume scheinen umgebaut zu werden. Zwar sind die dort zur Verfügung stehenden Räumlichkeiten für die geplante Dimension des Deutschen Historischen Museums zu beschränkt, aber es bleibt abzuwarten, ob dort nicht ein Provisorium entsteht, das als solches zu einer Dauereinrichtung werden könnte, obwohl die Museumsleitung nach wie vor daran festhält, mit dem von dem Architekten Rossi entworfenen Neubau ein Gebäude zu erhalten, das sich zur Ausstellung in der Konzeption eignet, mit der es angetreten ist. Immerhin ist die Zukunft des »Hauses der Geschichte der Bundesrepublik« gesichert. Das Gebäude befindet sich im Bau. Im Mittelpunkt der Ausstellung (wenn auch sicher mit Präludien und Epilogen) steht die jetzt sinnvoll abgrenzbare Phase von 1949-1989, die Zeit des geteilten Deutschland.

Die Gesamtgeschichte der Deutschen als eine Einheit zu erfassen und darzustellen, bleibt als Herausforderung bestehen, künftig jedoch ohne die kontroversen Bezüge der alten Bundesrepublik mit ihrem komplizierten und ambivalenten Verhältnis zur Idee der Nation. Sobald die Pläne für das neue Museum wieder aktuell werden, dürfte der Streit darum ein ganz normaler sein, d.h. einer, bei dem unterschiedliche politische und wirtschaftliche Interessen im Spiel sind und rivalisierende wissenschaftspolitische und ideologische

Positionen ihren Einfluß geltend machen wollen. Rückblickend erscheint die Museumskontroverse dagegen als eine Ersatzdebatte der Intellektuellen der Bonner Republik: Vor der Wiedervereinigung war das Museum Allegorie einer nicht mehr vorhandenen Nation. Mit den wohl für alle unerwartet schnell eingetretenen Entwicklungen seit 1989 indes ist das »Vaterland« wieder aus dem Museum zurück in die deutsche Gegenwart gekommen.

Geschichte als Identität

Thomas Nipperdey hat in einer Anspielung auf das berühmte Ranke-Diktum, jede Epoche sei unmittelbar zu Gott, und als Befürworter eines »Wettbewerbs der Perspektiven« auf Habermas erwidert, »alle deutsche Geschichte ist mittelbar zu Hitler. Mittelbar auch zur Bundesrepublik« (Nipperdey 1986b: 218). Nipperdey hat sicherlich recht, auch wenn manche Aspekte der deutschen Geschichte unmittelbarer zu Hitler und zur Bundesrepublik sind als andere. Der Historikerstreit geht darum, welche Aspekte dies sind. Zugleich wirft er aber auch ein weiteres Problem auf: Es steht nicht nur zur Debatte, welche Version der Vergangenheit die gültige ist, sondern auch, welche historischen Themen legitim oder einer Untersuchung wert sind. Diese Frage wird um so brennender, sobald man sich auf Geschichte als eine Quelle von Identität beruft: Jede Dimension von Identität – ob man sich einer Nation oder einer Klasse, Westeuropa oder Mitteleuropa, dem Erbe des westlichen Rationalismus oder dem des Christentums zugehörig fühlt – räumt bestimmten Themen, zuweilen selbst methodischen Ansätzen eine Vorrangstellung vor anderen ein. Die Reden des Kanzlers, die Debatte um das Deutsche Historische Museum, andere Ausstellungen, Rundfunk- und Fernsehinterviews – immer ging es darum, daß eine »deutsche« Identität etwas Problematisches ist. Sich einer nationalen Identität durch den Rückgriff auf Geschichte zu versichern, hat seit jeher bedeutet, sich den großen Erzählungen der hohen Politik zuzuwenden. In dieser Hinsicht gleicht die heutige Auseinandersetzung den Kontroversen, in denen sich seit dem berühmten Methodenstreit zum Ende des 19. Jahrhunderts die historischen Geister geschieden haben. Immer wieder ging es um die Frage, welcher Handlungsbereich den bevorzugten, den besonderen Gegenstand der Geschichte darstellt. Ranke hat nirgendwo gesagt, alle Menschen hätten dieselbe Bedeutung. Auf wessen Geschichte kommt es an?

Diese Frage hat politische Implikationen. So wie Preußen lange Zeit ein Dreiklassenwahlrecht hatte, bei dem die Stimmen der wohlhabenden Bürger mehr zählten als die der ärmeren, so hatte es letztlich auch eine Dreiklassenhistoriographie. Der Geschichte der Nationalstaaten wurde die höchste Bedeutung zuerkannt, eine Präferenz, die noch von Andreas Hillgruber geteilt wurde: »Trotz aller Bedeutung langfristiger ökonomischer Entwicklungen ... bestimmen auch im 19. und 20. Jahrhundert die Gegensätze zwischen den Groß- und Weltmächten wesentlich den Verlauf der allgemeinen Geschichte.« (1973: 533) Eine Geschichte lokaler Gemeinden, der vorpolitischen Bauernschaft oder von Stammesverbänden mochte reizvoll sein, aber sie genoß nicht den zentralen Stellenwert und das hohe Ansehen der Geschichte von Nationen. Die Erforschung von Klassenbildungen und Klassenkonflikten in neuerer Zeit war in der Regel die Domäne von Dissidenten aus der Linken und wurde als Möglichkeit der Historiographie ebenso wenig ernstgenommen wie ihre Helden von den Wählern.[100] In dieser Hinsicht erging es der Sozialgeschichte, bemerkte Eckart Kehr in den 20er Jahren, wie der sozialistischen Geschichte (Kehr 1961: 259; zit. nach Iggers 1971: 305).

Für die herausragenden preußisch-deutschen Historiker von Ranke bis Meinecke war die Schaffung und Bewahrung des Nationalstaats der große Geschichtsstoff des 19. Jahrhunderts. Jener Epochenkampf, wie Menecke ihn in seinem Werk *Weltbürgertum und Nationalstaat* (1908) dargestellt hat, erforderte in seinen Augen die fortschreitende Unterwerfung der letzten Reste universalistischer Neigungen. Für Meinecke ließ sich der Weg zum deutschen Nationalstaat am besten als eine Entfaltung des Bewußtseins verstehen, insbesondere als Emanzipation von einem einengenden Weltbürgertum. Die Deutschen mußten einsehen, daß die Nation eine individuelle Wesenheit war mit eigenen Verpflichtungen, die ihr Überleben und Gedeihen sicherten.[101] Sie mußten lernen, einen Staat unter Staaten zu bilden: Preußen war das Werkzeug in diesem Prozeß, und Rankes Geschichte und Bismarcks Staatskunst leisteten die wichtigsten Beiträge zu diesem Werk. Ohne allen Zweifel enthielt Rankes Geschichte universalistische Elemente. »Freilich, davon ist bei ihm keine Rede mehr, daß er, wie Humboldt, Fichte, Schiller und Novalis die deutsche Nation schlechthin zur geistigen Universal- und Menschheitsnation steigert. Dazu war sein Sinn und der Sinn seiner Zeit schon zu real und konkret geworden.«[102] Als Meinecke bei Ranke und Bismarck angelangt war, hatte er die Überzeugung gewonnen, daß das Werk der Befreiung aus einem behindernden Universalismus vollendet war.

Meineckes Historismus ging davon aus, daß die Nation dem Individuum analog und ihr höchstes Gesetz die Selbstentfaltung sei. Weltbürgertum und Brüderlichkeit sind hehre Ideale, doch der Konflikt zwischen den sittlichen Geboten einer einzelnen Nation und der Menschheit insgesamt ist unüberbrückbar. Nationen sind keine Glieder einer friedlichen Gemeinschaft: Sie sind kollektive Gebilde, die ihre Form im Kampf der Jahrzehnte und Jahrhunderte gefunden haben. Sofern sie in der Mehrzahl existieren, tun sie dies als potentiell kriegführende Staaten, eine bereits von Hegel formulierte Erkenntnis, die später von Carl Schmitt als das Wesen »des Politischen« formalisiert wurde.

Diese Sichtweise hatte eine methodologische Entsprechung. Ebenso wie ein universalistischer ethischer Rahmen zurückgelassen werden mußte, war auch eine Geschichtsschreibung, deren Sympathien, Urteile und Zugänge einem weltbürgerlichen Denken entsprangen, von minderem Wert. Geschichte wurde wieder als individualisierendes Forschungsprojekt und die intuitive Durchdringung einzelner Akteure als ihre charakteristische Methode bekräftigt. In der Geschichte nach allgemeinen Kausalgesetzen oder nach übergeordneten sittlichen Verpflichtungen der Nationalstaaten zu suchen, erschien unangemessen.

Meinecke war so gemäßigt, seine Version des preußisch-deutschen Historismus später zu modifizieren. Er distanzierte sich von den alldeutschen Historikern während des Ersten Weltkriegs und zeigte sich zunehmend besorgt, daß ein nationaler Individualismus, wie er in der Idee von der »Staatsräson« zum Ausdruck kam, überhandgenommen hatte. Gleichzeitig schrieb er diese Entwicklung nicht den Deutschen allein zu; sein neues Buch unterstrich die wachsende Bedeutung dieses Begriffs von der Renaissance bis zu Friedrich dem Großen. *Die Idee der Staatsräson* setzte sich nicht mehr ganz so naiv über transnationale Normen hinweg wie das ein wenig herablassende *Weltbürgertum und Nationalstaat,* das fast zwei Jahrzehnte früher erschienen war. Nach dem Zweiten Weltkrieg schließlich forderte der greise Historiker, den Geist der Aufklärung wiederzubeleben (Meinecke 1924, 1946; Iggers 1971: 263-299). Und er war nicht der einzige. Der alternde Gerhard Ritter, der Apologet eines konservativen Nationalismus, sah mit einem Mal die dunkle Seite einer preußischen Militärtradition, die ihm früher verborgen geblieben war.[103] Gleichzeitig schlugen sie jedoch bis in die 60er Jahre den Grundton ihrer Zunft an, indem sie »die deutsche Katastrophe« umfassenderen, westlichen Tendenzen zuschrieben – dem Aufstieg des Nationalismus, des Sozialismus, der durch die Massengesellschaft bewirkten Vereinzelung des Menschen – Kulturbazillen gleichsam, die in Deutschland nach dem Versailler Vertrag ein besonders anfälliges Opfer fanden. Der Nationalsozialismus erschien zuweilen lediglich als das Endresultat der Französischen Revolution; die wahre preußische Tradition hatte ihren endgültigen Ausdruck im deutschen Widerstand gefunden. Diese konservative Lesart der Epoche zwischen der Französischen Revolution und dem Ersten Weltkrieg war es, gegen die die Historiker des deutschen Sonderweges in den 60er Jahren zu Felde zogen.

Zugleich bekämpften sie die historistische Methode, die der preußischen Geschichtstraditioa zugrunde lag. In der Rückschau ist es bemerkenswert, daß Meineckes Werk von 1908 so aufregend und erneuernd gewirkt hat. Gewiß, der Versuch, die Voraussetzungen der politischen Geschichte in den Ideen aufzusuchen, machte der Beschränkung auf eine rein narrativ verfahrende Politikgeschichte ein Ende. Doch verglichen etwa mit den kollektiven Mentalitäten, die von den Franzosen unter Lucien Febvre zwischen den Kriegen untersucht wurden, oder mit den Anfängen der Sozialgeschichte, wirkt Meineckes Geistesgeschichte heute weit weniger innovativ. Zum Teil erklärt sich die damalige Faszination und Neuartigkeit des Werkes möglicherweise daher, daß es nach einer der erbittertsten Kontroversen, von der die deutsche Historiographie heimgesucht wurde, die politische Geschichte und die historistische Tradition wiederbelebte. Es war der Streit um Karl Lamprecht, einen Sozialhistoriker, der in seinen simplen Typologien und in seinen Methoden oft mißverstanden worden war. Seit Anfang der 90er Jahre des 19. Jahrhunderts erregte Lamprecht durch seine brüsken Provokationen Anstoß. Er befürwortete eine Geschichte der Gesellschaft als Ganzes ohne einseitige Betonung der Politik. Statt für nationale Ideen interessierte er sich für kulturelle Artefakte wie Ortsnamen, Siedlungsweisen und andere vermeintliche Stufen der Kulturentwicklung und postulierte so einen anthropologischen Begriff von Gesellschaft, der unterhalb der Sphäre des Politischen verblieb. Er bestand darauf, Geschichte müsse auf die Entdeckung allgemeiner Gesetze der gesellschaftlichen Entwicklung gerichtet sein, und er verwarf die Vorstellung vom privilegierten Rang einzelner Nationen. Es war die von Meinecke herausgegebene, gefürchtete *Historische Zeitschrift* – bis heute das bedeutendste Organ konservativer Historiker –, die ihre Seiten den scharfen Angriffen auf Lamprechts »Pseudopositivismus« öffnete. Und es war in gewissem Sinne Meineckes Werk, das ein Modell darstellte, durch das sich der historistische, individualisierende Ansatz triumphal erneuern konnte.[104]

Dennoch bedeutete das Programm Lamprechts eine wichtige Alternative. Seine Ursprünge lagen bei Johann Gottlieb Herder, der den deutschen Nationalismus als Ausdruck einer ethnischen und sprachlichen Gemeinschaft konzipiert hatte. Herders frühe Schrift *Auch eine Philosophie der Geschichte* (1774) konnte zusammen mit seinen späteren Arbeiten als eine Charta des anthropologischen Bewußtseins gelesen werden. Die Geschichtsauffassung Herders und nach ihm Lamprechts bot Platz für ethnische Gruppen, die nicht miteinander in Streit lebten. Das Programm Rankes und seine Kanonisierung durch Meinecke als preußisch-deutsche Tradition unterstellten, es könne keine politische Nation geben ohne internationalen Kampf, ohne die Abkehr von den weltbürgerlichen, übernationalen Normen einer früheren Epoche. Der Lamprecht-Streit wurde so erbittert geführt, weil er als Methodenstreit zugleich eine verdeckte Auseinandersetzung um die Bildung des Deutschen Reichs darstellte. Die Position Lamprechts bedeutete eine Kritik an der preußischen Geschichtstradition, an den in Berlin etablierten Historikern als Kostgängern des Hohenzollernstaates – an dem, was Meinecke als die Verbindung von Macht und Kultur verherrlichte.

Unter radikal veränderten Bedingungen übt diese Mischung aus Macht und Kultur auf die konservativen Historiker von heute wieder großen Reiz aus.[105] Für Stürmer ist die westliche Allianz die Machtgrundlage; aber um innerhalb der NATO eine Rolle zu spielen, muß das Land ein unproblematisches Bild von seiner Geschichte haben. Das erfordert nicht nur die Bewältigung der nationalsozialistischen Vergangenheit, sondern auch die Überzeugung, daß es in den drei Westzonen nach dem Krieg keine historischen Alternativen zur Bonner Republik gegeben habe. Die alte Bundesrepublik Deutschland war ein aus der Not geborenes Vaterland. Gewiß war es nur folgerichtig, daß das Deutschland von Habermas Westdeutschland ist, denn die Bindung, auf die er sich beruft, ist die an die konstitutionelle Gemeinschaft des Westens. Aber wie wäre Stürmers Version eines westdeutschen Nationalismus mit einer fortbestehenden DDR fertig geworden? Auf eingehenderes Nachfragen hätten Historiker wie Stürmer vermutlich ähnlich argumentiert wie Meinecke, als er Bismarcks »kleindeutsche« Lösung rechtfertigte – die Gründung des Deutschen Reiches unter der Führung Preußens und unter Ausschluß Österreichs –, in der dieser das staatsmännisch weise Eingehen eines nationalen Kompromisses sah: die Aufgabe einer romantischen Sehnsucht zugunsten einer realen Existenz und einer starken Position auf der internationalen Bühne. Bedeutete das die vorbehaltlose Hinnahme zweier deutscher Staaten – die praktische Konsequenz aus der sozialdemokratischen Ostpolitik, gegen die Kritiker sich gewendet haben? Oder bedeutete es den theoretischen Anspruch auf eine übergreifende deutsche nationale Gemeinschaft, wie ihn selbst Brandt und seine Nachfolger niemals aufgegeben haben? Den westdeutschen Sozialliberalen fiel es vor 1989 leichter, ohne Umschweife zu sagen, daß es in jeder absehbaren Zukunft zwei deutsche Nationen geben werde, während die westdeutschen Konservativen in der DDR letztlich ein Anhängsel sehen mußten – eine Gemeinschaft von Landsleuten, die vorübergehend außerhalb eines realen deutschen Nationalstaats lebten. Das konservative Streben nach nationaler Identität übernahm implizit die Theorie, auf deren Grundlage Westdeutschland 1949 zu einer Nation gemacht wurde. Die Mitglieder des Parlamentarischen Rates und die parlamentarischen Führer der 50er Jahre glaubten nicht, daß die Schaffung der Bundesrepublik den permanenten Ausschluß Ostdeutschlands bedeutete. Der Bundesrepublik von 1949 mochten Ostberlin, Leipzig und Dresden fehlen, aber – so wollte es der Gründungsmythos – sie würden bald wieder hinzugewonnen werden.

Die Bewohner der Westzonen hatten 1949 kaum eine Wahl: Sie konnten entweder einen Rumpfstaat ohne Autonomie oder einen Rumpfstaat mit langfristig zunehmener Autonomie haben. Um ihre Entscheidung für das letztere zu rechtfertigen, mußten die späteren politischen Führer jedoch vorgeben, der Rumpf würde vervollständigt. Vielleicht gab es später, z.B. 1952, tatsächlich Chancen zur Wiedervereinigung und Autonomie – oder auch schon 1947 –, doch das ist eine andere Frage. Konservative Historiker wie Stürmer haben jedenfalls vehement bestritten, daß solche Möglichkeiten sich jemals geboten hätten.[106]

Stürmer mißtraute offenbar der unbestimmten Sehnsucht nach einer größeren nationalen Gemeinschaft, die gelegentlich hinter der westdeutschen Anteilnahme am Schicksal der DDR zu stecken schien. Es ließ sich in der Tat schwer einschätzen, wie tief diese Sehnsüchte reichten. Einerseits hatten die Bürger der Bundesrepublik keine genauen Vorstellungen von einer wirklichen Wiedervereinigung Deutschlands. Es herrschte ein erfrischender Mangel an Interesse für das Reich. Stürmers Landsleute teilten sein Bedürfnis nach Identität nicht. Andererseits war diese gesunde Haltung teilweise durchaus gepaart mit der Trauer um eine größere deutsche Gemeinschaft und einem Interesse an dem, was jenseits der Mauer vor sich ging. Das war der Grund, warum es in Westdeutschland zwei unterschiedliche Gemütszustände gab: das freie, unbeschwerte Gefühl, zum Westen zu gehören, wobei die Grenzen der nationalen Gemeinschaft fraglos die der BRD sind, und andererseits ein Restpotential für eine nostalgische Wiedervereinigung.

Die Gemeinschaft der konservativen Historiker hatte wohl gehofft, diese vage westdeutsche Identität zu einer stärker geschichtsgesättigten Identität ummünzen zu können. Welche Rolle wäre einem westdeutschen Nationalstaat angemessen gewesen? Zwei Visionen lagen hier miteinander in dramatischem Wettstreit: einmal die Vorstellung von einer Nation als Mitglied in der Habermasschen Gemeinschaft liberaler Demokratien, zum andern die von einem zuverlässigen Partner in Stürmers Westbündnis. Beide Rollen warfen für ihre Verfechter bestimmte Widersprüche auf. Habermas ist zuweilen nicht ganz wohl bei dem Gedanken, daß die Gemeinschaft liberaler Demokratien zugleich auch ein Militärbündnis ist. Auf der anderen Seite akzeptierten die Anhänger einer traditionellen Vorstellung von nationaler Identität zweifellos die NATO, rieben sich jedoch immer wieder daran, daß die Bundesrepublik Deutschland weniger Autonomie genoß als ihre großen Verbündeten Frankreich und England, ganz zu schweigen von den Vereinigten Staaten.

Die meisten Historiker jedoch konnten mit dem mehrdeutigen Zustand der Bundesrepublik leben. Für sie war er durchaus nichts historisch Neues. Einen vereinigten deutschen Staat hat es bislang nur von 1871 bis 1945 gegeben, und selbst in dieser Zeit blieb eine große Zahl deutschsprechender Bevölkerungsteile ausgeschlossen. Die Lage der Historiker hat ebenfalls ihre historiographischen Vorläufer: Die sensibelsten ihrer akademischen Vorfahren empfanden stets die Spannung zwischen nationaler Individuierung und umfassenderen, nationenübergreifenden Entwicklungstendenzen. In dieser Hinsicht war der wohl bedeutendste Vorläufer Otto Hintze, der akribische Erforscher des preußischen bürokratischen Staates, der nach dem Ersten Weltkrieg sein Interessengebiet von detaillierten Untersuchungen über merkantile Wirtschaftspolitik erweiterte und breit angelegte Essays über die Ursprünge des westlichen Parlamentarismus schrieb. Diese suchte er im feudalen Staat mit seinen »Ordnungen«, die despotischen Tendenzen entgegenwirkten. Deutschland teilte diese Entwicklung mit England und Frankreich und hatte somit eine westliche und eine liberale geschichtliche Berufung. Gleichzeitig suchte Hintze zwischen unterschiedlichen Methoden zu vermitteln, indem er einerseits an der historischen Hervorhebung einzigartiger Entwicklungen festhielt und andererseits die Erkenntnisse aus der Bildung von Idealtypen nach Max Weber anwendete, um zu Vergleichen und Verallgemeinerungen zu gelangen. Er wollte beide Ansätze miteinander versöhnen, indem er vergleichbare Prozesse wie die Entwicklung von Feudalstaaten und die Ursprünge des Konstitutionalismus als übernationale und dennoch singhuläre historische Gestalten untersuchte (vgl. Kocka 1973; Gilbert 1975).

Hintze war kein Liberaler. Aber die deutsche Niederlage von 1918 machte diesen »stolze(n), ehrliche(n), phrasenlose(n), einwandfreie(n) Imperialist(en)« fast zu einem Sozialdemokraten (Kehr 1964: 259 f.). Zum Teil wegen dieses Persönlichkeitswandels, zum Teil auch wegen seines Versuchs, Webersche Ansätze in seine Arbeit aufzunehmen, hat er zwar nicht bei Stürmer und Hillgruber, dafür jedoch bei den Bielefelder Historikern Kocka und Wehler starkes Interesse geweckt. Sie haben sogar Hintzes vertiefte Beschäftigung mit Weber wiederaufgenommen, doch während der alte preußische Historiker sich den großen Weberschen Themen wie Bürokratisierung, Rationalisierung und Typologie der Herrschaft von rechts näherte, erfolgte diese Annäherung bei Kocka und Wehler von links.

In Wehlers (1987) voluminöser neuer Geschichte der deutschen Gesellschaft – das Gegenstück zu Nipperdeys Buch – wurde das frühere Interesse am Primat der Innenpolitik beträchtlich weiterentwickelt. Wehler gruppiert seine Arbeit ausdrücklich nach drei autonomen Entwicklungsdimensionen, die er Weber entlehnt hat: Wirtschaft, politische Herrschaft und Kultur. Er lehnt es ab, die auf Hegel und Marx zurückgehende Konstruktion einer Trennung zwischen Staat und bürgerlicher Gesellschaft zu übernehmen, bei der Veränderungen in der letzteren die Triebkraft für die Weiterentwicklung beider Bereiche darstellen. Was Wehler dennoch Marx zu verdanken hat, wird an seiner vierten Analyseebene sichtbar, der der »sozialen Ungleichheit«, die als das weitestreichende Resultat der Wechselwirkungen zwischen den drei anderen Dimensionen begriffen wird (ebd.: 6-12). Für Wehler ist die Dauerhaftigkeit struktureller sozialer Ungleichheit »vielleicht die Hauptfrage jeder historischen Sozialforschung, jeder Stratifikationsanalyse, jeder Sozialgeschichte... Ihr Gewicht in der Politik kann schwerlich überschätzt werden« (ebd.: 16). Alle Geschichte enthält zumindest die Geschichte des Klassenkampfs. Aber Marx überstrahlt nicht mehr alle anderen Gestirne am Firmament der Historiographie.

Was die Zunft der deutschen Historiker in ihrer Gesamtheit durchaus von Hintze übernehmen könnte, ist seine hart erkämpfte Erkenntnis, daß jede deutsche Geschichte nur als Teil einer umfassenderen europäischen Entwicklung begriffen werden kann und daß jeder ernsthafte Zugang zu historischer Forschung sozialwissenschaftliche Methoden einbeziehen muß. Während ein einseitiger Historismus zu Beginn unseres Jahrhunderts Deutschland als Sieger schilderte, erliegt heute ein einseitiger Neohistorismus leicht der Gefahr, Deutschland als Opfer darzustellen. Wenn es eine positive und nicht nur passive historische Identität geben soll, die auf die Verhältnisse in der Bundesrepublik Deutschland zugeschnitten ist, dann als ein Bestandteil eines übernationalen westlichen Wertesystems.

Welcher Art also soll die Option für den Westen sein: die westliche Allianz aus traditionellen Nationalstaaten, im Einklang mit ihrer eigenen Geschichte (die Option Stürmers und der Neokonservativen), die westliche Gemeinschaft liberaler Werte (Habermas' Gemeinschaft einer posttraditionalen Identität) oder eine Gemeinschaft von Wohlfahrtsstaaten, wie sie nach 1945 unter dem Druck der organisierten Arbeiterschaft und der Sozialdemokratie in einigen westlichen Ländern entstanden sind? Obgleich diese Optionen alle drei von einem westlichen Rahmen ausgehen, beruht jede auf einer anderen Vorstellung von deutscher nationaler Identität.

Die Erinnerung ist ganz sicher eine Vorbedingung von Identität, die auf einem Bewußtsein der Kontinuität im Verlauf der Zeit beruht. Der Hunger nach Erinnerung war ein bemerkenswertes kulturelles Charakteristikum des letzten Jahrzehnts. Er liegt dem Interesse an einer »Alltagsgeschichte« zugrunde, dem Zwang, sich noch einmal in die schmerzhaften Episoden der Vergangenheit zurückzuversetzen, Filmen und TV-Serien wie *Holocaust, Shoah* oder *Heimat* und dem Museumsboom. Die Erinnerung ist zwar noch nicht das Tor zur Vergangenheit geworden, aber immerhin zum würdigen Gegenstand der Kontemplation, den man heraufbeschwören und analytisch untersuchen kann. In der Erinnerung vermischen sich – wie etwa in den anrührenden Memoiren Saul Friedländers (1979) – öffentliche und private Sphäre. Wie eine Verdische Arie der Entsagung vor dem Hintergrund eines Krieges oder einer Rebellion schmilzt sie gewaltige historische Ereignisse mit dem innersten Bewußtsein zusammen. Manche fühlen sich von der Erinnerung überwältigt und niedergedrückt, während andere, die vielleicht weniger von ihr gezeichnet sind, süchtig danach werden und eine Melancholie wie im Zeitalter der Romantik empfinden.

Warum diese selbstreflexive Sehnsucht gerade zu diesem Zeitpunkt mit solcher Macht aufgetreten ist, können wir nicht sagen. Liegt es daran, daß sich die sozialreformerischen Programme der vorhergehenden Generation erschöpft haben, oder einfach nur daran, daß die Kräfte, die die Erinnerung von uns fernhalten, schließlich nachlassen, ein halbes Leben, nachdem das Entsetzliche geschehen ist? Geschichte aber geht über die Erinnerung hinaus; und Identität läßt sich auch nicht allein über Geschichte definieren. Ein Teil der Probleme des Historikerstreits rührte aus einer unreflektierten Überzeugung, Identität lasse sich auf Geschichte reduzieren, oder anders gesagt, alles, was wir über Identität wissen, verdankten wir allein dem Handwerk des Historikers. Bei Konservativen beschwört der Begriff der Identität zuweilen die Vorstellung einer Ganzheit herauf, wie sie in der Weimarer Zeit von den »konservativen Revolutionären« als Schlagwort benutzt wurde. Weder Stürmer noch Nolte teilen die nostalgische Sehnsucht dieser früheren, destruktiven Reaktionäre. Dennoch läßt das Thema der Unvollständigkeit, der Zerrissenheit (im historischen wie im geographischen Sinne), zerstörerischer Spaltungen, die überwunden werden müssen (»Schuldbesessenheit«), solche früheren Sehnsüchte anklingen.

Gegen die Forderung, daß Geschichte identitätsstiftend wirken solle, wurden zahlreiche Einwände erhoben. Es sei nicht die Sache des Historikers, so haben Karl Dietrich Bracher und andere vorgebracht, Identität herzustellen (Bracher 1986a; Jeismann 1986). Jürgen Kocka (1986c) meinte, das Identitätsprinzip stehe den Prinzipien einer wissenschaftlichen Geschichte, einer historischen Forschung diametral entgegen, der mehr daran gelegen sein müsse, Identität aufzulösen statt herzustellen. Autoren, die der Linken nahestehen, haben »Emanzipation« als Ziel jeder Geschichtsschreibung postuliert – eine Forderung, der Habermas und Wehler beipflichten würden.[107] Habermas erwartet die Auflösung kollektiver Mythen von der Geschichte, sucht aber andererseits nach einem brauchbaren Konzept nationaler Identität. »Nur die narrative Konstruktion eines auf das eigene Kollektiv zugeschnittenen sinnhaften Geschehens«, schreibt Habermas (1987a), biete »handlungsorientierende Zukunftsperspektiven«. Derselbe Gedanke liegt der Vorstellung der Regierung Kohl zugrunde, aus der Geschichte deutsches Selbstbewußtsein ziehen zu können, ganz wie man Wein aus Trauben zieht. Geschichte dient nicht nur als Orientierung für die Politik, schreibt Hagen Schulze (1987: 12), sondern sie sagt den Deutschen auch, wer sie sind:

> »Es geht darum, was der deutsche Nationalstaat ist, und die Antwort auf diese Frage kann sich nur aus der Geschichte ergeben: Nur weil es von 1871 bis 1945 einen bestimmten deutschen Nationalstaat gegeben hat, können wir heute sagen, was dieser deutsche Nationalstaat ist und was er nicht ist. Der Nutzen der Geschichte für die Gegenwart besteht in diesem Fall also darin, Klarheit über eine Identität zu schaffen... Wenn jemand aufgefordert wird, mitzuteilen, wer er sei, dann genügt es nicht, wenn er über sein gegenwärtiges Wesen Auskunft gibt ... Unsere Identität ist erst dann zureichend geklärt, wenn unsere Geschichte bekannt ist; wir sind, was wir geworden sind.« (1987: 12)

Historiker finden eine solche Annahme natürlich schmeichelhaft, sie ist aber höchst problematisch. Der Begriff einer persönlichen Identität setzt ein individuelles Bewußtsein voraus, das psychologisch in bestimmter Weise integriert ist und mit dem Tod zu bestehen aufhört. Eine nationale Identität kann bestenfalls eine Analogie sein.[108] Das analoge Element beinhaltet ein Andauern in der Zeit. In beiden Fällen scheint die Erinnerung (oder eine Geschichte) einen Großteil der Identität auszumachen, so daß die individuelle oder kollektive Person nicht in jedem Augenblick neu geschaffen werden muß. In diesem Sinne sind wir das, was wir geworden sind. Aber mit der Aussage, eine Nation sei nichts anderes als das, was sie geworden ist, wird unterstellt, Identität sei eine Art Sediment, das sich im Lauf der Geschichte abgelagert hat. In diesem Fall würde die heutige deutsche Identität aus der deutschen Identität zu irgendeinem früheren Zeitpunkt sowie allen Elementen bestehen, die seitdem an Ablagerungen hinzugekommen sind. Die heutige deutsche Identität wäre also die Identität von 1945, angereichert durch die Auswirkungen der seit damals eingetretenen Veränderungen, die deutsche Identität von 1945 wiederum die von 1933 samt der Einflüsse der dazwischenliegenden Ereignisse.

Der entscheidende Punkt dabei ist, daß der Beobachter einer nationalen Kultur von bestimmten anfänglichen oder zugrundeliegenden Eigenschaften ausgehen muß. Jeder sinnvolle Begriff einer nationalen Identität muß eine bereits bestehende Komponente postulieren, die allein durch außerhistorische Variablen beschrieben werden darf. Wir müssen also die Geschichte kennen, um etwas über Identität auszusagen, aber die Geschichte allein genügt nicht. Genügte sie, würden die einzelnen Länder sich in ausgefahrenen Geleisen bewegen, und die Bahnen der historischen Entwicklung wären vorhersehbar. Wie jedoch gerade die deutsche Geschichte lehrt, läßt das Verhalten von Nationen Raum für unerwartete Wendungen und Wahnwitz, entsetzliche (und ausgleichende) Möglichkeiten jenseits dessen, worauf wir aufgrund unseres historischen Wissens gefaßt sein können. Wogegen der zitierte Historiker Schulze einwenden könnte, wenn wir noch mehr wüßten, wären wir weniger unvorbereitet. Einverstanden, aber unser Wissen kann niemals erschöpfend sein.

Leider haben es viele Historiker, die sich an der seinerzeitigen Debatte beteiligten, offenbar als selbstverständlich hingenommen, daß nationale Identität nicht mehr und nicht weniger sei als das Produkt der nationalen Geschichte. Zumindest haben sie nicht explizit die Frage gestellt, wie sich Identität anders auffassen ließe. Für den amerikanischen Leser ist das erstaunlich, weil fast alle Diskussionen über die US-amerikanische Identität sich um die Frage nach dem Nationalcharakter oder der amerikanischen Persönlichkeit drehen. In der Regel geben sie Antwort auf die Frage von Crèvecœur: »Wer ist dieser Amerikaner, dieser neue Mensch?« (vgl. z.B. Lipset 1963). Warum liegt so viel an einem so abstrakten Problem? Selbstverständlich, solange Identität nur aus den Sedimenten nationaler Erfahrung besteht, so lange läßt sie sich theoretisch durch genügend tiefe historische Schürfarbeit zutage fördern. Wenn zu ihr jedoch ein bereits existierender Charakter gehört, der auf vorgegebene Bedingungen einwirkt, und wenn sie deshalb auch von außerhistorischen Wissenschaften erschlossen werden muß, dann können die auf die Geschichte gerichteten Erwartungen nur enttäuscht werden.

Habermas erzwang zweimal während des Historikerstreits eine Erörterung des Identitätsbegriffs, vor allem in seinem Plädoyer für einen Verfassungspatriotismus und eine posttraditionale Identität (Habermas 1986a, 1987c). Aber eine nationale Identität von der Art, wie sie ihm vorschwebte, erschien selbst vielen seiner Freunde wenig zwingend. Sie überzeugte nicht als eine psychologische Beschreibung dessen, worum es ging, und konnte nicht einmal ein Mindestmaß an Loyalität gewährleisten.[109] Mit diesen Einwänden vor Augen hat Habermas das Thema vor einem dänischen Auditorium noch einmal aufgegriffen (1987a: 166). Er bezeichnete das historische Bewußtsein als das »Medium« des Selbstbewußtseins einer Nation. »Um eine kollektive Identität formen und tragen zu können, muß der sprachlich-kulturelle Lebenszusammenhang auf eine sinnstiftende Weise vergegenwärtigt werden.« Zwei Elemente sind in dieses historische Bemühen eingegangen: Die erste war die narrative Konstruktion einer sinnvollen Vergangenheit – und in dieser Hinsicht erinnerte Habermas' Formulierung an das Konzept Stürmers. Zugleich mußte freilich der kritische Historiker der sozialintegrativen Funktion widerstehen, die durch den Nationalstaat von ihm gefordert wurde.[110] Insgesamt gesehen bot sich eine kritische Geschichtsforschung nicht zu einer Herstellung von Identität an – es sei denn, es handelte sich um eine von Habermas so bezeichnete »posttraditionale« Identität, eine rationale Verpflichtung auf die liberale politische Gemeinschaft des Westens.

Habermas begnügte sich (zu Recht) nicht mit diesem oberflächlichen Zusammenhang zwischen einer evozierenden, sinnstiftenden Historiographie und einer nationalen Identität alter Prägung auf der einen Seite und einer kritischen Geschichte und einer posttraditionalen Identität auf der anderen. Offenbar in einer Reaktion auf die Kritik an seinen Formulierungen hat er versucht, in seinen Begriff einer posttraditionalen Identität zwei weitere Elemente aufzunehmen. Diese hat mehr zum Inhalt als einen bloßen Verfassungspatriotismus. Sie muß an ein Gefühl gemeinsamer Bindungen appellieren, das über die rationale Zustimmung zu normativen Sätzen hinausgeht. »Jede Identität, die die Zugehörigkeit zu einem Kollektiv begründet und die Menge der Situationen umschreibt, in denen die Angehörigen in einem emphatischen Sinne ›Wir‹ sagen können, scheint doch als etwas Unbefragtes aller Reflexion entzogen bleiben zu müssen.« (Habermas 1987a: 171) Auch eine posttraditionale Identität stützt sich offenbar noch auf eine gewisse Loyalität im traditionellen Sinne. Sie nimmt das Gefühl ebenso in Anspruch wie den Verstand.

Doch wie rechtfertigt Habermas diese Position? Zweifellos mit Blick auf seine dänischen Zuhörer schlug er das Modell einer absoluten moralischen Wahl vor, das Kierkegaard in *Entweder-Oder* ausgeführt hat. Kierkegaards Wahl ist mehr als eine rationale Bekräftigung; ebenso wie die Konversion bei Augustinus gehört zu ihr eine Verpflichtung, die das Selbst verändert, seine Identität umgestaltet und seiner Geschichte retrospektiv einen Sinn verleiht. Ähnlich der posttraditionalen Identität mit ihrer Entscheidung für eine Gemeinschaft mit einem liberalen Wertesystem hätte auch Kierkegaards neues Selbst im traditionellen Nationalstaat keine Heimat gefunden. Trotzdem schloß Kierkegaards moralische Innerlichkeit ein soziales und staatsbürgerliches Engagement nicht aus. In ähnlicher Weise erfordert eine posttraditionale Identität die Anerkennung menschlicher Lebenszusammenhänge und menschlicher Gemeinschaft. An diesem Punkt erweitert Habermas – und verteidigt unausgesprochen – noch einmal das Konzept der »Lebensform«, das er in seinem zweiten Beitrag für *Die Zeit* herangezogen hatte. Dort (1986c) hatte er geschrieben, die überdauernden »Lebensformen« oder Gemeinschaften (Nation, Familie usw.), in die die Deutschen hineingeboren wurden und in denen sie aufgewachsen sind, rechtfertigten eine gewisse historische Haftung der Nachgeborenen für die nationalsozialistische Vergangenheit. Wie, so wurde er gefragt, verträgt sich diese fast Burkesche Bindung an eine generationenübergreifende historische Gemeinschaft mit der streng rationalistischen Begründung eines Verfassungspatriotismus? Habermas' Antwort in seiner Rede in Dänemark ist offenbar die, daß selbst eine posttraditionale Identität in einem Geflecht traditionaler Loyalitäten verankert sein muß, daß dieses Netzwerk kultureller Verbindlichkeiten sich jedoch aus dem Zusammenhang einer nationalstaatlichen Politik gelöst hat.

Im Prozeß einer stärkeren Differenzierung von Kultur und staatlicher Politik

> »werden die Identifikationen mit eigenen Lebensformen und Überlieferungen überlagert von einem abstrakter gewordenen Patriotismus, der sich nicht mehr auf das konkrete Ganze einer Nation, sondern auf abstrakte Verfahren und Prinzipien bezieht ... Die verfassungspatriotische Bindung an diese Prinzipien muß sich freilich aus dem konsonanten Erbe kultureller Überlieferungen speisen. Immer noch prägen die nationalen Überlieferungen eine Lebensform mit privilegiertem Stellenwert, wenn auch nur eine in einer Hierarchie von Lebensformen verschiedener Reichweite.« (Habermas 1987a: 173)

Bedeutet diese Position die geglückte Überwindung einer zunächst scheinbaren Unvereinbarkeit zwischen den Loyalitäten des Verstandes und der Verfassung des Herzens – zwischen einer Verpflichtung auf übernationale, liberale Werte und der kollektiven Identität, wie sie von traditionellen Gesellschaften erzeugt wird? Offenbar rechtfertigt nur eine Identität der letzteren Art das Verlangen, die Deutschen von heute müßten eine nationale Verantwortung für die nationalsozialistischen Verbrechen übernehmen. Habermas scheint zutiefst von der Furcht durchdrungen, daß eine nationale Identität nichts anderes als reaktionär oder aggressiv sein könne. Deshalb kann er sich nicht vorstellen, daß ein Nationalstaat auch den Rahmen für Verantwortung und Reformen liefert. Folglich appelliert er gleichzeitig an vorpolitische Loyalitäten gegenüber Familie, Berufsständen und Heimatgemeinde und an eine übernationale Bindung an eine auf westliche Werte verpflichtete Staatengemeinschaft. Auf die eine oder andere Weise muß der Zustand, Deutscher zu sein, zwischen Heimat und Verfassung aufgeteilt werden, zwischen zwei Ebenen der Bindung, die zugleich emotional und rational sind. Aber läßt sich der emotionale Halt von Habermas' »Lebensformen« auf eine derart instrumentelle Rolle beschränken? Sind diese Gemeinschaften im vorliegenden Zusammenhang wirklich nicht mehr als ein Nährboden für einen Verfassungspatriotismus? Ein solcher Ansatz wird letzten Endes möglicherweise schwächere Garantien gegen eine Deformation des Nationalismus bieten als der Versuch, die vielfältigen Loyalitäten und Potentiale eines Nationalstaats zu akzeptieren.

Bei alledem bleibt jedoch Habermas' Position immer noch fruchtbar und anregend und wurde mehr als jeder andere Beitrag zu der Kontroverse aufgegriffen und erörtert. Sie stützt sich auf den Dualismus jeder gesellschaftlichen Ordnung – als Lebenswelt und als Zweckgemeinschaft –, wie Habermas ihn in seiner *Theorie des kommunikativen Handelns* ausgeführt hat. Ein für US-amerikanische Liberale keineswegs uninteressanter Aspekt war Habermas' allmählicher Verzicht auf dialektische Synthesen zugunsten neukantianischer Antinomien.[111] Angesichts neokonservativer Ideen (vielleicht sogar schon seit der früheren Konfrontation mit der studentischen Linken) und des postmodernen Mißtrauens gegenüber einer »fortschrittlichen« Politik hat er sich stärker dem Liberalismus angenähert. Für ihn ist der Historikerstreit – und er selbst hat dazu beigetragen – Bestandteil einer umfassenderen Debatte über die politische Kultur der Bundesrepublik.

Expliziter als die anderen Teilnehmer der Debatte hat Habermas die Probleme benannt, die von den meisten Historikern auf beiden Seiten gar nicht als solche gesehen wurden: In welcher Weise ist Geschichte eigentlich für eine kollektive Identität konstitutiv? Steht eine analytische Geschichtsschreibung mit ihren zwangsläufig kritischen Fragen an die Vergangenheit nicht immer in einem gewissen Spannungsverhältnis zu einer nationalen Identität? Müßte eine Geschichtsschreibung, die versuchte, Identität herzustellen, nicht vor allem mittels atmosphärischer Schilderungen Stimmungen und »Gefühle« hervorzurufen sich bemühen – teils durch stilistische Gewähltheit, teils durch die Anhäufung malerischer Details, die eine intime Vertrautheit mit dem Gegenstand suggeriert?

Wenn aus staatsbürgerlichen Gründen beim einzelnen ein Verständnis für gesellschaftliche Werte, kollektive Sehnsüchte und gestaltende nationale Erfahrungen geweckt werden soll, dann ist eine narrative Geschichtsschreibung hierzu nur ein Werkzeug von vielen. Die Analyse von Mythen, Verwandtschaftssystemen, Marktbeziehungen, Sprache und Kunst hat möglicherweise nicht dasselbe seelische Identitätsgefühl zum Ergebnis, aber sie trägt dazu bei, ein geordnetes Bewußtsein von Werten und gesellschaftlichen Strukturen zu entwickeln. Um diese Strukturbeziehungen zu verstehen, bedient sich der Sozialwissenschaftler mit Recht der Geschichte als einer von mehreren Methoden. Die der Geschichte kann zu diesen anderen, sozialwissenschaftlichen Methoden in einem Spannungsverhältnis stehen, die sich ihre Forschungsresultate zunutze machen, aber deren Konzentration auf das Besondere zu überwinden trachten. An dieser Stelle ist an Claude Lévi-Strauss' Zurückweisung von Sartres Ansprüchen an die Geschichte in seiner *Kritik der dialektischen Vernunft* zu erinnern. Die Geschichte, insistiert Lévi-Strauss, verschafft nur ein falsches Gefühl von Identität: »Es genügt also, daß die Geschichte sich zeitlich von uns entfernt oder daß wir uns im Denken von ihr entfernen, und schon ist sie nicht mehr interiorisierbar und verliert ihre Intelligibilität, eine Illusion, die mit einer vorübergehenden Intelligibilität zusammenhängt.« (1968: 294) Die Geschichtsschreibung bleibt in ihrer Bruchstückhaftigkeit und einem westlichen Verständnis von Intelligibilität befangen:

»Unter den zeitgenössischen Philosophen ist Sartre sicherlich nicht der einzige, der die Geschichtswissenschaft auf Kosten der anderen Wissenschaften aufwertet und sich von ihr fast eine mythische Vorstellung macht. Der Ethnologe hat Achtung vor der Geschichtswissenschaft, aber er räumt ihr keinen bevorzugten Platz ein...

... Wir meinen, daß das letzte Ziel der Wissenschaften vom Menschen nicht das ist, den Menschen zu konstituieren, sondern das, ihn aufzulösen. Der eminente Wert der Ethnologie liegt darin, daß sie der ersten Etappe eines Vorgehens entspricht, der weitere folgen: hinter der empirischen Vielfalt menschlicher Gesellschaften will die ethnologische Analyse Invarianten ermitteln.« (Ebd. 294 f. u. 284)

Lévi-Strauss mißtraut dem Historismus und erstrebt eine Anwendung wissenschaftlicher Erkenntnisse von einem Standpunkt außerhalb der untersuchten Gemeinschaft. Er behauptet sogar, selbst Max Webers Methode der Bildung von Idealtypen sei zu subjektiv und zu kulturgebunden. Kann der Historiker kollektive Identitäten rekonstruieren, die weniger stark erlebnis- und subjektivitätsabhängig sind? Die Antwort fällt wahrscheinlich negativ aus – zumindest als Historiker kann er es nicht. Die Modelle eines »Nationalcharakters« zum Beispiel können historische Bedingungen unterstellen, aber sie arbeiten mit sozialpsychologischen oder anthropologischen Variablen, um historische Ergebnisse nahezulegen. Jedenfalls begegnet man ihnen zumeist zurückhaltend, da sie – vor allem gegenüber den Deutschen – viel zu leichtfertig angewandt wurden. Die Deutschen waren angeblich autoritätshörig; sie fürchteten sich davor, selbständig zu sein, waren über ihren gesellschaftlichen Status unsicher ... Verallgemeinerungen, die im konkreten Einzelfall nichts erklären, da sie für alle Resultate eine Erklärung parat haben wollen, auch wenn diese einander widersprechen. Wenn wir jedoch eine kollektive Identität näher bestimmen wollen, dann müssen wir auch Kulturmuster berücksichtigen, die nicht notwendig historisch sind.

Strukturierter Dezisionismus

Ich möchte einige Merkmale vorschlagen, die jede Erörterung einer deutschen Identität berücksichtigen muß. Sie bilden kein historisches Paradigma, denn sie bleiben zeitlos. Ausschlaggebend für ein Verständnis deutscher Werte und Institutionen ist eine Art strukturierter »Dezisionismus«, der ebenso rational wie desperat ist. Desperat insofern, als mit Dezisionismus das Aufzwingen eines politischen Willens gemeint ist, der sich letztlich über rationale Argumente und das sorgfältige Abwägen von Alternativen hinwegsetzt.

Deutsche Gesellschaftstheoretiker der Rechten (Carl Schmitt) wie der Linken (Kirchheimer, Habermas) haben sich wiederholt mit dem Wesen derartiger dezisionistischer Akte auseinandergesetzt.

Es war wohl nicht nur dem dänischen Publikum zuzuschreiben, wenn Habermas in Kopenhagen sich auf den Dezisionismus Kierkegaards als Analogie zu einer Verpflichtung auf staatsbürgerliche Werte berief. Und es ist kein Zufall, wenn auch er dezisionistischen Philosophien mißtrauisch gegenübersteht, die in seinen Augen das Irrationale und Gefühlsbetonte glorifizieren. Vor fast 20 Jahren verurteilte Habermas die studentische Linke wegen ihrer politischen Romantik; konsequenterweise mißtraut er auch den nietzscheanischen Anklängen, die sich bei postmodernen Autoren wiederfinden. Und schließlich steht er dem Erbe Max Webers zwiespältiger gegenüber als die Historiker; denn Weber selbst steht exemplarisch für die Ambivalenzen des Dezisionismus: Auf der einen Seite blieb er der Wortführer eines Rationalismus, auf der anderen bedauerte er immer wieder die Entzauberung der Welt und versuchte, einen früheren Vitalismus zurückzugewinnen. Bei Weber muß der Sozialwissenschaftler seine Forschung auf der Grundlage einer solchen vorrationalen Entscheidung ausrichten. Gute politische Systeme lassen nach Weber Raum für politische Persönlichkeiten, die zu einer entschlossenen Führung fähig sind. Solche Systeme lassen außerdem ein direktes plebiszitäres Element zu, das eine ansonsten passive Staatsbürgerschaft zwingt, ihren Willen zur Geltung zu bringen. Von seiner Antrittsvorlesung im Jahr 1892, in der das Bedauern darüber anklingt, daß nach Bismarck keine großen Entscheidungen mehr zu treffen seien, über sein methodologisches Bestehen auf Subjektivität bis zu seinem Vortrag »Politik als Beruf« aus dem Jahr 1919 bleibt seine dezisionistische Sehnsucht ein immer wiederkehrendes Motiv. Auch Habermas selbst ist nicht immun gegen diesen Unterton, der ihn an Weber so befremdet. Noch in seiner Kopenhagener Dankrede kann er nicht umhin, für die posttraditionale Identität ein dezisionistisches Element zu postulieren – der Tribut, den die Vernunft dem Vorrationalen zollt (vgl. Benhabib 1986: bes. 255-263)!

Aber nicht nur Denker zeigen diesen Hang zum Dezisionismus.

Die Politik Bismarcks in den Jahren 1862, 1866, 1870, 1878 und 1887 gründete sich auf die Bereitschaft, auf die Kraft der Persönlichkeit oder auf den Krieg zu wetten. Seine Verachtung für die Liberalen rührte aus dem Umstand, daß das Parlament vor dieser Wette um Leben oder Tod geschützt war. Andererseits läßt sich die Politik Bethmann-Hollwegs als dezisionistische Verzweiflung beschreiben, da der Kanzler dem Gefühl erlag, hilflos dem Druck ausgesetzt zu sein, der von allen Seiten auf ihn ausgeübt wurde und schließlich zum Krieg führte. Die Haltung Bethmanns war ein aus der Not geborener Dezisionismus. Und der politische Stil Hitlers bedarf keines näheren Kommentars.

Aber wenn dezisionistische Wetten für die deutsche Politik charakteristisch sind, dann ist es auch das Bemühen, den Bedarf daran möglichst gering zu halten. Bei gesellschaftspolitischen Entscheidungen neigen die Deutschen dazu, den Entscheidungsspielraum so weit wie möglich einzuschränken. Das Ergebnis ist ein Gegensatz zwischen den Domänen des institutionellen Lebens, die allgemeinen Regeln unterworfen sind, und den Lücken dazwischen, in denen die Regeln einer fast verzweifelten Bewährungsprobe einander bekämpfender Willen weichen müssen. So halten bei Tarifkonflikten weitgehend strukturierte Verfahrensregeln die streitenden Parteien am Verhandlungstisch und machen mehrere Abstimmungen notwendig, bevor die Gewerkschaften den Streik ausrufen dürfen. Wenn die Schlichtungsversuche jedoch scheitern, führt der Konflikt zu einer weit größeren politischen Unruhe als in vergleichbaren Fällen in anderen westlichen Ländern. Sowohl die streitenden Parteien als auch Außenstehende sehen den gesellschaftlichen Zusammenhalt gefährdet. Auch in politischen Konflikten lassen sich immer wieder rastlose Bemühungen beobachten, den Kampfplatz möglichst einzugrenzen – gefolgt von einer tiefreichenden Krise, wenn sich die letzten Differenzen nicht mehr überbrücken lassen. Die Bahn der deutschen Geschichte ist übersät mit den Trümmern fehlgeschlagener Einigungsversuche. Der berühmteste Fall war das Scheitern der letzten parlamentarischen Regierung der Weimarer Republik 1930, als sich in einer Debatte über die Höhe der Sozialversicherungsbeiträge die streitenden Parteien am Ende über ein Viertel Prozent nicht mehr einigen konnten. Politik und Wirtschaft entfalten sich in einem Rhythmus bürokratischer Ordnung, unterbrochen von dezisionistischen Krisen.

Ähnliche Diskontinuitätsmuster kennzeichnen auch das Wachstum und die persönlichen Beziehungen menschlicher Individuen. Schon vor Jahrzehnten hat Erik H. Erikson bemerkt, während Kindheit und Erwachsenenalter in Deutschland weitgehend strukturierte, um nicht zu sagen einengende Lebensphasen seien, werde dem Jugendalter weit mehr als in anderen Ländern eine intensive Innerlichkeit und schwärmerische Gefühlsseligkeit zugestanden (Erikson 1965). Zweifellos hat die Internationalisierung US-amerikanischer Lebensgewohnheiten nach dem Zweiten Weltkrieg die westdeutsche Familie verändert. Dennoch lassen literarische Porträts, die Aussagen von Jugendgruppen sowie Autobiographien allesamt vermuten, daß die Reaktion auf eine einengende Gesellschaft entweder in einer romantischen Kultivierung der Einsamkeit oder einer tiefen Bindung besteht – ob zwischen Partnern, Klassenkameraden oder Parteigenossen. Und obgleich dieser Gegensatz seit 1945 weniger stark ausgeprägt ist, existiert in Deutschland kaum jenes Kontinuum von Geselligkeit, wie es etwa für lateinamerikanische Gesellschaften typisch ist. Deshalb sind die Bereiche des normengeleiteten Handelns auf der einen Seite und der Hingabe an den Willen und die Subjektivität auf der anderen strikt voneinander getrennt geblieben und weisen in Deutschland im Gegensatz zu den Vereinigten Staaten kaum Überschneidungen auf.

Eine derartige Aufteilung der Welt führt letztlich zu einer hoffnungslosen Vorstellung von gesellschaftlicher Rationalität. Mag auch ein Großteil des Lebens und der bürgerlichen Gesellschaft organisiert und durch Normen geregelt sein, die Humanwissenschaften bleiben doch der Subjektivität ausgeliefert. Das politische Leben beruht ebenso sehr auf Willkür wie auf Wahlen. Carl Schmitt (auf der Linken unterstützt von seinem ehemaligen Schüler Otto Kirchheimer) hat behauptet, die Weimarer Verfassung wie überhaupt der Liberalismus hätten es vermieden, der politischen Entscheidung von oben einen Platz einzuräumen, weil sie ihre Augen vor der Einsicht verschlössen, daß das Wesen des Politischen der Kampf sei (Schmitt

1932; Bendersky 1983: 88-103; Kirchheimer 1930). Schmitt ist bis auf den heutigen Tag einflußreicher geblieben, als seine autoritären Auffassungen vermuten lassen sollten. Er übt dieselbe Faszination des unnachgiebigen Konterrevolutionärs aus wie de Maistre und Maurras.[112] Habermas hält Schmitt für all jene für interessant, die in der katholischen Tradition »die Legitimität oder die Autonomie der Neuzeit« in Frage stellen möchten. Sein Einfluß reiche jedoch noch weiter – nicht zuletzt bis hin zur irrationalen Linken in der Bundesrepublik und Italien, »die mit Schmitts faschistischer Demokratiekritik in die Lücke vorstoßen, die durch die nichtexistente marxistische Demokratietheorie entstanden ist«. Schmitt ist also nach wie vor ein reizvoller Gegner. Er ist der fundamentale Gegner des »Mediums der Diskussion, die öffentlich und von Argumenten geleitet ist«, und damit des Systems, dem Habermas sich verpflichtet weiß. Schmitt ist zum modischen Bezugspunkt für einen radikalkonservativen Schick geworden.[113] Dasselbe gilt für Clausewitz, dessen Buch *Vom Kriege* sorgfältig alle Beschränkungen erörtert, denen Strategie und Taktik unterworfen sind, um schließlich darauf zu bestehen, daß allein die Schlacht der Augenblick der Entscheidung sei. Es ist kein Zufall, daß der Krieg auch bei Schmitt das zugrundeliegende Paradigma für die Politik bildet. Und auch bei anderen Denkern der unterschiedlichsten Disziplinen begegnen wir einem ähnlichen Interpretationsmuster. Allenthalben derselbe Gegensatz zwischen Vernunft und Willen, Überzeugung und Gewalt, Analyse und Subjektivität, zweckvoller Aktivität und emotionaler Besetzung, allgemeiner Beratung und einsamer Entscheidung. Jede angemessene Beschreibung deutscher Besonderheiten muß dieses Syndrom eines strukturierten Dezisionismus mit berücksichtigen.

Trotzdem stützt sich der Historiker auf eigene Gefahr auf derartige Begriffe eines Nationalcharakters. Nicht daß die maßgeblichen Größen einer nationalen Identität im selben Sinne deterministisch wären wie etwa eine ökonomische Interpretation von Geschichte deterministisch sein mag. Solche Modelle sind eher überdeterminierend; mit ihnen läßt sich jedes denkbare Resultat von Ereignissen erklären, während der Historiker begründen muß, warum allein dieses Ergebnis zum Tragen kam und kein anderes. Das soll nicht heißen, daß Vorstellungen von einer nationalen Identität uns nicht zu Einsichten verhelfen können. Aber sie verlagern die Suche nach Erklärungen auf eine ästhetische Ebene. Der analytische Historiker arbeitet mit verschiedenen Werkzeugen, und die Geschichte als eine Disziplin, in der aufeinanderfolgende Generationen von Forschern die Darstellungen ihrer Vorgänger überprüfen, muß letztlich all jene enttäuschen, die eine derartige Intuition anstreben. In dieser Hinsicht haben die westdeutschen Historiker ihrer Kunst zuviel abverlangt. Sie sollten sich Walter Benjamins Bemerkungen über das Bruchstückhafte jeder historischen Erkenntnis in Erinnerung rufen. In seinem *Ursprung des deutschen Trauerspiels* (1925) untersuchte er die Bedeutung der Geschichte für das Trauerspiel des Barock als Hintergrund für eine Allegorie auf einen allgegenwärtigen Niedergang und Verfall. Später, nachdem er selbst Opfer der nazistischen Judenverfolgung geworden war, beschrieb Benjamin (1940: 698) den »Engel der Geschichte«, der in die Vergangenheit zurückblickt, aber vom Sturm des Fortschritts in die Zukunft geweht wird und zusieht, wie sich hinter ihm die Trümmer aufhäufen. Auch der Historiker sollte sich mit einem festen Blick auf den Trümmerhaufen bescheiden.

Epilog

Wessen Holocaust? Wessen Geschichte?

Unbewältigte Vergangenheiten

Der Historikerstreit ist ein Kapitel in der deutschen Geschichte und Geschichtsschreibung, aber nicht allein der deutschen. Er ist auch Teil einer Eruption der Vergangenheit, einer Auseinandersetzung mit früheren traumatischen Geschehnissen, von der viele Gesellschaften erfaßt wurden. Die Westdeutschen haben einen umfassenderen, bedeutsameren Einbruch der Geschichte erlebt. Auf einer theoretischen Ebene gehört dazu die Debatte über ein angemessenes Vorgehen der Geschichtsschreibung: Wie sollen Historiker auf die Forderung nach Erinnerung und Identität reagieren? Wo liegen die Grenzen des historischen Handwerks? Ist alles Böse zu verstehen? Wie angemessen sind Analogien, um sie verständlich werden zu lassen? Das waren schon immer quälende Fragen, die jetzt mit erneuter Dringlichkeit gestellt werden.

Dieser Einbruch der Geschichte stellt sich nicht nur als theoretisches Problem der Historiographie, er ist ebenso das schwierige Vermächtnis der Täter, Opfer und Zuschauer, das vergangene unbewältigte Ereignisse beunruhigend gegenwärtig werden läßt. Im Historikerstreit haben die Westdeutschen nichts anderes getan, als über solche Fragen sich heftiger auseinander zu setzen, die sich immer stellen, wenn ein Volk mit den dunklen Kapiteln seiner Geschichte konfrontiert wird. In diesem Zusammenhang ist es eine diffizile Aufgabe der Historiker und Historikerinnen, eine auf einem gemeinsam erfahrenen Schmerz beruhende bedrückende Vergangenheit so in Erinnerung zu rufen, daß man sich ihr stellen kann: *Sunt lacrimae rerum.* Schließlich erhebt sich auch die Forderung, das Unmenschliche zu erklären, das vor mehr als einer Generation geschehen ist und das angesichts der Schuldgefühle, die es erzeugte, in der unmittelbaren Nachkriegszeit nur unzulänglich »aufgearbeitet« werden konnte. Dieser Schmerz ist nicht nur ein besonderes Merkmal der Deutschen, sondern auch ihrer Kollaborateure, ihrer Zuschauer und ihrer Opfer. Der Historikerstreit gleicht einer gehemmten Psychoanalyse: Eine Geschichte ist noch nicht vollends enthüllt – Übertragung und Katharsis sind noch nicht möglich.

Die ehemaligen Täter und ihre Opfer – überwiegend, wenn auch nicht ausschließlich, Deutsche und Juden – sind in besonderer Weise aneinander gebunden. Welche materiellen oder sonstigen öffentlichen Entschädigungsleistungen auch bezahlt worden sind, eine bekennende Erinnerung ist die einzig sinnvolle Form einer Wiedergutmachung. Die Qual des Opfers wird zunehmend als ein wertvoller Besitz angesehen; auch andere Völker wollen als Opfer anerkannt werden. Dieser Versuch, aus der Geschichte einen Nutzen zu ziehen, hat jedoch auch seine Schattenseiten. So befürchtete etwa Nietzsche (1874: 10), die Geschichte könnte das Leben beeinträchtigen: »Ich ... glaube, daß wir alle an einem verzehrenden historischen Fieber leiden und mindestens erkennen sollten, daß wir daran leiden.« Das »Unhistorische« sei ebenso wie das »Historische« für das Heil eines einzelnen, für ein Volk und eine Kultur notwendig. Kann es ein Zuviel an Erinnerung geben?

In fast jeder Hinsicht war die Nachkriegsgeschichte Westeuropas eine Erfolgsgeschichte. Nach der Abschaffung der Diktaturen war sie gekennzeichnet durch die Gründung lebensfähiger Demokratien, die Einführung und Verbesserung sozialstaatlicher Leistungen, die Ausbreitung von wirtschaftlichem Wohlstand und Schulbildung, die Abschwächung der alten Klassenkonflikte und die zunehmende Anerkennung der Stellung der Frau im öffentlichen Leben und im Beruf. Andererseits war die Geschichte der Nachkriegszeit auch eine Geschichte des Vergessens: Man vergaß den Faschismus, den Nationalsozialismus und die Kollaboration. Wie eine Berichterstatterin der *New York Times* zum Historikerstreit bemerkte: »Europas scheinbarer Gedächtnisverlust bezüglich der Kriegsereignisse ist größtenteils Absicht. Europäer, die diese Jahre bewußt miterlebt haben, haben die Vergangenheit nicht vergessen, sondern erinnern sich häufig noch allzu gut daran, und sie nehmen es sehr übel, wenn man sie daran erinnert.« (Miller 1986: 30)

Aber der Gedächtnisverlust ist nur ein Teil des Problems. Die Erinnerung, selbst Habermas' »reflexive Erinnerung«, ist komplex. Ähnlich wie die »Historisierung« kann sie dazu benutzt werden, die Vergangenheit zu verschleiern, statt sie transparent zu machen. Die Forderung nach einer differenzierteren Geschichtsschreibung kann zu einer wirksamen Strategie des Ausweichens, der »Revision« oder Normalisierung werden.

Betrachten wir kurz den Fall Italien, alles in allem die Heimat des Faschismus und im Krieg eine der Achsenmächte. Obgleich sich dort eine breite Widerstandsbewegung bildete, nachdem die Deutschen 1943 Italien besetzt und die Regierung Mussolinis zur Kollaboration gezwungen hatten, herrschte vor dem Ausbruch des Krieges weithin passive Zustimmung. Nachdem das Regime gestürzt war, dominierte in der Geschichtsschreibung die Schwarzweißmalerei der Linken von Faschismus und Widerstand. Selbst nach dem Bruch zwischen Christdemokraten und Kommunisten 1947 trug die beschwörende Erinnerung an den Widerstand dazu bei, bis in die 70er Jahre formelle und informelle politische Koalitionen zusammenzuhalten. Doch die heroischen Gegensätze, die früher die Linke einten, haben ihre Überzeugungskraft verloren. In dem Film der Brüder Taviani *Die Nacht von San Lorenzo* aus dem Jahr 1982 werden die einstmals heldenhaften Kämpfe der Resistenza auf einen brutalen Kampf zwischen angsterfüllten Bauern reduziert. Und während der Nimbus der Widerstandsbewegung schwindet, wird es zunehmend schwierig, das faschistische Regime in Bausch und Bogen zu verdammen. Selbst die Kommunisten haben eine weit komplexere Deutung der Entwicklungen unter dem Faschismus als früher sanktioniert. Historiker der Linken haben anerkannt, daß die Faschisten erfolgreich einen Staat aufbauen konnten, der sich nicht nur auf Unterdrückung stützte, sondern auch auf die Mitwirkung von Organisationen der Arbeiterklasse, die Infiltrierung der

Massenkultur und die Förderung einer zukunftsweisenden Technik. Die Linke war zweifellos nicht einverstanden, als konservative Interpreten einen »Konsens« als Leitthema der faschistischen Herrschaft der 30er Jahre in den Vordergrund stellten. Dennoch ging aus ihren eigenen Forschungen hervor, daß zumindest nicht jeder Konsens von vornherein abgestritten werden konnte.[114] Dasselbe galt für bestimmte Formen einer wirtschaftlichen Modernisierung. Aber die Beschränkung der Perspektive auf den wirtschaftlichen Fortschritt bedeutete implizit eine Apologie, so z.B. bei der großen Ausstellung über die Wirtschaft Italiens zwischen den Kriegen, die 1984 im Kolosseum gezeigt wurde. Stromlinienförmige Flugzeuge und schnittige Rennwagen, Plakate von eleganten und modisch gekleideten Paaren auf Ozeanriesen und Entwürfe für eine moderne Architektur wurden einzig dazu benutzt, eine Atmosphäre von Art deco-Modernität zu erzeugen, die man (in Anlehnung an einen früheren Begriff für das Kino jener Zeit) als Faschismus der weißen Telefone bezeichnen könnte.[115] Die Erinnerung trägt einen Januskopf.

Der Historiker Henri Rousso (1987) hat in der Auseinandersetzung der Franzosen mit der Erinnerung an die Vichy-Regierung vier Phasen unterschieden: ein Jahrzehnt der fortdauernden Trauer vom Kriegsende bis Mitte der 50er Jahre; ein gaullistisches Beharren auf Frankreich als einem Land von Widerstandskämpfern, die der General hinter sich geschart hatte; eine »Wiederkehr des Verdrängten«, angekündigt durch Marcel Ophuls' Film *Le chagrin et la pitié (Der Kummer und das Mitleid)* und schließlich seit 1974 eine Phase der »Besessenheit«, auf der einen Seite gekennzeichnet durch das Erwachen der jüdischen Erinnerung und auf der anderen durch das Wiederaufleben des Antisemitismus. Während dieser jüngsten Periode veröffentlichte *L'Express* die Äußerungen des greisen Darquier de Pellepoix, des früheren Beauftragten der Vichy-Regierung für jüdische Angelegenheiten, eine Endlösung habe nie stattgefunden, sondern sei eine jüdische Erfindung; und französische Gerichte mußten über den Wahrheitsgehalt der »Dissertation« von Robert Faurisson befinden, der behauptete, Auschwitz sei ein Mythos. In Frankreich, bemerkt Rousso in Anlehnung an einen Begriff von Pascal Ory, versuchte eine »mode rétro« (Wiederbelebung einer früheren Mode, zumeist aus der ersten Hälfte des 20. Jahrhunderts; A.d.Ü.) in den 70er Jahren, die Vichy-Zeit heraufzubeschwören mit ihrer Faszination durch die Umkehrung aller Werte und ihrem antisemitischen *chic* (1987: 141-146, 248-251; vgl. Ory 1983: 118-127). Dies ist ein Phänomen, das Saul Friedländer (1984) als Nazi-Kitsch bezeichnet hat, die Faszination, die von bestimmten Elementen des NS-Stils auf jene ausging, die »ihn beherrschen« wollten: eine Pornographie der Gewalt (vermischt mit Banalität), die von deren nach Sachlichkeitstrebenden Darstellern selbst erzeugt wird.[115]

Die Entwicklungen in Österreich werden nicht durch eine derartige Ästhetisierung des Faschismus übertüncht. Die von jüdischen Organisationen und Sprechern des Auslandes geäußerte Bestürzung über die 1987 erfolgte Wahl von Kurt Waldheim zum Staatspräsidenten löste erschreckende Reaktionen aus. Waldheim hatte zumindest falsche Angaben über seine Militärzeit im Zweiten Weltkrieg gemacht. Österreich war lange Zeit jeder schmerzhaften Auseinandersetzung mit der eigenen nationalsozialistischen Vergangenheit aus dem Weg gegangen. Die Zweite Republik profitierte von der Entscheidung der Alliierten, das Land als erstes Opfer Hitler-Deutschlands zu betrachten; die Begeisterung vieler Österreicher über den »Anschluß« hatte man übersehen. Die Entnazifizierungsmaßnahmen nach dem Krieg gerieten in den Augen vieler zu einem Kampf zwischen den österreichischen Parteien und den alliierten Besatzern, die abziehen sollten, sobald das Land seine volle Souveränität wiedererlangt hatte. Die Tatsache, daß »jeder Österreicher einzelne Nazis (kannte), die nichts oder nicht allzuviel getan hatten«, befriedigte das Bedürfnis nach Normalisierung, nach einem »Schlußstrich«, und es »wuchs die Tendenz, doch ›endlich Ruh' zu geben‹«.[117] Ein kleines Land war froh darüber, daß es seine Vergangenheit vergessen konnte. Hatte Österreich denn nicht mehr als zehn Jahre lang einen Juden (Bruno Kreisky) als Kanzler – wenn auch einen, für den die Forderung nach »Vergangenheitsbewältigung« leeres Gerede war? Das von Ausländern inszenierte Theater um Waldheim ließ unliebsame Erinnerungen an die Nachkriegsjahre wieder wach werden. Warum konnten die Ausländer (einschließlich der Sprecher internationaler jüdischer Organisationen) denn nicht damit aufhören, alte

Wunden aufzureißen? Die Beobachter waren auf Ressentiments und selbst auf einen wiederauflebenden Antisemitismus unter den provinziellen Schichten Österreichs gefaßt, aber welche Ablehnung ihnen dann tatsächlich entgegenschlug, hatten sie nicht vorausgesehen. Selbst der österreichische Außenminister Peter Jankowitsch ließ es sich nicht nehmen, persönlich an die Historiker seines Landes einen Rundbrief (28.11.1986) zu verschicken, in dem diese aufgefordert wurden, die angeblichen Verleumdungen eines jungen britischen Kollegen zurückzuweisen.[118]

Die bloße Forderung, sich zu erinnern, das zeigen diese nationalen Reaktionen, kann für das Ergebnis der Erinnerungsarbeit nicht garantieren. Selbst ein juristisches Schauspiel wie der Prozeß gegen Klaus Barbie gewährt keine uneingeschränkte Befriedigung. Auf die Frage, welches Wort – *la justice* oder *l'oubli* – ihre Haltung gegenüber den »Tatsachen von 1942 bis 1944« besser kennzeichne, wählten beruhigende 77 Prozent der befragten Franzosen die Gerechtigkeit, und nur 19 Prozent sprachen sich dafür aus, diese Ereignisse zu vergessen (*Le Monde,* Juli 1987, Sonderausgabe). Allerdings war Barbie Deutscher und kein Franzose, und als ehemaliger SS-Offizier stand er stellvertretend für eine Organisation, die für ihre Brutalität berüchtigt war. Die Befragung von Zeugen während des Prozesses förderte manche schmerzliche Erinnerung zutage, aber kaum eine, die für die französische Gesellschaft »problematisch« gewesen wäre. Im Unterschied zu Marcel Ophuls' Film *Der Kummer und das Mitleid* traten die französischen Männer und vor allem die Frauen abermals als Opfer oder Helden und Heldinnen auf und nicht als Mitschuldige (Théolleyre 1987). Das Ergebnis war wohl beruhigend, aber nicht unbedingt ein Fortschritt in Hinblick auf die Auseinandersetzung mit der Vergangenheit Frankreichs unter der Vichy-Regierung.

Auschwitz als Guthaben?

Der Hunger nach Erinnerung hat eine Veränderung im Status der Opfer bewirkt. Die Opfer waren bislang mitleiderregend; allein schon ihre Hilflosigkeit trug zu der Diskriminierung und Entpersönlichung bei, die ihr Schicksal mit besiegelten. Aber jetzt zeigte sich nicht nur im Barbieprozeß, daß man den Opfern Respekt entgegenbrachte. Es war schmerzhaft und schwierig, sich an das eigene Opfertum zu erinnern, aber es war nicht mehr das Kainsmal der Passivität und reizte nicht mehr zu heimlicher Verachtung. Dieser Umstand führt uns zu einer der schwierigsten Hinterlassenschaften des Völkermords an den Juden. Sensible Deutsche erkennen an, daß er ein unauslöschlicher Bestandteil der deutschen Geschichte ist, während die Juden darauf bestehen, daß er ein Fundament ihrer Geschichte ist. Aber wenn Auschwitz für die Deutschen eine Schuld bleiben muß, schlägt es damit auch gleichzeitig den Juden als Guthaben zu Buche? Und wenn es ein Guthaben ist, muß es dann mit anderen geteilt werden, die ebenfalls ihre Leiden geltend machen? Das sind schwierige Fragen, die sich nicht nur für die historische Interpretation, sondern auch für die Politik schmerzhaft gestellt haben. Das Bestehen der Juden auf ihrem eigenen Opfertum, ihre Entschlossenheit, nicht länger zu schweigen, ist vielfach als Verschrobenheit und Besessenheit mißdeutet worden. Anfangs nur gedämpft wahrnehmbar in den Vereinigten Staaten und Großbritannien, während in Deutschland die »Endlösung« betrieben wurde, trug die jüdische Beharrlichkeit später dazu bei, eine erneute Beschäftigung mit den Ereignissen zu erzwingen, die sich damals in NS-Deutschland, im besetzten Frankreich und anderswo abgespielt hatten. Die Gründung eines jüdischen Nationalstaats, der zwei Jahrzehnte später durch die Siege im Sechstagekrieg bestätigt wurde, sanktionierte ebenfalls eine bewußtere Erinnerung an eine Geschichte, die damals in einer verhängnisvollen Passivität befangen zu sein schien. (Sie sanktionierte außerdem eine israelische »Realpolitik« und konnte schließlich einen üblen »Antizionismus« im Ausland legitimieren.)

Es steht außer Frage, daß die jüdische Identität der Nachkriegsära mit Auschwitz steht und fällt. Ob als Ansporn zu einer selbstbewußteren Haltung in der Diaspora oder als Basis für eine israelische Nationalität, die an den Juden begangenen Verbrechen dienen als zentrale Legitimation. Aber ein Judentum, in dessen Mittelpunkt die Massenvernichtung der Juden steht, bringt neue Widersprüche hervor, vor allem außerhalb Israels. Jüdisches Leiden wird als unauslöschlich dargestellt, als etwas nicht Mitteilbares, das dennoch stets aufs neue ausgesprochen werden muß. Es ist etwas zutiefst Persönliches und darf nicht bagatellisiert werden, zugleich aber auch etwas Öffentliches, so daß die nichtjüdische Gesellschaft die Verbrechen bestätigen kann. Ein ganz besonderes Leid muß an öffentlichen Plätzen seine Mahnmale finden: Holocaust-Museen, Gedächtnisparks oder Erinnerungstafeln an ehemaligen Sammellagern der Deportierten, die nicht als jüdische, sondern als kommunale Gedenkstätten geplant wurden. Aber was ist die Aufgabe eines Museums in einem Land wie den Vereinigten Staaten, weitab von den Schauplätzen des grausigen Geschehens? Sollen dort die Menschen zusammenkommen, die gelitten haben, oder sollen die Nichtjuden erfahren, was damals geschah? Soll es seine Besucher mahnen, daß »es auch hier geschehen kann«? Oder ist es eine Aussage darüber, daß diese Geschehnisse eine besondere Beachtung verdienen? Unter welchen Umständen kann eine private Trauer gleichzeitig als öffentlicher Schmerz zum Ausdruck kommen? Und wenn Auschwitz als öffentlicher Schmerz anerkannt wird, müssen wir dann die Zeugnisse des Schmerzes anderer Gruppen nicht ebenfalls akzeptieren? Ein US-amerikanischer Historiker polnischer Abstammung behauptet, mit dem deutschen Einmarsch in Polen 1939 seien die Polen die ersten in Europa gewesen, die den Völkermord am eigenen Leib erlebten, und daß die Historiker bisher »sich dafür entschieden (hätten), die Tragödie unter einem Ausschließlichkeitsaspekt darzustellen – nämlich als die tragischste Periode in der jüdischen Diaspora«.[119] Wenn die polnischstämmigen US-Amerikaner ihren eigenen »vergessenen Holocaust« für sich in Anspruch nehmen, in welcher Form sollen wir diesen anerkennen? Haben die Armenier und die Kambodschaner ebenfalls ein Recht auf Völkermordmuseen, die mit öffentlichen Mitteln errichtet werden? Und brauchen wir Gedächtnisstätten für Adventisten und Homosexuelle, weil diese im Dritten Reich ebenfalls verfolgt wurden?

Deutschland und Israel und die Länder, in denen Naziverbrechen verübt wurden, sind zweifellos Sonderfälle. Aus Gründen des Anstands müssen die Deutschen – und viele von ihnen erkennen das auch an – die Erinnerung wachhalten. Dabei geht es nicht einfach um nichtssagende Mahnmale gegen Krieg und Gewalt allgemein, sondern um spezifische Gedenkstätten, an denen der früheren Verbrechen der Gesellschaft und ihrer besonderen Opfer gedacht wird. Allen Bekenntnissen, welche die besondere Zielrichtung der Massenmorde gegen die Juden relativieren wollen, selbst wenn sie damit lediglich auch an die anderen Opfer erinnern wollen, haftet etwas Problematisches an. »Die These von der ›Einzigartigkeit‹ des ›Holocaust‹ ist auch deshalb abzulehnen«, schrieb ein jüngerer deutscher Historiker (Peukert 1987: 54 u. 57), »weil sie, gewollt oder ungewollt, die Opfer der nationalsozialistischen Vernichtungsmaschinerie hierarchisiert.« Obwohl diese Aussage einem Aufsatz entnommen ist, dessen Autor in dankenswerter Weise darauf besteht, daß es ein »Kontinuum von Diskriminierung, Selektion und Ausmerze« gab, dessen »alltäglicher« Rassismus im Dritten Reich die Endlösung begünstigte, hat sie etwas Ausweichendes an sich. Wenn die Historiker die Juden als Ziel des nationalsozialistischen Massenmordens nicht mehr klar erkennen lassen, dann wird die Endlösung zu einem Beispiel für eine außer Kontrolle geratene sozialdarwinistische Eugenik, für eine kapitalistische Krise, die Inhumanität des 20. Jahrhunderts, für ein Meer der Mitschuld, in dem jeder untergeht – nur nicht zu einem Verbrechen, das von einigen Deutschen an einer großen Zahl von Juden verübt wurde.

Wenn die Deutschen gut daran tun, die Juden als das besondere Ziel des Massenmords in Erinnerung zu behalten, so ist es andererseits für die Juden unter Umständen wichtig, das Gegenteil zu tun. In Israel kann die Massenvernichtung der Juden natürlich Gegenstand öffentliche wie privater Trauer sein. Sie trägt sicherlich zur Legitimierung dieses Staates bei, wenn sie auch keine bestimmten Grenzziehungen oder politischen Strategien legitimieren kann. In Israel gibt es angeblich zehn öffentliche Institutionen wie Museen und Forschungszentren, die sich speziell mit dem »Holocaust« beschäftigen – was eine liberale jüdische Zeitschrift in den USA als »Erinnerungsindustrie« bezeichnet hat. Diese »Industrie« hat in den Augen des israelischen Theologen A. Ophir eine neue Religion des Holocaust hervorgebracht, die sich weigert, andere Völkermorde als ebenso authentisch anzuerkennen: »Biafra war nur eine Hungersnot, Kambodscha war nur ein Bürgerkrieg, die Vernichtung der Kurden erfolgte nicht systematisch, der Tod im Gulag traf nicht die Angehörigen eines ganz bestimmten Volkes... Der Judenmord im Dritten Reich ist eine Summe menschlicher Taten, die sich in ein transzendentes Ereignis verwandelt hat.« (1987: 67 f.) In Wirklichkeit jedoch, so der Autor, »ist das Jüdische an diesem Völkermord (ebenso wie das Deutsche an ihm) nur ein Aspekt seines Schreckens, für uns sogar der entscheidende, aber keineswegs der einzige«. Die Antwort darauf kann nur darin bestehen, ihn als eine menschliche Möglichkeit zu begreifen, die aus dem Diskurs der Ausgrenzung entsteht, und nicht einfach als die Grundlage für eine neue jüdische Nationalreligion. Der Unterschied zwischen diesem pervertierten und einem richtig verstandenen Völkermordmythos »ist zutiefst politisch: Es ist der Unterschied im Gebrauch, den die Lebenden von der Erinnerung an die Toten machen, von der Gegenwart der Geschichte dieses Mordes« (ebd.: 65). Es ist der pervertierte Mythos, der die Erinnerung an einen grenzenlosen Schrecken ausbeutet, um damit selbst ein weit weniger unterdrückerisches Verhalten zu rechtfertigen.

Die Pflichten der Erinnerung sind demnach ungleich verteilt. Für die Juden bestehen sie darin, nicht zu vergessen, daß sie trotz ihres Bemühens um ein legitimes Recht auf öffentliche Trauer kein ausschließliches Anrecht auf ihr Leiden haben; für die Deutschen geht es darum, anzuerkennen, daß Auschwitz die Endlösung der Judenfrage war, wie dessen Urheber diese verstanden. Die Berechtigung beider Behauptungen hängt davon ab, von wem sie jeweils ausgesprochen werden.

Wenn es Juden sind, die von den Deutschen eine derartige Anerkennung fordern, kann dies üble Reaktionen auslösen (wie in Österreich geschehen). Hing nicht die Normalität der Bundesrepublik, so fragte Golo Mann 1960 schonungslos, zum Teil mit der Abwesenheit der Juden zusammen? »Was ich hier sage, klingt zynisch und ist in der Tat eine äußerst gefährliche, bedenkliche Beobachtung. Aber auch sie muß gemacht werden. Der befremdende Erfolg der Bonner Republik im Inneren und dadurch auch nach außen hin, die vergleichsweise Entspanntheit, die heute das öffentliche Leben in Deutschland bezeichnet, sie haben etwas damit zu tun, daß die deutschen Juden geflohen oder ausgemordet sind.« (Mann 1961: 28; zit. nach Diner 1986: 128) Mochten liberale Westdeutsche auch noch so sehr den in der Bundesrepublik lebenden Juden versichern, sie seien wieder in die Reihen der Akademiker aufgenommen oder bei Tisch willkommen, so hält sich doch bei vielen hartnäckig das Gefühl, daß ein Jude in Deutschland niemals ganz zu Hause ist.[120] Bevor das Palästinenserproblem ins öffentliche Bewußtsein drang, war eine Zeitlang ein unangenehmer Philosemitismus in Mode. Diese Zeit der Gönnerhaftigkeit ist vorbei. Gegen Ende der 70er Jahre schien eine Periode des gleichgültigen Vergessens anzubrechen: Die Bundesrepublik hatte ihre Wiedergutmachungsgelder an Israel bezahlt, ihre Intellektuellen fühlten sich frei, die Behandlung der Araber durch den israelischen Staat mit der Behandlung der Juden durch die Nazis zu vergleichen, und überhaupt sollten sich die Juden jetzt offenbar für vieles rechtfertigen: Unterdrückung, eine autoritäre Regierungsform und Kolonialismus. Natürlich wird es immer wieder Ausschreitungen geben – Hakenkreuzschmierereien auf jüdischen Grabsteinen, Beleidigungen durch Betrunkene –, aber sie sind nicht das Hauptproblem. Die eigentlich problematische Entwicklung ist das, was Andrei Markovits in einem Aufsatz über die Grünen als »die neue Unbefangenheit« bezeichnet hat, die es der neuen Generation ermögliche, die NS-Vergangenheit »aufzuarbeiten«, ihr aber zugleich auch das beruhigende Gefühl gebe, sie gehöre nicht zu ihrer eigenen Geschichte – kurz, eine linke Variante der »Gnade der späten Geburt«:

> »Die Gefahr liegt überspitzt gesagt darin, daß die Grünen zu einem immer wichtigeren Bestandteil einer politischen Kultur der ›neuen Unbefangenheit‹ werden, die sich in der bundesrepublikanischen Öffentlichkeit in den letzten Jahren sogar des komplizierten und einzigartigen Verhältnisses zwischen Deutschen und Juden bemächtigt hat – und somit auch des *Holocaust* ... (der) auch von der deutschen Linken nie (als Phänomen *sui generis*) aufgearbeitet wurde... und nunmehr mit dem Prozeß der beginnenden ›Normalisierung‹ des deutschen Geschichtsbewußtseins endgültig aus dem Bewußtsein der bundesrepublikanischen Öffentlichkeit verschwinden soll.« (Markovits 1986: 148)

Aber bestätigt nicht die Forderung nach einer neuen deutschen Befangenheit, daß Nolte in gewisser Weise Recht hatte: daß es in Westdeutschland eine Schuldbesessenheit gab? Diese Vergangenheit kann nicht vergehen. Warum sollte sie überhaupt von uns mehr als andere Vergangenheiten Besitz ergreifen? Nicht wegen der Verbrechen an sich, sondern wegen der Gefühle von Mitschuld und Scham, die eine uneingeschränkte Auseinandersetzung mit ihr verhindern. Kommentatoren von rechts und links haben behauptet, diese Unfähigkeit habe in Wirklichkeit zur Stabilität der betroffenen Gesellschaften nach dem Krieg beigetragen. »Im selben Maße, in dem die Manifestationen der Erinnerung eine Gesellschaft enthüllten, die unfähig war, den Faden ihrer Geschichte wiederaufzufinden, in demselben Maße gelang es dieser Gesellschaft, zunehmend einen inneren Konsens wiederherzustellen. Ist das Syndrom (der fehlenden Auseinandersetzung mit der eigenen Geschichte) nicht der Preis für diese Entwicklung?« (Rousso 1981: 322)

Kann man die Zukunft auf dem Vergessen der Vergangenheit aufbauen? Das scheint mir das falsche Heilmittel zu sein. Die Antwort auf eine zwanghafte Beschäftigung mit der Vergangenheit ist nicht das Vergessen, sondern ihre Überwindung: Die Basis für einen Konsens besteht nicht im Verbergen, sondern in einer möglichst weitgehenden Wiedergutmachung und im bewußten Verzicht auf jede Verallgemeinerung bei der Bewertung von Gruppen von Menschen z.B. nach der Art, wie sie der Formel vom »lebensunwerten Leben« zugrundelag. Erst unter dieser Voraussetzung können die Historiker darauf beharren, daß Auschwitz nicht das Ende der Geschichte bedeutet und nicht die Entelechie des 20. Jahrhunderts war. Unsere Ära wird nicht allein durch den Massenmord an den Juden gekennzeichnet; auch die Emanzipationsbewegungen, die neben den monströsen Unterdrückungsmaßnahmen aufgezählt werden können – für die Frauen, rassischen Minderheiten und demokratische Regierungsformen –, gehören zur Geschichte des 20. Jahrhunderts. Natürlich ist es möglich, daß Auschwitz zu einem Fetisch gemacht wird. Der Unterschied zwischen einem trauernden, ehrenden oder analytischen Verhältnis zur Geschichte – alles legitime Formen für den Historiker – und einer Fetischisierung ist schwer festzustellen:

Nicht die Methode, sondern der Gebrauch, den man von Geschichte macht, ist dafür entscheidend. Geschichte sollte zu einer Rekonstruktion der Vergangenheit beitragen – von den Opfern und ebenso für die Opfer dieser Vergangenheit.[121]

Postmoderne Geschichtsschreibung

Im Historikerstreit ging es um mehrere, unterschiedliche Konflikte. Unter anderem läßt er sich auch betrachten als die deutsche Form, in der eine »postmoderne Historiographie« die Errungenschaften der sozialwissenschaftlichen Analysen der letzten Historikergeneration in Frage stellt. Er bedeutete einen scharfen Angriff auf eine sich als Sozialwissenschaft verstehende Geschichte und eine Kritik jeder impliziten Fortschritts- oder Erlösungstheorie. Jürgen Habermas kann in der Bundesrepublik als der herausragende Wortführer einer – wie ich es ausdrücken möchte – liberaldemokratischen oder sozialdemokratischen »Metahistorie« gelten: der Überzeugung, daß Erkenntnis in wesentlicher Hinsicht die reale Welt widerspiegelt, sich im Lauf ihrer Entwicklung zunehmend erweitert und daß sie Politik und Gesellschaft beeinflussen kann. Selbst ein nichttheoretischer Historiker wie Andreas Hillgruber hat das empfunden, als er seiner Erwiderung auf Habermas den Titel »Jürgen Habermas, Karlheinz Janssen und die Aufklärung anno 1986« (1986c) gab.

Die postmoderne Geschichtsschreibung versucht eine Lücke zu füllen, die durch die Erosion der sozialdemokratischen Prämissen der Geschichte und Politik nach 1960 entstanden ist. Sie betreibt nun Geschichte als Ritual, Diskurs oder Volksbelustigung. Zuweilen verfolgte sie den Zweck, bislang vernachlässigte Wege zu erforschen, auf denen Akteure ohne formale Macht trotzdem die Hierarchien herausfordern konnten, von denen ihr Alltagsleben reglementiert wurde. In einem derartigen Fall unterstellt die neue Geschichte zwar immer noch eine Welt realer Mächte und Kämpfe, aber in manchen historischen und anthropologischen Rekonstruktionen verliert die Politik jede Zweckrationalität. Sie verkörpert keine gesellschaftlich orientierten Bestrebungen mehr, ob auf Herrschaft oder auf Befreiung angelegt, und erscheint nur noch als Ritual oder Theater, der Staat als Kino. Worin immer der neue und beziehungsreiche Gegenstand bestehen mag, das Hauptziel der postmodernen Geschichtsschreibung besteht darin, die Politik von jeder unzweideutigen Beziehung zur Sozialstruktur abzukoppeln. Der Unterschied (und vermutete Zusammenhang) zwischen Staat und bürgerlicher Gesellschaft schwindet, und beide lösen sich in einen Äther des Diskurses auf, dem nunmehr jene allmächtige Kausalität zugeschrieben wird, die von den Marxisten früher der Wirtschaft und den Klassenverhältnissen zugerechnet wurde. Sobald die Sprache einmal als problematisch und undurchsichtig erkannt ist, wird sie für die postmodernen Historiker zu einer aktiven Instanz. Ganz ähnlich ist die Erinnerung nicht ein schlichter Akt des Erinnerns, sondern wird zu einer gesellschaftlich konstitutiven Handlung. Die deutsche Spielart dieser Tendenzen ist die Anrufung der »Geschichte«, weniger im Sinne von »Historie«, sondern als problematische Stifterin von Identität. Die postmoderne Historiographie der Bundesrepublik beharrt darauf, daß die Gesellschaft sich durch die Geschichte selbst bildet, so daß Clios Aufgabe in einer zunehmenden Selbstreflexion besteht – nicht kritisch verstanden wie bei Habermas, sondern mit sich selbst beschäftigt, fast narzißtisch.

Das politische Programm der Postmoderne ist unbestimmt. Nicht daß es reaktionär wäre, es kann sogar radikal sein. Das politische Resultat steht noch aus, und ebenso ist auch im Historikerstreit das Ergebnis noch unklar. Das zeigt sich unter anderem in der Forderung nach einer »Historisierung«, die den Linken ebenso wie den Rechten Möglichkeiten eröffnet. Es besteht ein beträchtlicher Spielraum für konservative Interpretationen. Einerseits kann die interpretatorische Lücke zwischen Sozialstruktur und politischen oder kulturellen Folgen durch einen Neohistorismus geschlossen werden, der die Vergangenheit rechtfertigt, indem er an das gute Gewissen jener rührt, die eigentlich dafür verantwortlich waren. Andererseits ist dies auch möglich durch eine gewisse Ästhetisierung der Politik – eine neubelebte Abneigung gegen die Massendemokratie, eine heimliche Verherrlichung der Eliten, kaschiert durch eine Berufung auf Volkskultur und Handwerkskunst.

Es ist kein Zufall, daß Michael Stürmer in seinen Arbeiten ein Faible für hohes handwerkliches Können, Ästhetik und Luxusdenken sowie für Autorität hat. Und es ist kein Zufall, wenn seine Kritik am Zweiten Deutschen Kaiserreich die Unfähigkeit der Eliten hervorhebt, massenhafte Impulse wie etwa einen demokratischen Nationalismus konstruktiv zu kanalisieren. Bei weniger beherrschten politischen Autoren können derartige Urteile zu einer ästhetisierten Reaktion à la Ernst Jünger führen.

Nicht daß die hervorragenden Arbeiten postmoderner Historiker keinen Eindruck machten. Mit ihrer Darstellung malerischer Antihelden und der Wiedergabe oder Symbolik von Konflikten können sie unter Umständen sicherlich aufklärender und unterhaltsamer wirken als formelhafte Versuche, die Politik aus Klassengegensätzen abzuleiten. Und ihre politische Legitimität steht nicht zur Debatte: Konservative, Neokonservative und Altkonservative haben alle ein Recht auf ihre eigene Geschichte.

Wie können revisionistische Darstellungen von Auschwitz oder Apologien der deutschen Wehrmacht eine historiographische Postmoderne repräsentieren? Die Veröffentlichungen selbst sind nicht »postmodern«, sie sind aber Produkte einer verwaschenen postmodernen Sensibilität. Es geht darum, daß die wachsende Übernahme postmoderner Kriterien für das, was historische Erkenntnis eigentlich ausmacht, den neuen Revisionismus legitimiert hat. Die Moden der Geschichtsschreibung haben sich geändert, aber sowohl Qualitätsprodukte als auch Schrott finden ihren Markt. Der wandelbare Begriff der »Historisierung« bringt die Veränderung zum Ausdruck; er wendet die Mentalitätsgeschichte auf das nationalsozialistische Deutschland an. Geschichte hat das zum Gegenstand, was die Menschen gedacht und empfunden haben. Für Nolte ist nicht so wichtig, was Hitler getan, sondern wie er die Welt gesehen hat. Historisierung ist so etwas wie eine anticartesianische Meditation: eine Phänomenologie, die sich damit begnügt, die banalsten, bedrückendsten oder unverhohlen mörderischen Gemütsverfassungen zu erforschen.

Habermas und einige andere neigen dazu, die »Wende« zu eng zu interpretieren. Die Veränderung, die um die Mitte der 70er Jahre einsetzte, war mehr als nur eine Wendung zum Neokonservatismus. Sie folgte auf eine allgemeinere Erschöpfung eines früheren Glaubens an die Geschichte, der mit den Kräften der europäischen Demokratie 1945 wiedererweckt worden war, sich aber nach 1968 anscheinend verbraucht hatte. Die institutionelle Form dieses früheren ideologischen Aufschwungs war der mühelose Triumph des Sozialstaats in einer Ära des anhaltenden wirtschaftlichen Wachstums. Dieser Trend ist jedoch inzwischen zum Stillstand gekommen. Es mag sein, daß die gebildete Öffentlichkeit in der Geschichte wieder Trost sucht oder auch nur Erholung vom zukunftsorientierten Denken. Da die deutsche Geschichte weniger Tröstungen bereithält als die anderer Länder, ist dies in Deutschland eine problematische Angelegenheit.

Welcher Art die soziale und historiographische Rekonstruktion sein wird, die ihrerseits auf die gegenwärtige postmoderne Modeströmung folgt, ist noch nicht abzusehen. Sozialwissenschaftler und Historiker werden nicht in der Lage sein, einfach die frühere transparente Soziologie wiederherzustellen, für die die Wirtschaft, das politische System und die kulturelle »Lebenswelt« sich gegenseitig in einer überschaubaren Matrix von Beziehungen beeinflußten. Die gesamte Kritik von so unterschiedlichen postmodernen Denkern wie Foucault, Derrida, Lyotard und Rorty hat das Vertrauen in einen solchen Zusammenhang erschüttert. Wie eine postmoderne Linke ein Programm entwerfen soll, das nicht an solchen Übervereinfachungen krankt, bleibt abzuwarten, und auch die Frage, wie für sie ein historisches »Verstehen« aussehen soll, muß offen bleiben.

Die Bundesrepublik Deutschland hat zweifellos keine postmodernen Kritiker vom Format der französischen Theoretiker hervorgebracht. Daher hat die westdeutsche postmoderne Historiogaphie keine neuen Ansätze geschaffen, sondern alte wieder aufgegriffen: Neohistorismus (Hillgruber und Stürmer), Neokonservatismus und Neostrukturfunktionalismus. Niklas Luhmann ist der herausragende Repräsentant dieser soziologischen Richtung, hochintelligent und seinem Kollegen Habermas, dessen Suche nach einer allgemeinen gesellschaftlichen Rationalität in seinen Augen utopisch ist, noch am ehesten ebenbürtig. Luhmanns soziale Welt setzt sich aus verschiedenen Handlungssphären zusammen (politischen, rechtlichen, wirtschaftlichen und erotischen), die jeweils ihren eigenen Code einer Zweck-Mittel-Rationalität haben. Aus diesem Grund hat der Historikerstreit keine überzeugenden theoretischen Abhandlungen hervorgebracht, die als bedeutsame philosophische Aussagen Bestand hätten, wenn man vielleicht von Habermas und seinem Versuch absieht, Identitätskonzepte zu entwickeln. Doch auch wenn die Bonner Republik nicht so geistsprühende Denker hervorgebracht hat wie Frankreich seit den 60er Jahren, können sich ihre Intellektuellen immer noch auf ihre Vorläufer berufen, etwa Benjamin und Adorno. Folglich ist der Historikerstreit, der sich auf ein zutiefst deutsches Problem der historischen Verantwortung konzentriert hat, Teil eines umfassenderen Konflikts. Auf der einen Seite stehen jene, für die Geschichte – wenn auch kaum eine Geschichte des Fortschritts – nach wie vor eine Aufforderung zur Aufklärung und zum Fortschritt der Vernunft durch die Analyse von Gewalt und Unterdrückung ist. Und auf der anderen Seite stehen die, für die Geschichte Zeugnis ablegt für obskure Triebe, unvermeidliche Leiden und immer wiederkehrende Atavismen.

Dieser Gegensatz wäre nur allzu vertraut, hätte die Forderung nach einer »Historisierung« nicht beiden Seiten in dem Streit gedient. Es ist die Mehrdeutigkeit dieser Methode – ihr reformistischer Aufruf, die Strukturen und Ausflüchte einer Gesellschaft zu durchschauen; ihr reaktionäres Potential, Ängste mit extrem zerstörerischen Folgen zu rechtfertigen –, die eine postmoderne Geschichtsschreibung ankündigt und nicht nur eine Neuauflage früherer ideologischer Zusammenstöße. Mehr vielleicht als die Auseinandersetzung unter angelsächsischen Historikern über »narrative Geschichtsschreibung«, »Lesarten« oder »Diskurse« zeigte der Historikerstreit echte politische Alternativen auf. Man kann sich bemühen, eine postmoderne »Historisierung« emanzipatorischen Zwekken dienstbar zu machen – indem man Habermas' Vertrauen in eine fortschrittliche Sozialwissenschaft mit Benjamins »Erinnerung, wie sie im Augenblick einer Gefahr aufblitzt« miteinander verbindet;

oder man kann sie dazu benutzen, etwas heraufzubeschwören, wofür die Franzosen den Begriff *»mode rétro«* erfunden haben: die ästhetische Evozierung einer früheren Unterdrückung im Namen eines historischen Verstehens. Die erste Möglichkeit läuft Gefahr, eine übervereinfachende und politisierende Historiographie hervorzubringen. Die zweite Alternative kommt vielleicht der Antwort auf die Frage näher, wie alles zur NS-Zeit tatsächlich gerechtfertigt wurde oder wie überhaupt alles geschah. Die Sirenen des Historismus lassen wieder ihren betörenden Gesang erklingen. Sind die Klippen heute weniger gefährlich?

Anmerkungen

1 Eine Auswahl von Aufsätzen und Reden im Zusammenhang mit der Auseinandersetzung um Bitburg findet sich bei Hartman (1986) und in »Historikerstreit« (1987).

2 Zu Dreggers Brief s. Hartman (1986: xv); s.a. seine Forderung nach einem »elementaren Patriotismus« in der Haushaltsdebatte des Bundestags vom 10. Sept. 1986, zit. n. Broszat (1986b: 194).

3 Eine weitere Frage war, ob die »guten« Soldaten durch die Grausamkeiten nicht ebenfalls mit einem Makel behaftet waren – nicht die gelegentliche Tötung von Gefangenen oder Zivilisten aus Angst und Wut, sondern die systematische Erschießung von Gefangenen auf Befehl. An der Ostfront und in Serbien nahm die Wehrmacht unzweifelhaft an Vergeltungsaktionen teil; gewöhnliche Militäreinheiten in Rußland wurden systematisch angewiesen, gefangene KP-Mitglieder zu töten, und wehrten sich nicht grundsätzlich gegen Anweisungen, gegen die Bestimmungen des Kriegsrechts zu verstoßen. Streit (1987); Sydnor, Jr. (1977); ebenso Boog et al. (1983) und Bartov (1985); Browning (1985). Bitburg brachte diese Fragen allerdings nicht an die Öffentlichkeit; die Gegner des Besuchs widersetzten sich ihm, weil sie entweder gegen *jede* Ehrung deutscher Militäraktionen waren oder weil nach ihrer Überzeugung durch die SS-Gräber der gesamte Friedhof befleckt war.

4 Der Ausdruck wurde angeblich von Günther Rühle, dem ehemaligen Theaterkritiker der *FAZ* gebraucht, als er die geplante Aufführung des Stücks von Rainer Fassbinder, *Der Müll, die Stadt und der Tod,* verteidigte. Zur Kontroverse um Fassbinder s. Schmidt (1987).

5 Die interessantesten Debatten fanden in Frankreich statt. Zur härtesten Position vgl. Merleau-Ponty (1966), dessen Argument ungefähr darauf hinausläuft, wer einen politischen Kampf verloren habe, könne nicht gegen die Nachteile protestieren, die sich daraus für ihn ergäben. Die Mitgliedschaft in einer historischen oder politischen Bewegung sei mit der Anerkennung der Tatsache verbunden, daß eine Niederlage gleichbedeu-

tend sei mit Schuld. »Wir urteilen nicht, wir ergreifen Partei«, sagt Henri bei de Beauvoir (1955). S.a. Camus (1957) zu einem späteren Versuch über dieses Thema.

6 Nolte: »Steckt nicht in vielen der Argumente und Fragen ein Kern des Richtigen, die gleichsam eine Mauer gegen das Verlangen nach immer fortgehender ›Auseinandersetzung‹ mit dem Nationalsozialismus aufrichten?« (1986c: 40 f.).

7 Wer mit J. Fest behauptet, der Einsatz von Giftgas (des Insektizids Zyklon B sogar noch mehr als der von Kohlenmonoxid) bringe lediglich eine barbarische Effizienz zum Ausdruck, der blendet einen Teil seines Schreckens aus. Eine Massentötung durch Gas verringerte den psychischen Druck, der auf den MG-Schützen der SS lastete (s. Browning 1985d). Aber Gas beschwor auch eine immer wieder faszinierende Vorstellung der Vernichtung von Ungeziefer herauf, die ständig in deutschen Wochenschauen jener Zeit neue Nahrung erhielt; dort wurden wiederholt polnische, russische und jüdische Gefangene gezeigt, die man mit sichtlicher Genugtuung desinfizierte.

8 Nolte unter dem englischen Titel: »Between Myth and Revisionism? The Third Reich in the Perspective of the 1980s« in Koch (1985). Die Beiträge des Herausgebers in diesem Band, eines deutschen Historikers an der Universität York in England, waren ebenfalls revisionistisch.

9 Selbstverständlich stellt die angemessene Darstellung ihrer furchtbaren Aufgabe im Juni 1941 ebenfalls hohe Anforderungen an den Historiker; die deutschen Autoren des Militärgeschichtlichen Forschungsamts, die diesen Versuch in dem von H. Boog et al. (1983) verfaßten Sammelband über den Angriff auf die Sowjetunion unternommen haben, sahen sich wegen ihrer beispielhaften Synthese scharfen Angriffen ausgesetzt. (Zu neueren Behauptungen, Hitlers Krieg sei ein Präventivkrieg gewesen, s. Pietrow 1988). Hillgruber führt die Ermordung von Zivilisten in der ostpreußischen Ortschaft Nemmersdorf (die kurzfristig von den Deutschen zurückerobert wurde) durch Sowjetsoldaten als Beispiel dafür an, was die deutschen Verteidiger aus eigener Anschauung von der Roten Armee zu befürchten hatten. Natürlich ist er sich darüber im klaren, daß eine derartige drohende »Orgie der Rache« die Antwort war auf »all das, was in den Jahren 1941 bis 1944 in den von deutschen Truppen besetzten Teilen der Sowjetunion – von welchen deutschen Dienststellen auch immer – an Verbrechen begangen worden war« (Hillgruber 1986a: 21). Trotzdem fällt die emotionale Färbung der gesamten Darstellung zugunsten der deutschen Wehrmacht auf. Zu einer scharfen (und nach meiner Meinung übertriebenen) Kritik an Hillgruber s. Brumlik (1986: 80). »Zum ersten Mal gibt ein konservativer, renommierter und angesehener Historiker öffentlich zu Protokoll, daß die Ausrottung der Juden und Sinti unter gewissen Umständen, wenn schon nicht gebilligt, so doch legitimerweise billigend in Kauf genommen werden durfte!«

10 Es gab (und gibt) auch ein Pendant von linker oder neutralistischer Seite, demzufolge Deutschland als Pufferzone zwischen Kapitalismus und Sozialismus, zwischen dem Westen und dem revolutionären Rußland dienen könne. In der Nachkriegszeit motivierte diese Vorstellung Sozialdemokraten und Christdemokraten wie Jakob Kaiser gleichermaßen, bis der Kalte Krieg und Adenauers Triumph sie offensichtlich zu einer Utopie machten. In jüngster Zeit ließen sich wieder Anklänge daran in der Friedensbewegung und im linken Flügel der SPD vernehmen.

11 Es ist schwierig, aber wichtig, Noltes Begriff der »Transzendenz« von dem Begriff der »Emanzipation« der Linken zu unterscheiden. Transzendenz ist eindeutig ein historischer und gesellschaftlicher Prozeß; Emanzipation meint in der Regel ein geistiges oder pädagogisches Programm, obgleich sie in der Philosophie der postadornitischen Frankfurter Schule an gewisse gesellschaftliche Voraussetzungen geknüpft ist. Transzendenz impliziert eine psychische Entwurzelung, die im Begriff der Emanzipation nicht mitgedacht ist: Sie ist auf der politischen Ebene problematisch. Zu Noltes Reflexion über den Begriff vgl. seinen Artikel (1986a) – eine bemerkenswerte Lobrede auf sich selbst, in der er sich als den offenbar einzigen zeitgenössischen Vertreter einer Philosophiegeschichte sieht.

12 Ebd., S. 24. Nolte behauptete später (1986b), diese Äußerung sei aus dem Zusammenhang gerissen: Er habe lediglich wiedergegeben, was David Irving über Hitler gesagt hatte. (Irving hat sich unter anderem mit seiner Behauptung einen traurigen Ruhm erworben, Hitler habe die Endlösung niemals unterstützt.) Tatsächlich, so Nolte, wollte er sich von der Bemerkung über Weizmann distanzieren, wenn ihm auch der Hinweis wichtig war, solche Berichte dürften nicht einfach nur aus dem Grund ignoriert werden, weil sie in der rechtsradikalen Literatur übertrieben oder verkürzt wiedergegeben würden (ebd., S. 228). Selbst wenn man einmal annimmt, daß dem Übersetzer Noltes dessen »distanzierende« Aussageform entgangen ist (weil ihm vielleicht die Funktion des deutschen Konjunktivs an dieser Stelle entging), wird Noltes nachträgliche Selbstinterpretation von seinem eigenen Text nicht gestützt. Er zitierte zweifellos nicht Irving, als er die Sätze schrieb, »es wird sich kaum leugnen lassen, daß Hitler gute Gründe hatte, von dem Vernichtungswillen seiner Gegner ... überzeugt zu sein«, usw. Anscheinend nötigte Nolte dieses Argument seinem abendlichen Tischgast Saul Friedländer auf, einem israelischen Historiker, der zu dieser Zeit am Berliner Wissenschaftskolleg forschte und sich schließlich für den Rest des Abends entschuldigte. Noltes Vorwürfe im Hinblick auf Weizmann werden im folgenden Kapitel weiter erörtert.

13 In einer Besprechung des Aufsatzes von Nolte schrieb Hildebrand: »Nolte unternimmt es in außerordentlich anregender und weiterführender Art und Weise, das für die Geschichte des Nationalsozialismus und

des ›Dritten Reiches‹ zentrale Element der Vernichtungskapazität der Weltanschauung und des Regimes historisierend einzuordnen und diesen totalitären Tatbestand in dem aufeinander bezogenen Zusammenhang russischer und deutscher Geschichte zu begreifen.« (1986b: 466)

14 Gegen Ende seines Aufsatzes wendet Nolte plötzlich die Formel von der »Vergangenheit, die nicht vergehen will« nicht mehr auf die NS-Vergangenheit an, sondern auf den Roten Terror in Rußland 1917, der für Hitler 1943 noch nicht vergangen war. Hitlers Erwähnung des »Rattenkäfigs« bezieht sich für Nolte nicht auf die »Lubjanka« (Gefängnis des KGB) in Moskau, sondern auf eine Methode der Folterung politischer Gefangener, die von G. Orwell in dem Roman *1984* beschrieben wurde und vermutlich – ebenso wie Hitlers Phantasie – auf frühere Berichte über sowjetische Gefängnisse zurückging. (Tatsächlich scheinen jedoch spätere Erwähnungen des Rattenkäfigs in Hitlers Gesprächen eindeutig zu bestätigen, daß dieser wirklich die Lubjanka gemeint hatte und keine asiatische Foltermethode.) Desgleichen habe sich das Bild einer Vergangenheit als »Richtschwert, das über der Gegenwart aufgehängt ist« (1986c, S. 39) auf Hitlers Wahrnehmung von Geschichte bezogen und nicht auf das mahnende Beispiel der NS-Verbrechen für die heutige Generation. Eine unvoreingenommene Lektüre seines Artikels bestätigt jedoch seine nachgetragene Lesart nicht. Zur Quelle der »Rattenkäfig-Folter« s. eingehend Wehler (1988: 147-154 und 237 f.).

15 Bereits 1980 hatte Nolte geschrieben, »daß die sogenannte Judenvernichtung des Dritten Reiches eine Reaktion oder verzerrte Kopie und nicht ein erster Akt oder das Original war« (1980: 33).

16 Die beiden wichtigsten psychobiographischen Interpretationen stammen von Binion (1978), der Hitlers Krise von 1918 hervorhebt, und von Waite (1977). Zu den Anfängen von Hitlers Antisemitismus vor dem Krieg s. Waite, S. 186-190.

17 S. H. Mommsen (1986c) zu einer politischen Lesart der Debatten.

18 S. Joffes Konzept eines »deutschen Erbfolgekriegs« (1987: 76).

19 Fischer (1961). Hans Gatzke (1950) hatte bereits manche Ergebnisse von Fischer vorweggenommen, aber seine Monographie wurde von deutschen Lesern ignoriert und konnte außerdem nicht mit ähnlich sensationellen Quellenfunden (Bethmann-Hollwegs Septemberprogramm) aufwarten. Es geht hier nicht um die Stimmigkeit von Fischers Interpretation – ich hege da gewisse Vorbehalte –, sondern darum, wie schnell sie zu einem Politikum wurde.

20 Vgl. Hildebrands (1976) wütenden Angriff auf Wehlers Idee einer umfassenden Gesellschaftsgeschichte und Wehlers Erwiderung (1977); zu ähnlichen konservativen Verteidigungen einer eigenständigen Geschichte der internationalen Politik s. Hillgruber (1973) und Hubatsch (1975: 76-78).

21 Wenn ich auf die fragwürdigen Seiten einer Alltagsgeschichte verweise,

möchte ich damit nicht ihren Beitrag zu einer Rekonstruktion der erlebten Vergangenheit schmälern; ihre besten Vertreter haben sich außerdem bemüht, auch Fragen der Autorität und Macht mit einzubeziehen. S. z.B. den von Reulecke und Weber (1978) herausgegebenen Sammelband; ferner zur NS-Zeit Peukert und Reulecke (1981).

22 Vgl. Borchardt (1982). Die darin zusammengestellten Aufsätze weckten ein starkes Echo. Meine (abweichende) Meinung findet sich in Heft 11 (1985) von *Geschichte und Gesellschaft*, das kritische Erwiderungen auf Borchardt zum Thema hat.

23 Gadamer wies die privilegierte Stellung einer »kritischen Reflexion« zurück und erwiderte, politische und wirtschaftliche Strukturen seien ihrerseits durch das Sprachverstehen ihrer Teilnehmer vermittelt. Zur Position von Habermas s. (1965: 251-290); s.a. seine Frankfurter Antrittsvorlesung, zuerst veröffentl. im *Merkur*, Dezember 1965: 1139-1153. Zu Gadamer s. (1960: 250-382) und seine Antwort auf Habermas: »Rhetorik, Hermeneutik und Ideologiekritik«, in: *Hermeneutik und Ideologiekritik*, Frankfurt/M. 1971.

24 Zu einer früheren Klage über den Verlust an historischer Orientierung s. A. Heuß (1959). Später bedauerte Heuß noch vor Hillgruber den Verlust des deutschen Einflusses im Osten.

25 Im September 1987 erklärte Stürmer auf einer Tagung in Leeds Castle, er selbst glaube nicht, daß Geschichte »Identität« schaffen könne. Eine Identitätssuche sei zwar bei den Massen festzustellen, aber der Historiker könne bestenfalls Orientierungshilfe anbieten.

26 »In dieser Tiefendimension, in der alle Katzen grau sind, wirbt er dann um Verständnis für die antimodernistischen Impulse, die sich gegen ›eine vorbehaltlose Affirmation der praktischen Transzendenz‹ richten. Darunter versteht Nolte die angeblich ontologisch begründete ›Einheit von Weltwirtschaft, Technik, Wissenschaft und Emanzipation‹. Das alles fügt sich trefflich in heute dominierende Stimmungslagen – und in den Reigen der kalifornischen Weltbilder, die daraus hervorsprießen.« (Habermas 1987a: 70)

27 Habermas zitiert hier aus Nolte (1986a). Ironisch führt er das Zitat fort: »Die ›Untat‹ war nicht in der letzten Intention beschlossen, sondern in der Schuldzuschreibung, die sich gegen eine Menschengruppe richtete, welche selbst durch den Emanzipationsprozeß der liberalen Gesellschaft so schwer betroffen war, daß sie sich in bedeutenden Repräsentanten für bedroht erklärte.« (1987a: 70) Mit anderen Worten, das schlimmste Verbrechen des Nationalsozialismus folgte nicht aus dem, was dieser eigentlich wollte, sondern stellte eine Reaktion dar.

28 Ähnlich argumentierte Hildebrand (1986c), S. 291: »Der drohende Verlust an öffentlicher Resonanz scheint Jürgen Habermas zur Attacke gegen das, was wissenschaftlich längst feststeht bzw. erörtert wird, gereizt

zu haben. Es scheint also, daß es ihm nicht in erster Linie um Wahrheit, sondern um *Einfluß* geht.«

29 Vgl. hierzu die Kritik von Habermas an den deutschen Neokonservativen: »Alle Erscheinungen, die sich nicht dem Bild einer kompensatorisch befriedeten Moderne fügen, werden personalisiert und moralisiert, das heißt den Linksintellektuellen in die Schuhe geschoben; diese betreiben eine Kulturrevolution, um ihre eigene Herrschaft, die ›Priesterherrschaft der Neuen Klasse‹ zu sichern.« (1982: 1055)

30 Gegen Schulze ließe sich jedoch einwenden, daß die Demokraten der Weimarer Republik keinen »Verfassungspatriotismus« anstrebten. In Wirklichkeit hatten sie in der Mehrzahl versucht, auf dem Boden einer nationalen Identität zu konkurrieren. War angesichts der Tatsache, daß Deutschland nach dem Ersten Weltkrieg ein unversehrter Nationalstaat war, sich durch den Versailler Vertrag jedoch gedemütigt fühlte, eine andere Reaktion überhaupt wahrscheinlich? Ein wesentlicher Grund für die mögliche Lebensfähigkeit eines Verfassungspatriotismus heute im Unterschied zur Situation von 1918 lag allein schon in der Spaltung Deutschlands.

31 Bundeskanzler Helmut Kohl hatte einem Bericht in der *New York Times* zufolge geäußert, es gehöre zu den Errungenschaften seiner Regierung, daß sie den Deutschen geholfen habe, der eigenen, jahrhundertealten Geschichte gegenüber ein unbefangenes Verhältnis einzunehmen (s. Markham 1987).

32 Der Kriminalbeamte oder Detektiv ist eine Analogie, die auf unterschiedliche Weise von C. Ginzburg (1986) und P. Redondi (1987) nahegelegt wurde; sie liegt auf einer Linie mit einer postmodernistischen Ablehnung einer Synthese und der Vorliebe des vergangenen Jahrzehnts für fragmentarische Belege und anthropologisch aufschlußreiche Fingerzeige oder Vignetten. Ich halte sie für eine unzureichende Beschreibung der Rolle des Historikers. Historiker müssen sowohl Bedeutungen ermessen als auch Hinweisen folgen; andernfalls übertreiben sie den Stellenwert des rein Pittoresken. In seinem jüngsten Buch hat Nolte ebenfalls die Gerichtsmetapher gebraucht, um eine »Revision« zu rechtfertigen: »Die intendierte *Parteilosigkeit* des historischen Denkens ... (ist) in einem juristischen Bilde nichts anders als das Verlangen, daß reguläre Gerichtsverfahren an die Stelle der Standgerichte und Schauprozesse treten, d.h. Gerichtsverfahren, in denen auch Entlastungszeugen ernsthaft angehört werden und die Richter nicht bloß formell von den Staatsanwälten verschieden sind.« (Nolte 1987a: 26) Das ist lediglich eine Umschreibung der Forderung, keine Antwort (und keine Frage) a priori auszuschließen. Es ist allerdings auch nicht so, daß alle Zeugen von vornherein dieselbe Glaubwürdigkeit genießen.

33 Ein Grund hierfür ist praktisch-pädagogischer Natur. Es gibt genügend

viele Menschen, die den Behauptungen von Nolte und Fest Glauben schenken, so daß man diese mit rationalen Argumenten widerlegen muß, statt ihnen von vornherein böse Absichten zu unterstellen und sie deshalb zu ignorieren. Auf einen Artikel zu der Kontroverse (in *New Republic*, 1. Dez. 1986) erhielt ich Zuschriften von historisch wenig gebildeten Lesern, die sich in ihrer Umgebung gegen Behauptungen wehren mußten, Auschwitz sei eine jüdische Erfindung. Sie benötigten Argumente und nicht einfach meine Versicherung, diese Auffassung sei anrüchig.

34 Die in der zitierten Passage zum Ausdruck kommende neuplatonische Argumentationsweise ist für Nolte charakteristisch geworden. Er geht von idealtypischen normativen Bindungen aus: Der Mensch als Moralist wird definiert durch die Beachtung der goldenen Sittenregel; als Politiker ist er definiert durch die Hingebung an seine »Gruppe«, auch auf Kosten anderer; als Historiker ist er definiert durch seine Bereitschaft, jedes Verhalten zu verstehen. Möglicherweise geht diese Unterscheidung auf Webers letzte Aufsätze über Wissenschaft und Beruf zurück. Allerdings hat Weber anders als Nolte nie gefordert, der Sozialwissenschaftler oder der Historiker müsse alles Verhalten verstehen oder es andernfalls dem utopischen Reich des absoluten Guten oder Bösen zuweisen, das von Nolte als ausschließliches Feld des Moralisten angesehen wird. Nolte ist außerdem der Meinung, da die meisten von uns darin übereinstimmen, daß das absolute Gute utopisch sei, sei auch das absolute Böse utopisch, so daß nichts, was jemals wirklich gewesen ist, absolut böse sein könne. Aber nicht einmal der Moralist ist gezwungen, Auschwitz zu etwas »absolut« Bösem zu erklären – was immer das heißen mag. Andererseits kann bereits ein einziger Mord etwas »absolut« Böses sein; ein Moralist muß hier Unterscheidungen treffen. Und ohne Nolte zu nahe treten zu wollen, muß der Historiker, der sich schließlich einer Wahrheit verpflichten muß, den Standpunkt des Moralisten teilen und kann sich nicht darauf zurückziehen, das Böse betreffe ihn lediglich als Privatperson. Zu einer von Nolte abweichenden Meinung s. Castoriadis (1983: 109): »Wir können den Parthenon oder Macbeth verstehen; aber es gibt kein ›Verstehen‹ von Auschwitz oder des Gulags und kann es auch nicht geben.«

35 Aus demselben Grund bestürzend ist die Behauptung von Terence des Pres, der zweifellos nicht in apologetischer Absicht schrieb: »Und was macht es wirklich für einen Unterschied, wenn Buchenwald nicht als Vernichtungslager geführt wurde und keine Gaskammern hatte, aber dafür besondere Räume für Massenerschießungen und die Gefangenen Entbehrungen in einem solchen Ausmaß erdulden ließ, daß täglich Hunderte von Gefangenen umkamen?« (1976: 114) Des Pres wollte damit sagen, daß wir in Buchenwald nicht weniger Böses sehen sollten als in Auschwitz, doch sein Argument läßt sich auch so umkehren, daß es die Aussage ermöglicht, Auschwitz sei ebenso »gut« gewesen wie Buchenwald.

36 Doch dann bliebe auch kein Unterschied mehr zwischen Auschwitz und der Taktik des von 1904 bis 1909 in Südafrika von den Deutschen geführten Krieges gegen die Hereros, die in Wüstengebiete gezwungen und dem sicheren Hungertod preisgegeben wurden. Dennoch wäre es falsch, beide Untaten einander gleichzusetzen, wie abstoßend die deutsche Kolonialpolitik auch sein mochte. Die Historiker müssen selbst zwischen unterschiedlichen mörderischen politischen Programmen unterscheiden; sie müssen den Motiven ebenso nachgehen wie den Ergebnissen. Daß man in einem Genozid eine brutale Begleiterscheinung einer Unterdrükkung sieht und nicht das Ergebnis einer bewußten Entscheidung, kann die Opfer nicht wieder lebendig machen und wird wohl auch die Verantwortlichen nicht entlasten. Aber die Leistungsfähigkeit einer Rechtsordnung hängt von solchen kasuistischen Differenzierungen ab.

37 In der für ihn bezeichnenden Verneinungsform heißt es bei Nolte (1987c: 108): »Man kann nicht von vornherein die Möglichkeit ausschließen oder aus der Diskussion herauslassen, daß der Krieg, obwohl er diesen Charakter (eines Vernichtungs- und Versklavungskriegs) trug, objektiv trotzdem ein Präventivkrieg gewesen ist.«

38 S. hierzu Nolte (1987c: 109 f.); zum Weizmannzitat s. den Brief an den israelischen Historiker Dov Kulka vom 18.6.1986, ebd.: 128-131. Noltes Lesern stieß außerdem besonders übel seine Unterschiebung auf, bestimmte, zugegebenermaßen geschmacklose Äußerungen Tucholskys seien Hitler vorausgegangen: »So ist es zum Beispiel eine Schwäche und nicht eine Stärke der etablierten Literatur, daß zwar die schändlichen Kommentare der völkischen Presse zur Ermordung Walter Rathenaus häufig zitiert werden, nicht aber die im Grunde weit schlimmeren Äußerungen Kurt Tucholskys aus dem Jahre 1927, mit denen er den Frauen und Kindern der deutschen Bildungsschicht den Gastod wünscht« (1986b: 228). In seinem Brief an Kulka vom 8.12.86 (in 1987c: 136 ff.) distanzierte sich Nolte zwar auch von jenen Historikern, die – wie Robert Faurisson – bestreiten, daß es überhaupt einen Holocaust gegeben habe, aber er behauptete, deren Motive seien primär in einer Kritik an Israel und einer Sympathie für die Palästinenser aufzusuchen – »ist das letztere notwendigerweise ein unedles Motiv?« Wie auch immer man die israelische Politik gegenüber den Palästinensern beurteilen mag, es sieht ganz danach aus, als stelle diese Korrespondenz bestenfalls den hartnäkkigen Versuch dar, die Grenzen des Geschmacks und der Achtung gegenüber dem historischen Leiden zu verschieben. Nolte hat nichts anderes verkündet als das Ende der Schonzeit.

39 Tatsächlich hatte Weizmann gesagt, die Juden würden an der Seite der Demokraten kämpfen, ohne England besonders zu erwähnen (vgl. Wehlers eingehende Erörterung des Weizmann-Zitats [1988: 83 f. und 227, Anm. 41]).

40 In einem trivialen Sinne läßt sich alles mit allem vergleichen: Selbst die Menge der einzigartigen Ereignisse muß das gemeinsame Merkmal der Einzigartigkeit aufweisen. Doch die Einführung eines rein logischen oder semantischen Attributs als gemeinsames Element ist pure Scholastik. In der geschichtlichen oder natürlichen Welt sind Vergleiche nur dann sinnvoll, wenn die gemeinsamen Kategorien eine ursprüngliche Grundlage in den untersuchten Gegenständen haben.

41 Zu einem sinnvollen Versuch, den Motiven auf die Spur zu kommen, indem die Haltung von Verweigerern untersucht wird, s. Goldhagen (1985). Problematisch ist das Bemühen von H. Arendt (1963), die Verpflichtung auf den Genozid gedanklich zu durchdringen.

42 Marc Bloch (1963). S.a. Bracher: »Vergleiche (sind) nicht nur eine zulässige, sondern eine notwendige wissenschaftliche Methode. Denn nur so können Ähnlichkeiten und Unterschiede ermittelt werden ... Im übrigen könnte eine Kausalität zwischen Gulag und Konzentrationslager, auch wenn sie nachzuweisen wäre, keine moralische Entlastung bewirken.« (1987: 4)

43 Peter Gay hat schon bald nach dem Erscheinen von Noltes Buch *Deutschland und der kalte Krieg* auf dessen Rückzug auf eine »komparative Trivialisierung« hingewiesen (1978: xi-xiv).

44 Zu Noltes Zielsetzungen bei diesem Buch s. seinen Brief an den Verleger »Y«, den er mit dem Manuskript nicht überzeugen konnte: »Richtig ist ... lediglich, daß ich mich heute in stärkerem Gegensatz zu vorherrschenden Zeitströmungen befinde und daß eine völlig neue und ungewohnte Aufgabenstellung – der Totalitarismustheorie eine historisch-genetische Dimension zu verschaffen, die ihr bisher fehlte – vermutlich nicht ohne einige Einseitigkeiten und Überspitzungen zu bewältigen ist.« (1987c: 154) Ob die Überspitzung dem Autor oder dem Kritiker aufgenötigt wird, ist nicht ganz ersichtlich.

45 Trotz ihrer Einkleidung in Verneinungsformen ist diese Aussage zutreffend. Im Grunde genommen geht es bei der Auseinandersetzung darum, welche Aspekte die wichtigeren sind und warum – die einzigartigen oder die vergleichbaren.

46 Der kambodschanische Terror bestand aus einer rassistischen Politik gegenüber Minderheiten; einer großangelegten Umsiedlung der Großstadtbevölkerung aufs Land, Zwangsarbeit und schließlich aus der Einkerkerung, Folter und Liquidierung ehemaliger Kader. Sie erinnerte an die stalinistischen Säuberungen und war gekennzeichnet durch erzwungene schriftliche Autobiographien oder Bekenntnisse. Beckers Darstellung versucht keine zahlenmäßige Schätzung aller Getöteten unter der Bevölkerung von ursprünglich sieben Millionen Einwohnern. Zu ihnen zählen die vermutlich Tausende, die sogleich nach der Machtübernahme hingerichtet wurden, die Todesfälle im Gefolge der Umsiedlungsmaßnahmen

und der Mißhandlungen, von denen die Zwangsarbeit begleitet war, weiterhin all jene, die den anschließenden politischen Säuberungen zum Opfer fielen – in einem von insgesamt 33 Distrikten kam es allein zu geschätzten 34 000 Hinrichtungen –, sowie die Opfer einer letzten Säuberungswelle 1978 im östlichen Teil des Landes, deren Zahl in die Hunderttausend ging (vgl. Becker 1987: 195-218 u. 320 ff.).

47 Die Literatur zu diesem Problem ist bruchstückhaft und in der Regel nationalistisch geprägt; vgl. jedoch Hovannasian (1986); Chalian/Ternon (1980); Boyajian (1972); Mederian (1965) und die von Bryce (1916) gesammelten Berichte. Nach den meisten Quellen gab es angeblich 1,5 Millionen Tote, aber die Schätzungen sind nicht unabhängig voneinander.

48 Zur Hungersnot vgl. Conquest (1986) sowie den persönlichen Erlebnisbericht von Dolot (1987). Allzu oft haben die Auseinandersetzungen zu einer unerträglichen Rivalität geführt. Bei jedem Terror finden die Opfer ihre Wortführer; die Folge ist ein Wettstreit um die größere Zahl der Opfer. Nichtjüdische Opfer der Deutschen oder der Russen reagieren empfindlich auf den Anspruch von Juden, sie hätten noch tiefere Leiden erduldet. Jüdische Autoren befürchten, ihre Zeugnisse eines Märtyrertums könnten angefochten werden. Im Epilog werde ich auf diesen Punkt zurückkommen; vorläufig mag der Hinweis genügen, daß wir Differenzierungen benötigen, ohne deshalb die Leiden anderer Gruppen zu schmälern.

49 Die Zahlen für sowjetische Opfer bei Conquest (1968: 525-535, und 1986: 299-307). Mir liegen keine Zahlen für die Säuberungen nach dem Krieg vor. S. jedoch hierzu Heller/Nekrich (1986: 379-382 und 492-497). Die hohen Opferzahlen von Conquest, auf die ich mich im folgenden stütze, wurden unlängst von Stephan Merl (1987 und 1988) in Frage gestellt. Merl errechnet auf der Basis der sowjetischen Volkszählung von 1939, die er gegen die Kritik von Conquest verteidigt, für die Opfer der Kollektivierung und Säuberungen eine Obergrenze von 8 Millionen (ohne die Opfer der Hungersnot 1932/33, die er nicht auf 7 Millionen schätzt, sondern zwischen 5 und 6 Millionen ansetzt). Wenn man die niedrigeren Zahlen von Merl zugrundelegt, ergibt sich eine überraschende annähernde Gleichheit der quantitativen Dimension der zwei Diktaturen, die indessen nur einen Aspekt bei der Qualifizierung der Schuld darstellt.

50 Die Schätzziffer von 16 560 Hinrichtungen stammt von Wagner (1974: 799-805). Zur Schätzung von 200 hingerichteten Verschwörern des 20. Juli 1944 sowie der Zahl der Opfer 1944 (5 764) und 1945 (ca. 800) s. Hoffmann (1969: 600 und 800, Anm. 123). Zur Schätzung von 40 000 bis 50 000 Hinrichtungen deutscher Soldaten durch ihre eigenen Militärgerichte s. Messerschmidt/Wüllner (1988).

51 Kogon (1947: 36 und 170). Kogon betont die mangelnde Genauigkeit

dieser Schätzungen. Broszat (1965) geht von niedrigeren Zahlen der an Entkräftung und Krankheiten Umgekommenen aus, nimmt jedoch mindestens 500 000 während des Krieges an. Vgl. dazu Benz (1991: 1-20).

52 R. Hilberg (1990, Bd. 3: 1201-1220) schätzt in der bislang wohl maßgeblichsten und gleichzeitig vorsichtigsten Erhebung die Gesamtzahl der jüdischen Opfer auf fünf Millionen gegenüber den angeblich von Adolf Eichmann erwähnten sechs Millionen. Darunter fallen 800 000, die an ihrer Ghettoisierung und allgemeinen Entbehrungen gestorben sind; über 1,3 Millionen, die unter freiem Himmel exekutiert wurden, und knapp drei Millionen, die in Lagern zu Tode kamen, davon eine Million in Auschwitz, 750 000 in Treblinka und über eine halbe Million in Sobibor. Nach Ursprungsländern aufgeschlüsselt stammten knapp drei Millionen der getöteten Juden aus Polen, über 700 000 aus der UdSSR, jeweils mehr als 260 000 aus Rumänien und der Tschechoslowakei, über 180 000 aus Ungarn; 120 000 aus Deutschland (andere Quellen sprechen von 135 000); über 100 000 aus den Niederlanden, 75 000 aus Frankreich und 200 000 aus den baltischen Republiken. (Zur Erforschung der Opferzahlen vgl. neuerdings Benz 1991).

53 Die Ansicht, Hitler habe von Anfang an geplant, die europäischen Juden auszurotten, läßt sich offenbar nicht durch Belege erhärten. Andererseits übersieht die vielfach sehr verwickelte Argumentation, die näheren Umstände der schnellen Eroberungen hätten Hitler vor ein jüdisches Problem gestellt, das dieser durch Vertreibungen allein nicht mehr lösen konnte, die vorbereitende Rolle der nationalsozialistischen Rhetorik. Ein ähnlicher Streit besteht zwischen denen, die Hitlers zentrale Rolle hervorheben, und denen, die die Rolle der bürokratischen Akteure in seiner Umgebung betonen. Zu einer zugespitzten Darstellung dieser Probleme s. Dawidowicz (1986) und H. Mommsen (1983). Vgl. a. Schleunes (1970). Irvings apologetische Darstellung (1977) ist zweifellos unhaltbar (vgl. Broszat 1977). Zu einer sachkundigen und ausgewogenen Behandlung des Themas, die beiden Positionen gerecht wird, s. Browning (1985). Einen wertvollen neueren Überblick über die Streitfragen im Zusammenhang mit dem Holocaust – von deutscher wie von jüdischer Seite – bietet Marrus (1987). S.a. Anm. 65 unten.

54 *Nacht und Nebel,* der Titel eines 1956 produzierten Dokumentarfilms über die KZs von Alain Resnais, war die Benennung eines Erlasses vom 7. Dezember 1941, der die willkürliche Verhaftung, Deportation und Verurteilung in Deutschland für jeden Gegner der Nazi-Herrschaft in den besetzten Gebieten ermöglichte (vgl. O. Wormser-Migot 1968: 203-213).

55 Es mag so aussehen, als wäre das Ziel der Nazis, die Juden aus jedem möglichen Territorium zu vertreiben, aus den Ländern der Verbündeten wie Ungarn ebenso wie den unmittelbar besetzten Gebieten, ebenfalls einzigartig. Doch damals erstreckte sich auch Stalins fixe Idee, jede mög-

liche Opposition auszurotten, auf Gebiete außerhalb der Sowjetunion; man denke nur an die systematische Liquidierung von Trotzkisten und POUM-Anhängern im Spanischen Bürgerkrieg.

56 Arendt (1958: 460 ff.) stellte fest, daß Mussolini (oder genauer Alfredo Rocco) den Begriff des Totalitarismus als erster gebraucht hatte, allerdings in bezug auf das Monopol des Staates auf die politische Macht – und nicht auf die Macht, sämtliche Aspekte des Lebens und der individuellen Meinung zu formen. Obgleich die äußerst geringe Zahl von Todesurteilen (wenn auch nicht die von schweren Mißhandlungen mit Todesfolge in der Zeit bis zur Konsolidierung der Macht), das Fehlen von Konzentrationslagern, die besonderen Vorrechte, die der römisch-katholischen Kirche gewährt wurden, und die weiterbestehende politische Rolle des Königs und seiner Umgebung darauf schließen lassen, daß der italienische Faschismus nicht totalitär war, so darf doch nicht vergessen werden, daß Mussolini und Rocco einen neuen Typ der politischen Herrschaft im Auge hatten, qualitativ von einer gewöhnlichen Diktatur insofern unterschieden, als diese die Köpfe wie die Gemüter lenken, die Jugend formen und die nationale Existenz Italiens wiederbeleben sollte. Es wäre ein Fehler und ein schlechter Dienst, den italienischen Faschismus auf die leichte Schulter zu nehmen.

57 Die Kategorie des staatsmonopolistischen Kapitalismus könnte dazu beitragen, eingehendere Untersuchungen anzuleiten. Typische Beispiele sind etwa Gossweiler (1971), Eichholtz (1963), Eichholtz/Gossweiler (1968) und Czichon (1967).

58 Lübbe beendete seinen Beitrag, indem er jene Themen anklingen ließ (aber keineswegs klärte), die einige Jahre später Stürmer und Nolte beschäftigen sollten: »Identität – das ist nun einmal bis in unseren politischen Lebenszusammenhang hinein eine in erster Linie geschichtsbewirkte, vergangenheitsabhängige Größe, und Subjekte, die sich mit ihrer Vergangenheit schwer tun, haben nur eine einzige Möglichkeit, ihr gegenüber allmählich freier zu werden. Diese ... besteht darin, sich in der Gegenwart so einzurichten, daß, wenn auch diese Gegenwart schließlich Vergangenheit geworden ist, sie dem zustimmungsfähigen Teil der Vergangenheit zuzurechnen sein wird.« (1983b: 345; s.a. ders. 1987; vgl. Ch. Meiers gänzlich andere Datierung der beginnenden Beschäftigung mit dem Nationalsozialismus (1987: 36 f.).

59 Vgl. Nipperdeys Erwiderung auf Lübbe in Broszat et al. (1983: 368-371), in der Auseinandersetzung mit der Vergangenheit habe eine gewisse »Perversion« gelegen, weil sie oftmals darauf angelegt war, andere unter Anklage zu stellen.

60 Friedländer (1987: 47). Um zu zeigen, daß eine Historisierung in Apologie umschlagen kann, führte Friedländer Hillgrubers Versuch an, seine Bemühung um eine Identifizierung mit den Soldaten an der Ostfront

mit den Methoden der Alltagsgeschichte gleichzusetzen; s. Hillgruber (1986); s.a. den Briefwechsel zwischen Broszat und Friedländer (1988).

61 Peukert (1987) argumentiert, eine »kritische Historisierung« könne Friedländers Befürchtung schwerlich rechtfertigen. Tatsächlich ermögliche sie dem Historiker, seinen Untersuchungsgegenstand von einigen wenigen kriminellen Führern auszuweiten, um zu verstehen, welche ausgedehnten sozialen und kulturellen Wurzeln ein nationales Programm des Terrors, Kriegs und Massenmords begünstigten. Aber Peukerts Berufung auf das repressive Potential des Industriekapitalismus oder falsch verstandener Rassenlehren aus dem 19. Jahrhundert vermag nicht zu überzeugen. Schließlich litten auch die Vereinigten Staaten unter diesen Widersprüchen (vgl. Kevles 1985).

62 S.a. Klaus Tenfelde (1985, 1982 und 1984). Vgl. die Erörterung bei Ian Kershaw (1983: 2-4). Kershaw zieht den Begriff »Dissens« (»dissent«) den Begriffen »Opposition« oder »Widerstand« zur Kennzeichnung des Spektrums an ablehnenden Meinungen vor.

63 In diesem Zusammenhang hat man auf M.L. Reckers (1985) Untersuchung über die NS-Sozialpolitik verwiesen. Warum jedoch eine Sozialpolitik als etwas Besonderes angeführt wird, erscheint wenig einleuchtend. S. hierzu Maier (1987b) zu gemeinsamen Tendenzen unter dem Einfluß der Großen Depression.

64 Zur »intentionalistischen« Auffassung s. Hildebrand (1981). Vgl. die Beiträge von Friedländer, Caplan, Geyer und Kater sowie meine eigenen Bemerkungen in Maier et al. (1985: 25-78).

65 Die am weitgehendsten funktionalistischen Beiträge im Hinblick auf die »Endlösung« finden sich in Broszats Erwiderung auf Irvings *Hitler's War* (1977) und bei H. Mommsen (1983); vgl. hierzu auch die in Anm. 53 oben angegebene Literatur. S.a. Adam (1972); Pätzold (1980). Zur »intentionalistischen« Auffassung s. Fleming (1982) und Aronson (1984). Je stärker der Standpunkt des Historikers/der Historikerin intentionalistisch geprägt ist, desto früher wird die Entscheidung zur Vernichtung angesetzt. Eine gute Zusammenfassung geben Marrus (1987: 31-54) und Kwiet (1980). Browning (1985) unterstellt eine gewisse Ermächtigung (keinen formellen schriftlichen Befehl) Himmlers und Heydrichs durch Hitler im Sommer 1941, betont jedoch, daß die verschiedenen Behörden des Regimes am Prestige dieser wichtigen Aufgabe teilhaben wollten.

66 Vgl. Recker (1985). Im Unterschied zu den Historikern, die sich auf ihre Studie berufen, verwendet die Autorin selbst ihre Untersuchung nicht zum Zweck einer »Historisierung« der Vergangenheit.

67 Ein guter Historiker wird den allgemeineren Charakter des Regimes nicht aus dem Blick verlieren: Gewiß kann keine Erörterung der nationalsozialistischen Heirats- und Familienpolitik die Vorstellung von der Familie als der Keimzelle rassischer Gesundheit übergehen; aber nicht

jede verweigerte Heiratserlaubnis ist unbedingt ein Vorspiel zu Treblinka (s. hierzu Holzhauser 1981: 58 ff.).

68 Recker (1985: 109-121). Eine neuere Dokumentation einer an Keynes orientierten Wirtschaftspolitik in Deutschland beginnt mit der Weimarer Republik und springt dann in die Nachkriegszeit, ohne auf die wichtigen Arbeitsbeschaffungsprogramme von 1933-1936 einzugehen; G. Bombach et al. (1983). Der Leser kann unmöglich beurteilen, ob die Defizitfinanzierung und die öffentlichen Arbeiten der Nationalsozialisten etwas grundsätzlich anderes waren als frühere Programme oder ob das technische Personal des Finanzministeriums eine dauerhafte antizyklische Konjunkturpolitik anstrebte. In diese Hinsicht hat die Last des Dritten Reiches eine angemessenere Einschätzung mit einem Tabu belegt und eine »Historisierung« behindert.

69 Zum Problem der Identität s. Nozick (1981: 27-114); von psychologischer Seite Erikson (1968 und 1965). Vgl. auch unten Kap. 4.
Die Philosophen haben den Begriff der »Metapräferenzen« vorgeschlagen, um eine Konsistenz auch dann zu wahren, wenn sich die persönlichen Präferenzen ändern (der todkranke Patient, der ursprünglich keine lebensrettenden Maßnahmen wollte und seine Meinung geändert hat; das klassische Beispiel des Odysseus, der seine Gefährten auffordert, ihn vom Mast loszubinden, als er den Gesang der Sirenen hört). Vgl. Elster (1987). Gibt es analog hierzu eine »Metamoral«? Und wenn ja, wie können wir sie bestimmen?

70 Einen nützlichen Literaturbericht über historiographische Tendenzen und sozialwissenschaftliche Einflüsse vom Kriegsende bis zur »Tendenzwende« bietet W.J. Mommsen (1981).

71 Stürmer (1986c). Stürmer äußerte sich nicht immer eindeutig zu diesem Punkt. Während er auf der einen Seite betont, deutsche Geschichte könne nicht für immer »Unheilsgeschichte« bleiben, zitiert er andererseits J. Burckhardt, für den die Geschichte der Neuzeit »wesentlich pathologisch« war (1983a).

72 Kehr wurde von Charles A. Beard ermutigt und erhielt 1932 ein Forschungsstipendium der Rockefellerstiftung. Er starb bereits im Mai 1933 in Washington, D.C., an einem Herzanfall. Hans-Ulrich Wehler, ein Schüler des Beard-Schülers W.A. Williams, gab die Aufsätze in Deutschland heraus (Kehr 1964). Es ist nicht überraschend, daß Kehrs eigene Arbeiten mittlerweile einer kritischen Prüfung unterzogen werden (vgl. M.L. Anderson/L. Barkin 1982).

73 Gerschenkron (1943); H. Rosenbergs Aufsatz (1943) über die politischen und sozialen Folgen der Großen Depression in Mitteleuropa bildete die Grundlage seines Buchs *Große Depression und Bismarckzeit* (1967).

74 Unter anderen Arbeiten, die eine geistige Abweichung von der westlichen Norm hervorheben, s. Stern (1961), der bei Kulturkonservativen

eine »germanische Ideologie« konstatierte, außerdem Krieger (1957), eine ausführliche und differenzierte Darstellung eines gehandikapten deutschen Liberalismus, und F. Ringer (1969), der das Fehlverhalten der deutschen Akademikerschaft erörtert.

75 Die Neuentdeckung von Max Weber hätte eine eigene Darstellung verdient. Webers Vermächtnis an die Sozialwissenschaft war mehrdeutig: Auf der einen Seite betonte er Vernunft und rationale Wissenschaft, auf der anderen verzweifelte er darüber, daß die Wahl der Themen, der ethischen Werte und der moralischen Präferenzen durch den Wissenschaftler dessen Subjektivität unterworfen ist. Amerikanische Interpreten wie Talcott Parsons und der emigrierte Wissenschaftler Reinhard Bendix stellten das rationalistische Erbe in den Vordergrund; und die amerikanische Sozialwissenschaft – ihrerseits nachhaltig unter dem Einfluß der Parsonsschen Modernisierungsmodelle – gelangte nach 1945 wieder nach Westdeutschland zurück (obwohl die konservativen Kritiker nicht verstummt waren). Auf der Linken betonte Habermas die fragwürdigeren Aspekte im Werk Webers (vgl. Blackbourn/Eley (1984: 65-68).

76 James Sheehan konnte von einer »neuen Orthodoxie« sprechen. Gordon Craig widersetzte sich der Tendenz und begrüßte sie gleichzeitig. Die Bielefelder Schule sah sich in einen übereilten Feldzug verwickelt, die Zunft von unnützem Ballast zu befreien, obgleich ihre Mitglieder in der Rückschau mehr Interesse an den Arbeiten früherer konservativer Väter der Sozialgeschichte wie etwa Werner Conze gezeigt haben. S. die Besprechung von Wehlers *Von Bismarck zum Kaiserreich* durch Nipperdey (1975); Eley (1978) und Puhle (1978).

77 Blackburn/Eley (1984), ursprünglich in deutscher Sprache (1980). In der (wesentlich erweiterten) englischen Ausgabe werden die Reaktionen auf die ursprüngliche Ausgabe erörtert.

78 Blackbourn und Eley zeigen sich enttäuscht, daß ihre Argumente offenbar von fast allen Kritikern mit Ausnahme Dieter Langewiesches mißverstanden wurden; s. dessen Besprechung in *Archiv für Sozialgeschichte*, 21 (1981: 527-531). Ich glaube allerdings nicht, daß sie falsch verstanden wurden. Ihrem Argument läßt sich entnehmen, daß die Englische und die Französische Revolution keinen einschneidenden Wandel bedeuteten, daß die Vormachtstellung der deutschen Bourgeoisie ebenso entscheidend war wie die englische, daß sie ihren Einfluß in allen politischen Sphären geltend gemacht hat. Die Autoren haben ihre vorgeblichen Freunde mit Genuß attackiert und können kaum erwarten, mit ihrer Revision auf Gegenliebe zu stoßen. Einige Leser wurden auch durch den intellektuellen Stil vor den Kopf gestoßen. Obgleich Blackbourn und Eley manche äußerst wichtigen Feststellungen treffen, wenn sie z.B. den Unterschied zwischen der rechten Manipulation von oben und dem Chauvinismus der einfachen Bevölkerung hervorheben, neigt Eley an

manchen Stellen dazu, bestehende Meinungsverschiedenheiten zu übertreiben. Mehr zu diesem Aspekt bei Eley (1980).

79 Das lag zum Teil daran, daß sich die Diskussion um Wehlers Interpretation kristallisierte (vgl. dagegen Conze 1979).

80 Vgl. Winkler (1974), wo die Beiträge zu einer Reihe von Arbeitsgruppen auf dem Historikertag von 1972 in Regensburg gesammelt sind. Zu den Autoren gehörten Wehler, Kocka, Puhle, Feldman (der Vorbehalte äußerte) und ich selbst (ich hatte die 20er Jahre unter einer ähnlichen Fragestellung untersucht). Der Begriff des organisierten Kapitalismus selbst wurde aus der Analyse des sozialdemokratischen Theoretikers Rudolf Hilferding abgeleitet, der es für denkbar hielt, daß eine derartige Verzahnung von staatlicher Bürokratie und kapitalistischen Unternehmen einen bruchlosen Übergang zum Sozialismus ermöglichen könnte. Als Winkler, Kocka und andere den Begriff Anfang der 70er Jahre zu neuem Leben erweckten, bestand sein Reiz hauptsächlich darin, daß er als typologische Alternative zum Modell des »Stamokap« (staatsmonopolistischer Kapitalismus) dienen konnte, der damals in der DDR in Mode war und auch unter den extremen Linken an westdeutschen Hochschulen Anhänger gefunden hatte. »Organisierter Kapitalismus« war der historiographische Widerhall der Blütezeit der SPD. Die Exponenten dieses Begriffs rechneten kaum damit, daß die doktrinären Interpretationen der Linken, gegen die sie sich wandten, so schnell wieder abebben würden und daß die neue Herausforderung ihres Bemühens um eine integrative soziopolitische »Gesellschaftsgeschichte« ihnen aus den Reihen der Konservativen erwachsen würde.

81 Obwohl sie diesen wichtigen Punkt zu Recht hervorheben, erinnern Blackbourn und Eley mit ihrem Hinweis auf »die Sphären der Eigentumsverhältnisse, des Rechtsstaats und des Vereinswesens ..., die mit mehr Recht die Bezeichnung ›bürgerliche Revolution‹ verdienen«, an die alten deutschen Kritiker der Französischen Revolution (1984: 16).

82 Trotz Nipperdeys Kritik an den Vertretern einer Strukturgeschichte hatte seine eigene Interpretation einer früheren Geschichte und Theorie der Linken einiges zu verdanken. Eine der einflußreichen Anregungen zu einer erneuten Überprüfung des politischen Vermächtnisses der deutschen Aufklärung war die Untersuchung von J. Habermas (1962) zur kulturpolitischen Entwicklung des Bürgertums mit ihrem Begriff einer bürgerlichen »Öffentlichkeit«.

83 Und wie steht es mit dem berüchtigten deutschen Antisemitismus? Hebt Deutschland sich nicht dadurch von anderen Ländern ab, und verdient er nicht im Hinblick auf die späteren Ereignisse eine besondere Hervorhebung? Solche Fragen scheinen sich aufzudrängen, aber obwohl der Antisemitismus in Deutschland, Österreich-Ungarn und Rußland zweifellos bedrückender war als in England oder Italien, war er in Deutsch-

land nicht so verschieden von dem aller übrigen Länder, daß man das Endresultat hätte vorhersehen können. Auf seiner Reise durch Frankreich während der Dreyfus-Affäre war Freud entsetzt über die Heftigkeit antijüdischer Einstellungen in diesem Land. Der Schlüssel in Frankreich und zu Zeiten auch in Deutschland lag in der politischen Mobilisierung der häufig latenten Ressentiments. Keine vom Christentum geprägte Gesellschaft war frei von der Überzeugung, daß die Juden niemals gänzlich dazugehörten. Liberale konnten dazu beitragen, daß diese Überzeugung politisch und kulturell folgenlos blieb, während Populisten der Rechten sie als Grundlage einer erfolgreichen Demagogie ausnutzen konnten. Wer dabei die Oberhand gewann, hing mehr von allgemeinen politischen Faktoren ab als von der Stärke des Vorurteils, das angesprochen wurde.

84 Paradoxerweise beklagten britische und US-amerikanische Reformer um die Jahrhundertwende die Rolle von Parteien und blickten neidvoll auf die Kommunalpolitik und bürokratische Wohlfahrtsinstitutionen in Deutschland. Richard Eley, Charles A. Beard, die Fabier und andere studierten die deutschen Neuerungen; sie beriefen sich auf deutsche Modelle einer lokalen Regierungsbefugnis, um den Einfluß der Parteien einzudämmen und eine »fortschrittliche«, aber vielfach elitäre Stärkung staatlicher Behörden zu Lasten der Parteienherrschaft zu erreichen.

85 Das ist die Grundlage für die Behauptung, die Konservativen hätten genau deshalb auf den Krieg gesetzt oder seien zumindest das Risiko nationalistischer Krisen eingegangen, um ein weiteres Fortschreiten der Demokratisierung zu verhindern (s. hierzu A.J. Mayer 1969). Elemente dieses Abenteurertums lassen sich zwar ausmachen, ebenso aber auch ein ausgeprägtes Beuwßtsein, daß ein Krieg gleichbedeutend sein könnte mit Revolution. Während der Julikrise von 1914 wurden die Mitspieler jedenfalls vom internationalen System erdrückt.

86 In meinem Buch *Recasting Bourgeois Europe* (1975) habe ich die These vertreten, daß das, was früher einmal ausschließlich vormoderne Elemente der deutschen Gesellschaftsstruktur zu sein schienen, in mancher Hinsicht die modernen »postliberalen« Elemente stärker vorgeprägt hat als deren Fehlen in Frankreich oder England. Doch dieses Argument läßt sich für sich allein gegen die Wortführer eines deutschen Sonderwegs, der 1945 beendet war, nicht vorbringen. Es besagt nur, daß unter der Perspektive der Zeit nach 1945 keineswegs deutlich erkennbar ist, welche Entwicklung im frühen 20. Jahrhundert rückständig und welche »modern« war.

87 In diesem Punkt besteht zunehmend Übereinstimmung (was Kocka ausdrücklich eingestanden hat). Childers (1983), Hamilton (1982) und Falter et al. (1986) stimmen im Hinblick auf Methoden und bestimmte Einzelinterpretationen zwar nicht überein, sehen jedoch allesamt im Nationalsozialismus einen viel umfassenderen Protest, als frühere Interpretationen zugelassen hätten.

88 Der Begriff lehnt sich an den Titel von Hellmuth Rösslers populärer Apologie für den internationalen Ruf Deutschlands an: *Deutsche Geschichte. Schicksal des Volkes in Europas Mitte* (1961).

89 Christian Meier hat in seinem Buch *Die Entstehung des Politischen unter den Griechen* die selbstmotivierenden Quellen des politischen Konflikts hervorgehoben (1980: 258).

90 Vgl. z.B. Kriedte et al. (1977): Diese wertvolle Untersuchung über die Frühindustrialisierung betonte die Rolle der Familienbildung und der gewerblichen Produktion auf dem Land. Die Konzentration auf den ländlichen Haushalt erleichterte anschließend den Brückenschlag zu kulturellen und anthropologischen Fragen im engeren Sinne. Zu einem wichtigen US-amerikanischen Beitrag s. Sabean (1984). Zum Stellenwert der historischen Anthropologie s. Medick (1984) und die Entgegnung von Kocka (1984).

91 Ein frühes Beispiel mit – nach wie vor – Modellcharakter ist Allen (1964). S.a. Peukert/Reulecke (1981); außerdem einige der Beiträge zur mehrbändigen Untersuchung des Münchner Instituts für Zeitgeschichte über Bayern unter dem Nationalsozialismus.

92 In Hartz' Sicht der US-amerikanischen Geschichte nehmen die USA eine Sonderstellung ein: Amerika, du hast es besser. In diesem Fall kein Feudalismus, deshalb kein Adel, kein traditionsgebundener Konservatismus, kein machtvoller Sozialismus – liberale Demokratie aus einer glücklichen Not. Diese Interpretation mußte das bestehende Spektrum der Ungleichheit ebenso bagatellisieren wie die Gewalttätigkeiten gegenüber den Arbeitern und die Rolle der ethnischen Konflikte als Ablenkung von Klassenkonflikten. Zu einem synkretistischen Versuch der Konstruktion einer US-amerikanischen Identität s. Lipset (1963).

93 Es gab weit weniger Debatten um die Pläne eines historischen Museums in Bonn, die 1984 bekanntgegeben wurden. Zu dem Vorschlag s. Gall et al. (1984). Zur Kritik durch die SPD s. Löber (1984). Zu einer Sammlung kritischer Aufsätze über die Museumspläne vgl. Geschichtswerkstatt Berlin (1987).

94 Vgl. Habermas: »Wenn man sich die Zusammensetzung der Kommissionen ansieht, die die Konzeptionen für die von der Bundesregierung geplanten Museen, das Deutsche Historische Museum in Berlin und das Haus der Geschichte der Bundesrepublik in Bonn, ausgearbeitet haben, kann man sich nicht ganz des Eindrucks erwehren, daß auch Gedanken des Neuen Revisionismus in die Gestalt von Exponaten, von volkspädagogisch wirksamen Ausstellungsgegenständen umgesetzt werden sollen.« (1987a: 72)

95 So ist es auch nicht überraschend, daß einer der exponiertesten neokonservativen Teilnehmer an der Debatte die neuen Museen als Stätten der Zuflucht vor der immer stärker zunehmenden Modernisierung begrüßte, die er in seinem Umfeld wahrnehmen konnte (Lübbe 1983a).

96 Ich beziehe mich hier auf H. Mommsen (1968d). Zu den Anfängen s.a. Knopp (1986) und Boockmann (1986b). Knopp war als Direktor der Stiftung Preußischer Kulturbesitz Vorsitzender der Sachverständigenkommission; Boockmann gehörte der Kommission als Mitglied an und arbeitete an dem Entwurf von 1982 mit.

97 Sachverständigenkommission (1986: 6). Eine überarbeitete Fassung wurde am 24. Juni 1987 vorgelegt. Zu einer Zusammenfassung s.a. Boockmann (1986a).

98 Sachverständigenkommission (1986: 7 f.). Wie ein historisches Museum mit Streitfragen umgehen soll, wie es künftige Kontroversen vorwegnehmen kann und welche Meinungsverschiedenheiten es dem Publikum nahebringen soll und welche nicht, solche Fragen blieben in dem Dokument unbeantwortet. Gerechtweise muß jedoch gesagt sein, daß die meisten der verfügbaren Alternativmodelle ebensowenig versucht haben, diese Probleme anzugehen. Das Museum of American History in Washington zeigt widerstreitende zeitgenössische Meinungen zu bestimmten Problemen (industrielle Entwicklung, Rassenverhältnisse), verzichtet jedoch in der Regel auf rückblickende Interpretationen.

99 Ein Resümee der Anhörungen in »Vermerk betr. Deutsches Historisches Museum: Öffentliche Anhörung der SPD zum Deutschen Historischen Museum ... 2. Juli 1986« (Text zur Verfügung gestellt von J. Kocka). Vgl. a. Stadlmayer (1986). Zu Kockas Rechtfertigung s. »Ein Jahrhundertunternehmen...« (1986).

100 Die alte Geschichte erlaubte einen umfassenderen Ansatz, und die Klassenkämpfe der antiken Welt waren ein Schulbeispiel für Konservative. S. hierzu v. Pöhlmann (1912); außerdem Momigliano (1982) zur Historiographie des »Agrargesetzes«, insbes. S. 3-16.

101 Vgl. das aufschlußreiche Urteil über Herder: »Herders Sinn für die geschichtliche Welt und damit auch für das Wesen der Nation floß in letzter Linie aus seinem Humanitätsideal und fand in letzter Linie in diesem auch wieder seine Schranke.« (Meinecke 1908: 30).

102 Ebd.: 287. Im Gegensatz zu Meinecke betont Krieger (1977) das universalistische Element im Werk Rankes.

103 »Ein ganzes Leben lang hat (das Vorkriegsdeutschland meiner eigenen Jugend) für meine Erinnerung im Strahlenglanz einer Sonne gelegen, die erst seit dem Kriegsausbruch 1914 sich zu verfinstern schien. Und nun, am Abend meines Lebenstages, werden dem forschenden Auge viel tiefere Schatten sichtbar, als meine Generation – und vollends die meiner akademischen Lehrer – sie damals zu sehen vermochte.« (Ritter 1959 ff., Bd. 2: 3)

104 Zu einer Darstellung des Streits s. Iggers (1971: 256-260; ders. 1984); s.a. Steinberg (1973) und Lorne-Schütte (1984). 1908 konnte Meinecke Lamprecht im 100. Band der *Historischen Zeitschrift* Gerechtigkeit wider-

fahren lassen; dort riet er, die Historie brauche ihr Hauptthema Staat und Nation nicht aufzugeben, müsse jedoch wieder Kontakt mit der Philosophie oder vielmehr dem philosophischen Geist suchen (vgl. Iggers 1971: 261).

105 Der Leser sei daran erinnert, daß Charles Maier diesen Text 1987, also vor der Wiedervereinigung, geschrieben hat; im Original steht deshalb noch im Präsenz, was in der Übersetzung schon in die Vergangenheitsform verändert werden mußte (A.d.Ü.).

106 Zum Argument, es habe während des Kalten Krieges die Chance zu einer Wiedervereinigung als ein neutrales, aber demokratisches Deutschland gegeben, s. Steininger (1986). Diese Behauptungen lösten eine heftige Debatte aus. Siehe etwa Stürmers rabiate Zurückweisung dieses und anderer »Gespenster der Vergangenheit« wie etwa »der Legende vom edlen Wollen der Kommunisten, vom Versagen der deutschen Sozialdemokraten und vom Segen der Volksfront« (Stürmer 1986a: 38).

107 Eine Verteidigung des Ansatzes, Geschichte als einen Prozeß der »Emanzipation« zu verstehen, ist vor kurzem auf höchstem Niveau von dem Geschichtstheoretiker Jörn Rüsen unternommen worden. Als Historiker befürwortet er ein neukantianisches Programm der »Aufklärung«, demzufolge »Emanzipation« eine »Idee (bedeutet), die die Geschichte als universalen Prozeß der Selbstbefreiung des Menschen erkennbar macht und zugleich das aktuelle Handeln an der Vorstellung orientiert, diesen Prozeß weiterzutreiben«. Emanzipation bedeutet die Negation von Herrschaft, ohne daß deshalb die Vergangenheit in naiver Weise als bloße Geschichte der Befreiung gelesen werden müßte. In dieser Sicht hat die Untersuchung politischer Herrschaft die Aufgabe, festzustellen, wie diese in größere Übereinstimmung mit der Vorstellung mündiger und autonomer Staatsbürger gebracht werden kann (Rüsen 1981: 195). Zu einer nichthistoristischen Gegenposition s. Nipperdey (1976a).

108 Eine Analogie ist natürlich keine Äquivalenz. Was geschieht, wenn beide Arten einer Identität unter der Hand zu mehr als einer Analogie gemacht werden, zeigt sich an dem Aufsehen, das Hillgruber (1986a) erregte, als er physische und nationale Identität auf dieselbe Stufe stellte. Obgleich der Titel *(Zweierlei Untergang)* unterschiedliche Arten des Untergangs bezeichnete, hatten viele Leser den Eindruck, für Hillgruber sei das Ende eines Nationalstaats gleichbedeutend mit der physischen Vernichtung eines Volkes und der Unterschied zwischen beidem werde durch den Titel bagatellisiert. Die Vernichtung von Leben ist nicht dasselbe wie die Vernichtung eines Nationalstaats.

109 Der Begriff der Identität, wie Habermas sie definiert, geht größtenteils auf Modelle der Psychologie zurück. Doch die Idee einer individuellen

Identität allgemein hat ihre Hauptwurzeln im deutschen Idealismus und der späteren Philosophie. Zu neueren Untersuchungen des Problems Elster (1987) und Wollheim (1984), vor allem Kap. 1. Der Wechsel von dem ohnedies problematischen Begriff einer persönlichen zu dem einer kollektiven Identität macht die Sache noch schwieriger. – Habermas hatte schon früher (1976b) davor gewarnt, mit einem zu stark vereinfachten Begriff von nationaler Identität zu arbeiten.

110 Es wäre ungerecht, die Tatsache zu übergehen, daß auch Stürmer die Notwendigkeit einer kritischen Zerstörung von Mythen und die Anwendung wissenschaftlicher Methoden hervorhebt, aber in seinen Aufsätzen (vgl. 1986a) unterstreicht er wiederholt die Bedeutung von Geschichte für die Ausbildung einer Identität.

111 Vgl. hierzu Habermas' Erklärung, »daß Kierkegaard in der Mitte des 19. Jahrhunderts unter der Voraussetzung der kantischen Ethik denken muß und eine Alternative bieten will zu Hegels Versuch, Kants universalistische Moral auf eine fragwürdige Weise zu »konkretisieren« (1987a: 172). Nach Habermas kann Kierkegaard in seinem Mißtrauen gegenüber dem objektiven Geist Hegels (i.e. der vernünftige Staat) mit Marx verglichen werden.

112 Vgl. die Reaktionen auf E. Kennedys Aufsatz (1987) samt den Erwiderungen von Martin Jay, Alfons Soellner und Ulrich K. Preuß im selben Heft.

113 Habermas (1986b). Habermas beschränkt seine Diskussion auf Schmitts *Leviathan* (1938) und versucht die Faszination zu erklären, die der Autor (ebenso wie Heidegger, Benn und Jünger) nach wie vor in »bestimmten vergessenen Subkulturen (ausübt), die früher der linken Szene zugerechnet wurden« (ebd.: 1054).

114 de Felice (1974). Die Debatte hätte allerdings weniger darum gehen sollen, ob in den 30er Jahren ein Konsens vorherrschte, als darüber, ob eine Duldung (und zu Zeiten auch Begeisterung) gegenüber einem Unterdrückungsregime wirklich dieselbe Bezeichnung verdient wie eine Zustimmung auf der Grundlage demokratischer Verfahren.

115 S. den prachtvoll illustrierten Katalog *L'economia italiana tra le due guerre 1919-1939*, Mailand 1984; außerdem die Kritik von Mason (1985) und Maier (1985a). Eine ähnliche Ausstellung im Mailänder Hauptbahnhof vermittelte den gleichen Eindruck. Die Ausstellung in Rom stand unter der Schirmherrschaft der IPSOA-Handelsschule in Rom und wurde außerdem von der Regierung Craxi unterstützt, zu einer Zeit, als diese sich auch als moderne, quasi-plebiszitäre Alternative zu den Parlamentskoalitionen darstellte. Die Beiträge zu dem Katalog stammten von zahlreichen Historikern, von denen einige unverhohlen mit der (faschistischen) Korporativwirtschaft sympathisierten.

116 Als Beispiele führt er an: Hans-Jürgen Syberbergs Film *Hitler*, Michel

Tourniers Roman *Der Erlkönig* und sogar George Steiners Roman *The Portage to San Cristobal of A. H.* (1981). In diesen Fällen ist die Erinnerung derart faszinierend, daß es so aussieht, als hätten die Autoren Geister gerufen, die sie nicht wieder loswerden, ein Vorgang, der an Nietzsches Faszination durch einen früheren »Verführer« erinnert: »Ihm eignet jede Zweideutigkeit, jeder Doppelsinn, alles überhaupt, was die Ungewissen überredet, ohne ihnen zum Bewußtsein zu bringen, wofür sie überredet sind ... Die Musik als Circe ... Er hatte die Naivität der décadence: dies war seine Überlegenheit. Er glaubte an sie, er blieb vor keiner Logik der décadence stehen. Die andern zögern – das unterscheidet sie. Sonst nichts!« (Nietzsche 1888: 930 und 933).

117 Stiefel (1981: 327 f.) Dennoch ist der Autor überzeugt, daß die Entnazifizierung auch freiwillige Seiten hatte und ein »Akt der Vergangenheitsbewältigung« war. Sie bestätigte schließlich die von den Nationalsozialisten vollzogene Modernisierung oder Revolution (s.a. Knight 1986). Zu einer kritischen Erörterung österreichischer Einstellungen zur Vergangenheit und zu Waldheim s. Haslinger (1987).

118 Die Provokation war Robert Knights ausgewogener und fundierter Aufsatz (1986) über die Grenzen der Entnazifizierung in Österreich. Zu österreichischen Protesten gegen diese Maßnahme s. Czernin (1986). S.a. den Leserbrief von Professor Gerald Stourzh (*Profil*, 22. Dez. 1986), in dem dieser die Meinung vertritt, Knight hätte seine Vorwürfe über einen fortdauernden Antisemitismus in Österreich und sein negatives Urteil über den Widerstand vorsichtiger formulieren müssen, ihn jedoch als fähigen Historiker und seinen Aufsatz als brauchbare Basis für einen Dialog verteidigt. Zu einem Angriff auf Knights »perverse Perspektive« und zur generellen US-amerikanischen »Seifenoper«-Haltung gegenüber Deutschen und Nazis s. Unterberger (1986). Vgl. Botz (1987).

119 Lukas (1986), S. xi, 1. Lukas geht es vor allem darum, das Bild der Polen als Komplizen des deutschen Antisemitismus zurückzuweisen, indem er deren eigene Leiden schildert. Zugegeben, die Polen wurden mit unerhörter Grausamkeit behandelt, und wäre das Dritte Reich Herr in Polen geblieben, so hätte man viele von ihnen unbarmherzig Hungers sterben lassen, erschossen oder zu Zwangsarbeitern in der Landwirtschaft gemacht. Es sei ferner zugegeben, daß die Einstellungen der polnischen Christen gegenüber dem jüdischen Bevölkerungsteil nicht mit der nötigen Differenzierung behandelt worden sind. Dennoch waren die Vernichtungsmaßnahmen der Nazis gegenüber den Juden im Hinblick auf ihre Zielstrebigkeit und ihren Umfang etwas anderes als die an der übrigen polnischen Bevölkerung verübten Grausamkeiten. Auf jeden Fall ist die Geschichtsschreibung der polnisch-jüdischen Beziehungen bislang in einer gegenseitigen Defensivhaltung erstarrt, die von der

deutsch-jüdischen Historiographie – zumindest bis zum Historikerstreit – überwunden worden war.

120 S. hierzu die Beiträge von D. Diner, D. Claussen und J. Zipes in Rabinbach/Zipes (1986). Zweifellos geht ein Großteil des in diesen Überlegungen zum Asudruck kommenden Unbehagens ebensosehr auf den Bruch innerhalb der neuen Linken (über die Palästinenserfrage) zurück wie auf die deutschen Zustände an sich.

121 Zum Umfang der jüdischen künstlerischen und historiographischen Reaktionen s. Roskies (1984).

Literatur

Abraham, David (1981), *The Collapse of the Weimar Republic: Political Economy and Crisis,* Princeton (2. Aufl. New York 1987).

Adam, Uwe Dietrich (1972), *Judenpolitik im Dritten Reich,* Düsseldorf

Adorno, Theodor W. (1959), »Was bedeutet: Aufarbeitung der Vergangenheit?«, in: *Eingriffe. Neun kritiche Modelle,* Frankfurt 1966, S. 125-146.

Allen, William Sheridan (1964), *The Nazi Seizure of Power: The Experience of a Small German Town,* Chicago.

Arendt, Hannah (1958), *Elemente und Ursprünge totalitärer Herrschaft,* Frankfurt.

– (1964), *Eichmann in Jerusalem. Ein Bericht von der Banalität des Bösen,* München.

Aron, Raymond (1980), *Clausewitz, den Krieg denken,* Frankfurt/Berlin/Wien.

Aronson, Schlomo (1984), »Die dreifache Falle: Hitlers Judenpolitik, die Alliierten und die Juden«, *Vierteljahreshefte für Zeitgeschichte,* 32, 1984: 28-65.

Augstein, Rudolf (1986), »Die neue Auschwitz-Lüge«, *Der Spiegel,* 6. Okt. 1986; Wiederabdr. in: *Historikerstreit* 1987: 196-203.

Baring (1987), »›Im Märchenwald des deutschen Gemüts‹. Spiegel-Interview mit dem Historiker Arnulf Baring über die geplanten Museen für Geschichte«, *Der Spiegel,* 1. Mai 1987: 24 f.

Bartov, Omer (1985), *The Eastern Front, 1941-1945: German Troops and the Barbarisation of Warfare,* London.

Beauvoir, Simone de (1955), *Die Mandarins von Paris,* Reinbek.

Becker, Elizabeth (1987), *When the War Was Over,* New York.

Bender, Peter (1987), »Mitteleuropa – Mode, Modell oder Motiv?«, *Die neue Gesellschaft/Frankfurter Hefte,* 34, 1987: 297-304.

Bendersky, Joseph W. (1983), Carl Schmitt, *Theorist for the Reich,* Princeton.

Benhabib, Seyla (1986), *Critique, Norm, and Utopia: A Study of the Foundations of Critical Theory,* New York.

Benjamin, Walter (1925), »Ursprung des deutschen Trauerspiels«, in: *Gesammelte Schriften,* Werkausgabe, Frankfurt 1980, Bd. I.1, S. 201-430.
– (1940), »Über den Begriff der Geschichte«, in: *Gesammelte Schriften,* Werkausgabe, Frankfurt 1974-1981, Bd. I.2, S. 691-704.
Benz, Wolfgang (Hg.) (1991), *Dimension des Völkermords. Die Zahl der jüdischen Opfer des Nationalsozialismus,* München.
Berding, Helmut (1973), *Napoleonische Herrschafts- und Gesellschaftspolitik im Königreich Westfalen 1807-1813,* Göttingen.
Berghahn, Volker (1987), »Geschichtswissenschaft und große Politik«, *Aus Politik und Zeitgeschichte,* B 11/87 (14. März 1987), S. 25-37.
Bernstein, Richard J. (Hg.) (1985), *Habermas and Modernity,* Cambridge.
Bettelheim, Bruno (1964), *Aufstand gegen die Masse. Die Chance des Individuums in der modernen Gesellschaft,* München.
Binion, Rudolf (1978), *»... daß ihr mich gefunden habt«. Hitler und die Deutschen. Eine Psychohistorie,* Stuttgart.
Blackbourn, David/Geoff Eley (1980), *Mythen deutscher Geschichtsschreibung. Die gescheiterte bürgerliche Revolution von 1848,* Frankfurt.
– (1984), *The Peculiarities of German History: Bourgeois Society and Politics in Nineteenth-Century Germany,* Oxford.
Bloch, Marc (1963), »Pour une histoire comparée des sociétés européennes«, *Mélanges historiques,* Paris 1963: 16-40.
Bombach, G./K.-B. Netzband/H.J. Ramswer/M. Timmermann (Hg.) (1983), *Der Keynesianismus IV. Die beschäftigungspolitische Diskussion in der Wachstumsphase der Bundesrepublik Deutschland,* Berlin/New York.
Boockmann, Hartmut (1986), »Die Konzeption für ein ›Deutsches Historisches Museum‹«, *Geschichte in Wissenchaft und Unterricht,* 37, 1986: 294-310.
– (1986b), »Weder Lehrbuch noch Posterschau: Möglichkeiten und Grenzen eines Deutschen Historischen Museums«, *FAZ,* 27. Nov. 1986.
Boog, Horst et al. (1983), *Das Deutsche Reich und der Zweite Weltkrieg,* Bd. 4, *Der Angriff auf die Sowjetunion,* Stuttgart/Freiburg.
Borchardt, Knut (1982), *Wachstum, Krisen, Handlungsspielräume der Wirtschaftspolitik,* Göttingen.
Borowski, Tadeusz (1976), *This Way for the Gas, Ladies and Gentlemen,* Harmondsworth.
Botz, Gerhard (1987), »Österreich und die NS-Vergangenheit«, in: Diner (1987b: 140-152).
Boyajian, Dickran H. (1972), *Armenia: The Case for a Forgotten Genocide,* Westwood.
Böhme, Helmut (1966), *Deutschlands Weg zur Großmacht,* Köln/Berlin.
Bracher, Karl Dietrich (1955), *Die Auflösung der Weimarer Republik,* Villingen.
– (1969), *Die deutsche Diktatur,* Köln.

– (1986a), »Das Modewort Identität und die deutsche Frage«, *FAZ*, 9. Aug. 1986, Beilage »Bilder und Zeiten«.
– (1986b), Leserbrief an die *FAZ*, 6. Sept. 1986.
– (1987), »Zeitgeschichtliche Erfahrungen als aktuelles Problem«, *Aus Politik und Zeitgeschichte*, 14. März 1987: 3-14.
Bracher, Karl Dietrich, Gerhard Schulze und Wolfgang Sauer (1960), *Die nationalsozialistische Machtergreifung*, 3 Bde., Frankfurt 1974.
Broszat, Martin (1965), »Die Konzentrationslager 1933-1945«, in: Broszat et.al. 1965
– (1969), *Der Staat Hitlers*, München.
– (1977), »Hitler und die Genesis der Endlösung«, *Vierteljahreshefte für Zeitgeschichte*, 25, 1977: 739-775.
– (1985), »Plädoyer für eine Historisierung des Nationalsozialismus«, *Merkur*, 39, 1985: 373-385.
– (1986a), »Die Ambivalenz der Forderung nach mehr Geschichtsbewußtsein«, in: Graml/Henke (1986).
– (1986), »Wo sich die Geister scheiden«, *Die Zeit*, 3. Okt. 1986; Wiederabdr. in: *Historikerstreit* 1987: 189-195.
Broszat, Martin/Buchheim/Hans-Adolf Jacobsen (1965), *Anatomie des SS-Staates*, Bd. II, Olten-Freiburg.
Broszat, Martin et al. (Hg.) (1983), *Deutschlands Weg in die Diktatur. Internationale Konferenz zur nationalsozialistischen Machtübernahme im Reichstagsgebäude zu Berlin*, Berlin.
Broszat, Martin/Elke Fröhlich (1987), *Alltag und Widerstand – Bayern im Nationalsozialismus*, München.
Browning, Christopher R. (1985a), *Fateful Months: Essays on the Emergence of the Final Solution*, New York.
– (1985b), »The Decision Concerning the Final Solution«, in: ders. (1985a: 8-38).
– (1985c), »Wehrmacht Reprisal Policy and the Murder of the Male Jews in Serbia«, in: ders. (1985a: 39-56).
– (1985d), »The Development and Production of the Nazi Gas Van«, in: ders. (1985a: 57-67).
Brumlik, Micha (1987), »Neuer Staatsmythos Ostfront«, *die tageszeitung*, 12. Juli 1987.
Bryce, James (1916), *The Treatment of Armenians in the Ottoman Empire, 1915-1916, Documents Presented to Viscount Grey of Fallodon by Viscount Bryce*, London.
Bull, Hedley (1977), *The Anarchical Society: The Study of Order in World Politics*, New York.

Camus, Albert (1957), *Der Fall*, Hamburg.

Castoriadis, Cornelius (1983), »The Destinies of Totalitarianism«, *Salmagundi*, 60 (1983).

Chalian, Gérard/Yves Ternon (1980), *Le génocide des arméniens: 1915-1917*, Brüssel.

Childers, Thomas (1983), *The Nazi Voter*, Chapel Hill.

Christophersen, Thies (1975), *Die Auschwitz-Lüge: Ein Erlebnisbericht*, Möhrkirch.

Conquest, Robert (1960), *The Soviet Deportation of Nationalities*, London.

– (1968), *The Great Terror: Stalin's Purge of the Thirties*, London und New York (dt.: *Am Anfang starb Genosse Kiron*, München 1970).

– (1986), *The Harvest of Sorrow: Soviet Collectivization and the Terror-Famine*, New York (dt.: *Ernte des Todes*, 1988).

Conze, Werner (1979), »Das Kaiserreich von 1871 als gegenwärtige Vergangenheit im Generationswandel der deutschen Geschichtsschreibung«, in: Pöls (1979: 383-405).

Corni, Gustavo (1984), »La storiografia nella Republica democratica tedesca tra dogmatismo e innovazione«, *Studi storici*, 2, 1984: 569-591.

Crozier, Michel/Stanley Hoffmann/Laurence Wylie (1963), *In Search of France*, Cambridge, Mass.

Czernin, Hubertus (1986), »Überaus bedenklich. Peter Jankowitsch fordert Historiker zum Kampf gegen einen britischen Kollegen«, *Profil*, 15. Dez. 1986.

Czichon, Eberhard (1967), *Wer verhalf Hitler zur Macht? Zum Anteil der deutschen Industrie an der Zerstörung der Weimarer Republik*, Köln.

Dahrendorf, Ralf (1965), *Gesellschaft und Demokratie in Deutschland*, München.

Dawidowicz, Lucy (1986), *The War against the Jews, 1933-1945*, New York.

Des Pres Terence (1976), *The Survivor*, Oxford.

Diner, Dan (1986), »Fragments of an Uncompleted Journey: On Jewish Socialization and Political Identity in West Germany«, in: Rabinbach/Zipe (1986).

– (1987a), »The Historians' Controversy – Limits to the Historization of National Socialism", *Tikkun*, 2, 1987.

– (Hg.) (1987b), *Ist der Nationalsozialismus Geschichte? Zu Historisierung und Historikerstreit*, Frankfurt.

– (1987c), »Zwischen Aporie und Apologie. Über Grenzen der Historisierbarkeit des Nationalsozialismus«, in: ders. (1987b).

Diwald, Helmut (1978), *Geschichte der Deutschen*, Berlin.

Dolot, Miron (1987), *Execution by Hunger: The Hidden Holocaust*, New york.

Dorpalen, Andreas (1985), *German History in Marxist Perspective: The East German Approach*, Detroit.

Eichberg, Henning (1978), *Nationale Identität,* München.
Eichholtz, Dietrich (1963), »Probleme einer Wirtschaftsgeschichte des Faschismus in Deutschland«, *Jahrbuch für Wirtschaftsgeschichte,* 3, 1963: 97-117.
Eichholtz, Dietrich/Kurt Gossweiler (1968), »Noch einmal: Politik und Wirtschaft 1933-1945«, *Das Argument,* Heft 47, 1968: 210-227.
– (Hg.) (1980), *Faschismusforschung: Positionen, Probleme, Polemik,* Berlin/Ost.
Eley, Geoff (1978), »Die ›Kehrites‹ und das Kaiserreich. Bemerkungen zu einer aktuellen Kontroverse«, *Geschichte und Gesellschaft,* 4, 1978: 90-107.
– (1980), *Reshaping the German Right: National Radicalism and Political Change after Bismarck,* New Haven.
Elster, John (1987), *Subversion der Rationalität,* Frankfurt/M.
Engelberg, Ernst (1985), *Bismarck. Urpreuße und Reichsgründer,* Berlin.
Engels, Friedrich (1849), »Revolution und Konterrevolution in Deutschland«, in: Marx/Engels Werke, Bd. 8: 3-108.
Erikson, Erik H. (1965), *Kindheit und Gesellschaft,* Stuttgart.
– (1968), »Identity, Psychosocial«, in *International Encyclopedia of the Social Sciences,* Bd. 7, 1968: 61-65.
Evans, Richard (1978), *Society and Politics in Wilhelmine Germany,* London.
– (1985), »The Myth of Germany's Missing Revolution«, *New Left Review,* 149, Jan./Feb. 1985: 67-94.

Falter, Jürgen W./Thomas Lindenberger/Siegfried Schumann (1986), *Wahlen und Abstimmungen in der Weimarer Republik,* München.
Fateful Months: Essays on the Emergence of the Final Solution, New York 1985.
Feldman, Lily Gardner (1984), *The Special Relationship Between West Germany and Israel,* Boston.
Felice, Renzo de (1974), *Mussolini il Duce,* Bd. 1, *Gli anni di consenso 1929-1936,* Turin.
Fest, Joachim 61973), *Hitler. Eine Biographie,* Frankfurt.
– (1987), »Die geschuldete Erinnerung«, *FAZ,* 29. Aug. 1986; Wiederabdr. in Historikerstreit 1987: 100-112.
Fischer, Fritz (1961), *Griff nach der Weltmacht,* Düsseldorf.
– (1969), *Krieg der Illusionen. Die deutsche Politik von 1911 bis 1914,* Düsseldorf.
Fleming, Gerald (1982), *Hitler und die Endlösung. »Es ist des Führers Wunsch...«,* Wiesbaden/München.
Fragen an die deutsche Geschichte. Ideen, Kräfte, Entscheidungen von 1800 bis zur Gegenwart, Katalog zur gleichnamigen Ausstellung im Reichstagsgebäude Berlin, bearb. von Lothar Gall, Stuttgart 1974.
Frei, Alfred G. (1986), »Geschichtswerkstätten als Zukunftswerkstätten. Plädoyer für eine aufklärerische Geschichtsarbeit«, in: Paul/Schossig (1986: 258-280).

Frei, Alfred G./Walter Hochreiter (1986), »Der neue Museumsboom – Kultur für alle?«, *Neue Politische Literatur,* 31, 1986: 385-397.
Friedländer, Saul (1979), *Wenn die Erinnerung kommt,* Stuttgart.
– (1984), *Kitsch und Tod. Der Widerschein des Nationalsozialismus,* München.
– (1987b), »Überlegungen zur Historisierung des Nationalsozialismus«, in: Diner (1987b: 34-50).
Friedländer, Saul/Martin Broszat (1988), »Um die Historisierung des Nationalsozialismus«, Briefwechsel, *Vierteljahreshefte für Zeitgeschichte,* 36, 1988: 339-372.

Gadamer, Hans-Georg (1960), *Wahrheit und Methode,* Tübingen.
Gall, Lothar/Klaus Hildebrand/Ulrich Löber/Horst Möller (1984), *Überlegungen und Vorschläge zur Errichtung eines Hauses der Geschichte der Bundesrepublik Deutschland in Bonn,* Bonn.
Gatter, Frank Thomas (1987), »Kolonisation der Geschichte und warum wir daran teilnehmen sollen«, in: Geschichtswerkstatt Berlin (1987).
Gatzke, Hans (1950), *Germany's Drive to the West: A Study of Germany's Western War Aims in the First World War,* Baltimore.
Gay, Peter (1978), *Freud, Jews and Other Germans,* New York.
Geisler, Michael (1985), *»Heimat* and the German Left: The Anamnesis of a Trauma«, *New German Critique,* 36, 1985: 3-24.
Geiss, Immanual (1960), *Der polnische Grenzstreifen 1914-1918,* Lübeck.
– (1986), »Auschwitz, ›asiatische Tat‹«, *Der Spiegel,* 2o. Okt. 1986.
– (Hg.) (1976), *Julikrise und Kriegsausbruch 1914. Eine Dokumentensammlung,* Bonn-Bad Godesberg.
Gerschenkron, Alexander (1943), *Bread and Democracy in Germany,* Berkeley.
Geschichtswerkstatt Berlin (Hg.) (1987), *Die Nation als Ausstellungsstück,* Hamburg 1987.
Ginsburg, Jewgenija (1967), *Marschroute eines Lebens,* Reinbek.
Ginzburg, Carlo (1986), *Miti, emblemispie: morfologia e stria,* Turin.
Goldhagen, Daniel (1985), »The ›Cowardly‹ Executioner: On Disobedience in the SS«, *Patterns of Prejudice,* 19, Nr. 2, 1985: 19-32.
Gossweiler, Kurt (1971), *Großbanken, Industriemonopole, Staat: Ökonomie und Politik des staatsmonopolistischen Kapitalismus in Deutschland 1914-1932,* Berlin/Ost.
– (1987), »Nur eine Historikerdebatte?«, in Kühnl (1987: 292-316).
Graml, Hermann/Hans-Dieter Henke (Hg.) (1986), *Nach Hitler. Der schwierige Umgang mit unserer Geschichte. Beiträge von Martin Broszat,* München.
Grebing, Helga (1986), *Der »deutsche Sonderweg« in Europa 1800-1945. Eine Kritik,* Stuttgart.
Groh, Dieter (1973), *Negative Integration und revolutionärer Attentismus. Die deutsche Sozialdemokratie am Vorabend des Ersten Weltkrieges,* Berlin.
Grossman, Wassily (1987), *Life and Fate: A Novel,* New York.

Gruchmann, Lothar (1972), »Euthanasie und Justiz im Dritten Reich«, *Vierteljahreshefte für Zeitgeschichte,* 20, 1972: 235-279.

Habermas, Jürgen (1962), *Strukturwandel der Öffentlichkeit. Untersuchungen zu einer Kategorie der bürgerlichen Gesellschaft,* Neuwied.
- (1965), *Zur Logik der Sozialwissenschaften,* Frankfurt 1970.
- (1968), *Erkenntnis und Interesse,* Frankfurt 1968.
- (1976a), *Zur Rekonstruktion des historischen Materialismus,* Frankfurt 1976.
- (1976b), »Können komplexe Gesellschaften eine vernünftige Identität ausbilden?«, in Habermas (1976a).
- (1976c), »Geschiche und Evolution«, *Geschichte und Gesellschaft,* 2 (1976); Wiederabdr. in: Habermas (1976a).
- (Hg.) (1980), *Stichworte zur »geistigen Situation der Zeit«,* 2 Bde., Frankfurt.
- (1981), *Theorie des kommunikativen Handlens,* 2 Bde., Frankfurt.
- (1982), »Neukonservative Kulturkritik in den USA und der Bundesrepublik, *Merkur* 36, 1982: 1047-61.
- (1986a), »Eine Art Schadensabwicklung«, *Die Zeit,* 11. Juli 1986; Wiederabdr. in: Historikerstreit 1987: 62-76.
- (1986b), »Sovereignty and the Führerdemokratie«, *Times Literary Supplement,* 26. Sept. 1986: 1053 f.; dt. Fassung: »Der Schrecken der Autonomie. Carl Schmitt auf englisch«, Babylon (1986: 108-119); Wiederabdr. in Habermas (1987b): 101-114.
- (1986c), »Vom öffentlichen Gebrauch der Historie«, *Die Zeit,* 7. Nov. 1986; Wiederabdr. in: *Historikerstreit* 1987: 243-255.
- (1987a), »Geschichtsbewußtsein und posttraditionale Identität. Die Westorientierung der Bundesrepublik«, in: ders. (1987b: 159-179).
- (1987b), *Eine Art Schadensabwicklung. Kleine politische Schriften VI,* Frankfurt 1987.

Haffner, Sebastian (1978), *Anmerkungen zu Hitler,* München.

Hamilton, Richard F. (1982), *Who Voted for Hitler,* Princeton.

Hansen, Miriam (1985), »Dossier on Heimat«, *New German Critique,* 36, 1985: 13-24.

Hartman, Geoffrey H. (Hg.) (1986), *Bitburg in Moral and Political Perspective,* Bloomington.

Hartz, Louis (1955), *The Liberal Tradition in America,* New York.

Haslinger, Josef (1987), *Politik der Gefühle. Ein Essay über Österreich,* Darmstadt/Neuwied.

Haug, Wolfgang Fritz (1970), *Der hilflose Antifaschismus,* Frankfurt ³1970.

Heller, Mikhail/Aleksandr Nekrich (1986), *Utopia in Power: The History of the Soviet Union from 1917 to the Present,* New York.

Herwig, Holger (1982), »Andreas Hillgruber: Historian of ›Grossmachtpolitik‹ 1871-1945«, *Central European History,* 15, 1982: 186-198.

Heuß, Alfred (1959), *Verlust der Geschichte?*, Göttingen.

– (1984), *Versagen und Verhängnis. Vom Ruin deutscher Geschichte und ihres Verständnisses,* Berlin.

Hilberg, Raul (1990), *Die Vernichtung der europäischen Juden,* 3 Bde., aktualisierte Neuausgabe Frankfurt/M.

Hildebrand, Klaus (1976), »Geschichte oder ›Gesellschaftsgeschichte‹? Die Notwendigkeit einer politischen Geschichtsschreibung von den internationalen Beziehungen«, *Historische Zeitschrift,* 223, 1976: 328-357.

– (1981), »Monokratie oder Polykratie? Hitlers Herrschaft und das Dritte Reich«, in: Hirchfeld/Kettenacker (1981: 43-70).

– (1986a), »Das Zeitalter der Tyrannen. Geschichte und Politik: Die Verwalter der Aufklärung, das Risiko der Wissenschaft und die Geborgenheit der Weltanschauung. Eine Entgegnung auf Jürgen Habermas«, *FAZ,* 31. Juli 1986.

– (1986b), »Buchbesprechung« (H.W. Koch, 1985), *Historische Zeitschrift,* 242, 1986: 465 f.

– (1986c), »Wer dem Abgrund entrinnen will, muß ihn aufs genaueste ausloten«, *Die Welt,* 22. Nov. 1986; Wiederabdr. in: *Historikerstreit* 1987: 281-292.

Hillgruber, Andreas (1972), »Die Endlösung und das deutsche Ostimperium«, *Vierteljahreshefte für Zeitgeschichte,* 20, 1972: 133-153.

– (1973), »Politische Geschichte in moderner Sicht«, *Historische Zeitschrift,* 216, 1973: 529-552.

– (1985), *Hitlers Strategie: Politik und Kriegführung 1940-41,* München.

– (1986a), Zweierlei Untergang. *Die Zerschlagung des deutschen Reiches und das Ende des europäischen Judentums,* Berlin.

– (1986b), »Für die Forschung gibt es kein Frageverbot«, *Rheinischer Merkur,* 31. Okt. 1986; Wiederabdr. in: *Historikerstreit* 1987: 232-242.

– (1986c), »Jürgen Habermas, Karlheinz Janssen und die Aufklärung Anno 1986«, *Geschichte in Wissenschaft und Unterricht,* 37 (1986); Wiederabdr. in *Historikerstreit* 1987: 321-351.

Hintze, Otto (1964), *Soziologie und Geschichte* (Geıammelte Abhandlungen, Bd. 2), Göttingen.

Hirschfeld, Gerhard/Lothar Kettenacker (Hg.) (1981), *Der Führerstaat: Mythos und Realität,* Stuttgart.

»Historikerstreit« (1987). *Die Dokumentation der Kontroverse um die Einzigartigkeit der nationalsozialistischen Judenvernichtung,* München 1987.

Hoffmann, Hilmar (Hg.) (1987), *Gegen den Versuch, die Vergangenheit zu verbiegen,* Frankfurt.

Hoffmann, Peter (1969), *Widerstand, Staatsstreich, Attentat. Der Kampf der Opposition gegen Hitler,* München.

Holzhauer, Heinz (1981), »Die Scheidungsgründe in der nationalsozialistischen Familienrechtsgesetzgebung«, in *NS-Recht in historischer Perspektive* (1981: 58-60).

Hovannasian, Richard G. (1986), *The Armenian Genocide in Retrospect,*New Brunswick.

Hubatsch, Walther (1975), *Kaiserliche Marine,* München.

Hüttenberger, Peter (1976), »Nationalsozialistische Polykratie«, *Geschichte und Gesellschaft,* 2, 1976: 417-442.

Iggers, Georg C. (1971), *Deutsche Geschichtswissenschaft. Eine Kritik der traditionellen Geschichtsauffassung von Herder bis zur Gegenwart,* München.

– (1984), »The ›Methodenstreit‹ in International Perspective: The Reorientation of Historical Studies at the Turn from the Nineteenth to the Twentieth Century«, *Storia della storiografia,* 6, 1984: 21-32.

– (Hg.) (1985), *The Social History of Politics: Critical Perspectives in West German Historical Writing since 1945,* Leamington Spa.

– (1986), *The German Conception of History,* Middletown 1986.

– (Hg.) (1991), *Ein anderer historischer Blick. Beispiele ostdeutscher Sozialgeschichte,* Frankfurt/M. (darin die Einleitung).

Irving, David (1977), *Hitler's War,* New York.

Jaspers, Karl (1946), *Die Schuldfrage. Zur politischen Haftung Deutschlands,* Heidelberg.

Jäckel, Eberhard (1986), »Die elende Praxis der Untersteller«, *Die Zeit,* 12.9.1986; Wiederabdr. in: *Historikerstreit* 1987: 115-122.

Jeismann, Karl-Heinz (1986), »Identität statt ›Emanzipation‹?«, *Aus Politik und Zeitgeschichte,* B 20-21, 17. Mai 1986: 3-16.

Joffe, Joseph (1987), »The Battle of the Historians: A Report from Germany«, *Encounter,* 69, Juni 1987: 72-77.

Kammen, Michael (Hg.) (1980), *The Past before Us: Contemporary Historical Writing in the United States,* Ithaca.

Kehr, Eckart (1964), »Neuere deutsche Geschichtsschreibung«, in: ders. (1970: 254-268).

– (1970), *Der Primat der Innenpolitik. Gesammelte Aufsätze zur preußisch-deutschen Sozialgeschichte im 19. und 20. Jahrhundert,* Frankfurt.

Kennedy, Ellen (1987), »Carl Schmitt and the Frankfurt School«, *Telos,* 71, 1987: 37-66.

Kennedy, Paul (1982), *The Rise of the Anglo-German Antagonism, 1860-1914,* London.

Kershaw, Ian (1984), *Popular Opinion and Political Dissent in the Third Reich: Bavaria 1933-1945,* New York.

Kevles, Daniel J. (1985), *In the Name of Eugenics,* New York.

Kirchheimer, Otto (1930), »Weimar – und was dann? Analyse einer Verfassung«, in *Politik und Verfassung,* Frankfurt 1964: 9-56.

Klee, Ernst (1983), *»Euthanasie« im NS-Staat. Die »Vernichtung lebensunwerten Lebens«,* Frankfurt.

Klönne, Arno (1987a), »Die deutsche Geschichte geht weiter«, *Das Argument* 161, Jan./Feb. 1987.
– (1987b), »Historiker-Debatte und ›Kulturrevolution von rechts‹«, in Kühnl (1987: 317-330).
Knight, Robert (1986), »The Waldheim Context: Austria and Nazism«, *Times Literary Supplement,* 13. Okt. 1986: 1083 f.
Knopp, Werner (1986), »Deutsche Historisches Museum – eine Chance für Berlin«, *Der Tagesspiegel,* 23. Nov. 1986.
Koch, H.W. (Hg.) (1985), *Aspects of the Third Reich,* London.
Kocka, Jürgen (1969), *Unternehmensverwaltung und Angestelltenschaft am Beispiel Siemens. Zum Verhältnis von Kapitalismus und Bürokratie in der deutschen Industrialisierung,* Stuttgart.
– (1973), »Otto Hintze«, in: Wehler (1973c: 275-298).
– (1977), *Angestellte zwischen Faschismus und Demokratie,* Göttingen.
– (1984), »Historisch-anthropologische Fragestellungen – ein Defizit der historischen Sozialwissenschaft«, in Süßmuth (1984: 73-83).
– (1986a), »Ein Jahrhundertunternehmen zum 750. Geburtstag«, *Das Parlament,* 17. Mai 1986.
– (1986b), »Hitler sollte nicht durch Stalin und Pol Pot verdrängt werden«, *Frankfurter Rundschau,* 23. Sept. 1986; Wiederabdr. in: *Historikerstreit* 1987: 132-12.
– (1986c), »Kritik und Identität. Nationalsozialismus, Alltag und Geographie«, *Die Neue Gesellschaft/Frankfurter Hefte,* 33, 1986: 3-16.
– (1987), »German History before Hitler: The Debate about the German ›Sonderweg‹«; Vortrag auf der Tagung »Germany's Singularity? The ›Sonderweg‹ Debate« an der Hebräischen Universität Jerusalem, 30./31. März 1987.
Kogon, Eugen (1947), *Der SS-Staat,* Stockholm.
Kohl, Helmut (1985), »Bericht der Bundesregierung zur Lage der Nation«, 27. Feb. 1985, in *Verhandlungen des deutschen Bundestages,* 10. Wahlperiode, Bd. 131: 9017.
Koselleck, Reinhard (1967), *Preußen zwischen Reform und Revolution. Allgemeines Landrecht, Verwaltung und soziale Bewegung von 1791-1848,* Stuttgart.
Kosiek, Rolf (1987), *Historikerstreit und Geschichtsrevision,* Tübingen.
Krausnick, Helmut/Hans-Heinrich Wilhelm (1981), *Die Truppen des Weltanschauungskrieges. Die Einsatzgruppen der Sicherheitspolizei und des SD 1938-1942,* Stuttgart.
Krämer, Dieter (1987), »Die Diskussion der ›Römerberggespräche‹ 1986«, in Hoffmann (1987).
Kriedte, Peter/Hans Medick/Jürgen Schlumbohm (1977), *Industrialisierung vor der Industrialisierung: Gewerbliche Warenprodukten auf dem Land in der Formationsperiode des Kapitalismus,* Göttingen.

Krieger, Leonard (1957), *The German Idea of Freedom,* Boston.
– (1977), *Ranke: The Meaning of History,* Chicago.
Kühnl, Reinhard (1971), *Formen bürgerlicher Herrschaft. Liberalismus-Faschismus,* Reinbek.
– (1986), *Nation. Nationalismus. Nationale Frage. Was ist das und was soll das?* Köln.
– (Hg.) (1987), *Vergangenheit, die nicht vergeht: Die »Historiker-Debatte«. Dokumentation, Darstellung und Kritik,* Köln.
Kwiet, Konrad (1980), »Zur historischen Behandlung der Judenverfolgung im Dritten Reich«, *Militärgeschichtliche Mitteilungen,* 27, 1980: 140-192.
– (1987), »Judenverfolgung und Judenvernichtung im Dritten Reich. Ein historiographischer Überblick«, in: Diner (1987b: 237-264).

L'economia italiana tra le due guerre 1919-1939, Mailand 1984.
Lamers, Karl (Hg.) (1983), *Suche nach Deutschland. Deutsche Geschichte und die Deutschlandpolitik,* Bonn.
Langewiesche, Dieter (1981), »Buchbesprechung« (D. Blackbourn/G. Eley, *Mythos deutscher Geschichtsschreibung), Archiv für Sozialgeschichte,* 21, 1981: 527-531.
Levi, Primo (1986), »The Memory of Offense«, in Hartman (1986: 130-137).
Lévi-Strauss, Claude (1968), *Das wilde Denken,* Frankfurt.
Lipset, Seymour Martin (1963), *The United States in Historical and Comparative Perspective,* New York.
Lorne-Schütte, Luise (1984), *Karl Lamprecht. Kulturgeschichte, Wissenschaft und Politik,* Göttingen.
Löber, Ulrich (1984), »›Haus der Geschichte‹ in Bonn«, *Museumskunde,* 49, 1984: 189-196.
Lübbe, Herrmann (1983a), »Der Fortschritt und das Museum«, *Dilthey-Jahrbuch für Philosophie und Geschichte der Geisteswissenschaften,* 1, 1983: 39-56.
– (1983b), »Der Nationalsozialismus im politischen Bewußtsein der Gegenwart«, in: Broszat et al. (1983).
– (1987), *Politischer Moralismus. Der Triumph der Gesinnung über die Urteilskraft,* Berlin.
Luethy, Herbert (1955), *France against Herself,* New York.
Luhmann, Niklas (1983), *Zweckbegriff und Systemrationalität,* Frankfurt.
– (1976), »Evolution und Geschichte«, *Geschichte und Gesellschaft,* 2 (1976).
Lukas, Richard C. (1986), *Forgotten Holocaust: The Poles under German Occupation, 1939-1944,* Lexington.

Maier, Charles S. (1975), *Recasting Bourgeois Europe,* Princeton.
– (1980), »Marking Time: The Historiography of International Relations«, in: Kammen (1980: 355-387).
– (1985a), »Fascismo alla Fioriucci«, *Politica ed Economia,* 16, April 1985: 49-51.

– (1985b), »Die Nicht-Determiniertheit ökonomischer Modelle. Überlegungen zu Knut Borchardts These von der ›kranken Wirtschaft‹ der Weimarer Republik«, *Geschiche und Gesellschaft*, 11, 1985: 275-294.
– (1986), »Immoral Equivalence«, *New Republic*, 1. Dez. 1986: 36-41.
– (1987a), »The Economics of Fascism and National Socialism«, in: ders. (1987b).
– (1987b), *In Search of Stability: Explorations in Historical Political Economy*, Cambridge 1987.
Maier, Charles/Stanley Hoffman/Andrew Gould (Hg.) (1985), *The Rise of Nazi Regime*, Boulder, Colorado.
Mandelstam, Nadeschda (1971), *Das Jahrhundert der Wölfe*, Frankfurt.
– (1975), *Generation ohne Tränen*, Frankfurt.
Mann, Golo (1961), *Der Antisemitismus. Wurzeln, Wirkung und Überwindung*, München.
Mann, Thomas (1918), *Betrachtungen eines Unpolitischen*, Frankfurt 1956.
Markham, James M. (1987), »Election Eve Talk with Kohl: Sure of Victory and All Smiles«, *New York Times*, 21. Jan. 1987.
Markovits, Andrei S. (1986), »Was ist ›deutsch‹ an den Grünen? Vergangenheitsaufarbeitung als Voraussetzung politischer Zukunftsbewältigung«, in O. Kallscheuer (Hg.), *Die Grünen – Letzte Wahl*, Berlin 1986: 146-163.
Marrus, Michael R. (1987), *The Holocaust in History*, Toronto.
Mason, Tim (1981), »Intention and Explanation: A Current Controversy about the Interpretation of National Socialism«, in: Hirschfeld/Kettenacker (1981: 21-40).
– (1985), »Modernità e gigantismo nella didattica della Storia«, *Politica ed Economia*, 16, Jan. 1985: 61-66.
Materialien der Arbeitsgruppe Kunst und Kultur der SPD-Bundestagsfraktion, »Soll es dem Volk dienlich sein, muß das Volk in ihm vorkommen«, Bonn 1984.
Mayer, Arno J. (1969), »Internal Causes and Purposes of War in Europe, 1870-1956«, *Journal of Modern History*, 41, 1969: 291-303.
– (1981), *The Persistence of the Old Regime: Europe to the Great War*, New York.
McNeill, William H. (1986), »Mythistory, or Truth, Myth, History, and Historians«, *American Historical Review*, 91, Feb. 1986: 1-10.
Mederian, Jean (1965), *Le génocide du peuple arménien*, Beirut.
Medick, Hans (1984), »›Missionare im Ruderboot‹? Ethnologische Erkenntnisweisen als Herausforderung an die Sozialgeschichte«, *Geschichte und Gesellschaft*, 10, 1984: 295-319; Wiederabdr. in revidierter Fassung in Lüdtke, Alf (Hg.), *Alltagsgeschichte*, Frankfurt 1989: 48-84.
Meier, Christian (1980) *Die Entstehung des Politischen unter den Griechen*, Frankfurt.
– (1986), »Kein Schlußwort. Zum Streit über die NS-Vergangenheit«, *FAZ*, 20.11.1986; Wiederabdr. in *Historikerstreit* 1987: 264-274.

– (1987), *40 Jahre nach Auschwitz. Deutsche Geschichtserinnerung heute*, München.

Meinecke, Friedrich (1908), *Weltbürgertum und Ntionalstaat*, München/Berlin.

– (1924), *Die Idee der Staatsräson in der neueren Geschichte*, München/Berlin.

– (1946), *Die deutsche Katastrophe*, Heidelberg.

Merl, Stephan (1987), »›Ausrottung‹ der Bourgeoisie und der Kulaken in Sowjetrussland. Anmerkungen zu einem fragwürdigem Vergleich mit Hitlers Judenvernichtung«, *Geschichte und Gesellschaft* 13, 1987: 368-381.

– (1988), »Wie viele Opfer forderte die ›Liquidierung der Kulaken als Klasse‹? Anmerkungen zu einem Buch von Robert Conquest« *Geschichte und Gesellschaft* 14, 1988: 534-540.

Merleau-Ponty, Maurice (1966), *Humanismus und Terror*, Frankfurt.

Messerschmidt, Manfred/Fritz Wüllner (1988), *Die Wehrmachtsjustiz im Dienste des Nationalsozialismus – Zerstörung einer Legende*, Baden-Baden.

Miller, Judith (1986), »Erasing the Past: Europe's Amnesia about the Holocaust«, *New York Times Magazine*, 16. Nov. 1986.

Miller, Susanne (Hg.) (1985), *Geschichte in der demokratischen Gesellschaft. Eine Dokumentation*, Düsseldorf.

Mittenzwei, Ingrid (1982), *Friedrich II. von Preußen. Eine Biographie*, Köln.

Mohler, Armin (1950), *Die konservative Revolution in Deutschland 1918-1932*, Stuttgart.

Mohr, Brigitte (1986), »Zu viel gewollt. Die Anhörung zum Deutschen Historischen Museum«, *FAZ*, 11. Dez. 1986.

Momigliano, Arnaldo (1982), »New Paths of Classicism in the Nineteenth Century«, *History and Theory* (Beiheft), 21 (1982).

Mommsen, Hans (1983), »Die Realisierung des Utopischen: Die ›Endlösung der Judenfrage‹ im ›Dritten Reich‹«, *Geschichte und Gesellschaft*, 9, 1983: 381-420.

– (1985), »Stehen wir vor einer neuen Polarisierung des Geschichtsbildes in der Bundesrepublik?«, in: Miller (1985: 71-82).

– (1986), »Die Last der Vergangenheit wird weitgehend ausgeklammert«, *Frankfurter Rundschau*, 29. März 1986.

– (1986b), »Ein Museum für die Geschichte der Deutschen in Europa. Ein Rückfall in die Chronologie des Nationalstaats«, *Der Tagesspiegel*, 23. Nov. 1986.

– (1986c), »Suche nach der ›verlorenen Geschichte‹? Bemerkungen zum historischen Selbstverständnis der Bundesrepublik«, *Merkur*, 40, 1986: 864-874.

– (1986d), »Zum Projekt eines ›Deutschen Historischen Museums‹ in West-Berlin«, *Geschichtsdidaktik. Probleme, Projekte, Perspektiven*, 11, 1986: 310-328.

– (1987), »Die Bürde der Vergangenheit: Auseinandersetzung mit dem unbequemen historischen Erbe der Deutschen«, in Hoffmann (1987: 94-104).

Mommsen, Wolfgang J. (1959), *Max Weber und die deutsche Politik 1890-1920,* Tübingen.

– (1971), *Geschichtswissenschaft jenseits des Historismus,* Düsseldorf.

– (1981), »Gegenwärtige Tendenzen in der Geschichtsschreibung der Bundesrepublik«, *Geschichte und Gesellschaft,* 7, 1981: 149-188.

Moore, Barrington (1969), *Soziale Ursprünge von Diktatur und Demokratie,* Frankfurt.

Moses, J.A. (1975), *The Politics of Illusion: The Fischer Controversy in German Historiography,* London.

Nietzsche, Friedrich (1871), »Die Geburt der Tragödie«, Werke in 3 Bdn., hg. v. K. Schlechta, München 1966, Bd. 1: 7-134.

– (1874), »Vom Nutzen und Nachteil der Historie für das Leben«, ebd., Bd. 1: 209-285.

– (1888), »Der Fall Wagner«, ebd., Bd. 2: 901-938.

Nipperdey, Thomas (1975), »Wehlers ›Kaiserreich‹. Eine kritische Auseinandersetzung«, *Geschichte und Gesellschaft,* 1, 1975: 539-560.

– (1976a), »Historismus und Historismuskritik heute«, in: Nipperdey (1976c: 59-73).

– (1976b), »Verein als soziale Struktur in Deutschland im späten 18. und frühen 19. Jahrhundert«, in: Nipperdey (1976c: 174-205).

– (1976c), *Gesellschaft, Kultur, Theorie: Gesammelte Aufsätze zur neueren Geschichte,* Göttingen.

– (1986a), *Deutsche Geschichte 1800-1866,* München.

– (1986b), »Unter der Herrschaft des Verdachts. Wissenschaftliche Aussagen dürfen nicht an ihrer politischen Funktion gemessen werden«, *Die Zeit,* 17. Okt. 1986; Wiederabdr. in: *Historikerstreit* 1987: 215-219.

Nolte, Ernst (1963), *Der Faschismus in seiner Epoche,* München.

– (1976), *Deutschland und der kalte Krieg,* München.

– (1980), »Zwischen Geschichtslegende und Revisionismus? Das Dritte Reich im Blickwinkel des Jahres 1980«, in: *Historikerstreit* 1987: 13-35.

– (1983), *Marxismus und industrielle Revolution,* Stuttgart.

– (1986a), »Philosophische Geschichtsschreibung heute?«, *Historische Zeitschrift,* 242, 1986: 265-289.

– (1986b), »Die Sache auf den Kopf gestellt«, *Die Zeit,* 31. Okt. 1986; Wiederabdr. in: *Historikerstreit* 1987: 223-231.

– (1986c), »Vergangenheit, die nicht vergehen will«, *FAZ,* 6.6.1986; Wiederabdr. in *Historikerstreit* 1987: 39-47.

– (1987a), *Der europäische Bürgerkrieg. Nationalsozialismus und Bolschewismus,* Frankfurt.

– (1987b), »Die Ausschau nach dem Ganzen...«, *FAZ*, 18.7.1987.
– (1987c), *Das Vergehen der Vergangenheit. Antwort an meine Kritiker im sogenannten Historikerstreit*, Berlin.
Nozick, Robert (1981), *Philosophical Explanations*, Cambridge, Mass.
NS-Recht in historischer Perspektive, Kolloquien des Instituts für Zeitgeschichte, München 1981.

Ophir, Adi (1987), »On Sanctifying the Holocaust: An Anti-Theological Treatise«, *Tikkun*, 2, 1987: 61-66.
Ory, Pascal (1981), »Retro satanas«, *Le Débat*, 16, Nov. 1981; Wiederabdr. in: *L'entre-deux-mai: Histoire culturelle de la France, mai 1968-mai 1981*, Paris 1983.

Paul, Gerhard/Bernhard Schossig (Hg.) (1986), *Die andere Geschichte*, Köln.
Pätzold, Kurt (1980), »Von der Vertreibung zum Genozid. Zu den Ursachen, Triebkräften und Bedingungen der antijüdischen Politik des faschistischen deutschen Imperialismus«, in *Faschismusforschung* (1980: 181-208).
Peukert, Detlev (1987), »Alltag und Barbarei. Zur Normalität des Dritten Reiches«, in: Diner (1987b: 51-61).
Peukert, Detlev/Jürgen Reulecke (Hg.) (1981), *Die Reihen fest geschlossen. Beiträge zur Geschichte des Alltags unterm Nationalsozialismus*, Wuppertal.
Pietrow, Bianka (1988), »Deutschland im Juni 1941 – Opfer sowjetischer Aggression? Zur Kontroverse über die Präventivkriegsthese«, *Geschichte und Gesellschaft*, 14, 1988: 116-135.
Pöhlmann, Robert von (1912), *Geschichte der sozialen Frage und des Sozialismus in der antiken Welt*, 2 Bde., München.
Pöls, Werner (Hg.) (1979), *Staat und Gesellschaft im politischen Wandel*, Stuttgart.
Puhle, Hans-Jürgen (1978), »Die Legende der Kehrschen Schule«, *Geschichte und Gesellschaft*, 4, 1978: 108-119.

Rabinbach, Anson/Jack Zipes (Hg.) (1986), *Germans and Jews since the Holocaust: The Changing Situation in West Germany*, New York.
Recker, Marie Luise (1985), *Nationalsozialistische Sozialpolitik im Zweiten Weltkrieg*, München.
Redondi, Piero (1987), *Galileo Heretic*, Princeton.
Reulecke, Jürgen/Wolfhard Weber (Hg.) (1978), *Fabrik – Familie – Feierabend: Beiträge zur Sozialgeschichte des Alltags im Industriezeitalter*, Wuppertal.
Ringer, Fritz (1969), *The Decline of the German Mandarins: The German Academic Community, 1890-1933*, Cambridge, Mass.
Ritter, Gerhard A. (1959 ff.), *Staatskunst und Kriegshandwerk. Das Problem des Militarismus in Deutschland*, 4 Bde., München.
– (1976), *Arbeiterbewegung, Parteien und Parlamentarismus*, Göttingen.

Rosenberg, Hans (1943), »Political and Social Consequences of the Great Depression of 1873-96 in Central Europe«, *Economic History Review*, 13, 1943: 58-73.

– (1967), *Große Depression und Bismarckzeit*, Berlin.

Roskies, David G. (1984), *Against the Apocalypse: Response to Catastrophe in Modern Jewish Culture*, Cambridge.

Rousso, Henri (1987), *Le syndrome de Vichy 1944-81*, Paris.

Rössler, Hellmuth (1961), *Deutsche Geschichte. Schicksal des Volkes in Europas Mitte*, Gütersloh.

Rudolph, Herrmann (1986), »Vom Nutzen der deutschen Geschichte«, in *Anno 86*, München 1986.

Rusconi, Gian Enrico (1987), »L'intervista: Habermas in Germania«, *L'indice*, 1, 1987: 34 f.

Rüsen, Jörn (1981), »Geschichte als Aufklärung? Oder: Das Dilemma des historischen Denkens zwischen Herrschaft und Emanzipation«, *Geschichte und Gesellschaft*, 7, 1981: 189-218.

Saage, Richard (1976), *Faschismustheorien*, München.

Sabean, David (1984), *Power in the Blood: Popular Culture and Village Discourse in Early Modern Germany*, New York.

Sachverständigenkommission für die Konzeption des geplanten Deutschen Historischen Museums in Berlin (1986), *Konzeption für ein »Deutsches Historisches Museum« überreicht am 21. April 1986*, Bonn 1986.

Sack, Manfred (1986), »Das drohende Geschenk. (K)ein Platz für Helmut Kohls Geschichtsmuseum in Berlin«, *Die Zeit*, 15. Aug. 1986.

Sartre, Jean-Paul (1946), »Betrachtungen zur Judenfrage«, in *Drei Essays*, Frankfurt 1980: 108-190.

Saul, Klaus (1974), *Staat, Industrie, Arbeiterbewegung im Kaiserreich. Zur Innen- und Außenpolitik des Wilhelminischen Deutschlands 1903-1914*, Düsseldorf.

Schickel, Alfred (1983), »Die Vergangenheitsbewältigung entläßt ihre Kinder«, *Bayernkurier*, 7.5.1983.

Schieder, Theodor (1958), »Die Theorie der Partei im älteren deutschen Liberalismus«, in *Staat und Gesellschaft im Wandel unserer Zeit*, München 1970: 110-132.

Schleunes, Karl A. (1970), *The Twisted Road to Auschwitz. Nazi Policy toward German Jews*, Urbana.

Schmidt, Johann N. (1987), *»Those Unfortunate Years«: Nazism in the Public Debate of Post-War Germany*, Bloomington.

Schmitt, Carl (1932), *Der Begriff des Politischen*, München/Leipzig.

Schmuhl, H.W. (1987), *Rassenhygiene, Nationalsozialismus, Euthanasie*, Göttingen.

Schneider, Peter (1984), *Der Mauerspringer*, Neuwied/Darmstadt.

– (1987), »Hitler's Shadow: On Being a Self-Conscious German«, *Harper's Magazine*, Sept. 1987: 49-54.

Schulze, Hagen (1986), »Fragen, die wir stellen müssen. Keine historische Haftung ohne nationale Identität«, *Die Zeit*, 26. Sept. 1986; Wiederabdr. in: *Historikerstreit* 1987: 143-150.

– (1987), *Wir sind was wir geworden sind. Vom Nutzen der Geschichte für die deutsche Gegenwart*, München.

Seibt, Gustav (1986), »Monopole über Räume. Der 36. Deutsche Historikertag in Trier«, *FAZ*, 14. Okt. 1986.

Seiffert, Wolfgang (1986), *Das ganze Deutschland*, München.

Solschenizyn, Alexander (1974), *Der Archipel Gulag*, 2 Bde., Bern.

Spence, Jonathan (1984), *The Memory Palace of Matteo Ricci*, New York.

Stadlmayer, Tina (1986), »Verfassungspatriotismus gegen Nationalgeschichte. SPD-Hearing zum Geschichtsbewußtsein und zur Gründung des Deutschen Historischen Museums...«, *die tageszeitung*, 14. Juli 1986: 9.

Steinberg, Hans-Josef (1973), »Karl Lamprecht«, in: Wehler (1973: 58-68).

Steininger, Rolf (1986), *Eine vertane Chance. Die Stalin-Note vom 10. März 1952 und die Wiedervereinigung*, Berlin/Bonn.

Stern, Fritz (1961), *The Politics of Cultural Despair*, Berkeley.

– (1972), *The Failure of Illiberalism: Essays on the Political Culture of Modern Germany*, New York.

Stern, J.P. (1975), *Hitler: TheňFührer and the People*, Berkeley.

Stiefel, Dieter (1981), *Entnazifizierung in Österreich*, Wien/München/Zürich.

Streit, Christian (1978), *Keine Kameraden. Die Wehrmacht und die sowjetischen Kriegsgefangenen 1941-1945*, Stuttgart.

Stürmer, Michael (1967), *Koalition und Opposition in der Weimarer Republik 1924-1928*, Düsseldorf.

– (1974), *Regierung und Reichtstag im Bismarckstaat 1871-1880. Cäsarismus oder Parlamentarismus*, Düsseldorf.

– (1983a), »Deutsche Identität: Auf der Suche nach der verlorenen Nationalgeschichte«, *Neue Zürcher Zeitung*, 28./29. Mai 1983.

– (1983b), *Das ruhelose Reich. Deutschland 1866-1918*, Berlin.

– (1986a), »Geschichte in geschichtslosem Land«, *FAZ*, 25. April 1986; Wiederabdr. in: *Historikerstreit* 1987: 36-38.

– (1986b), »The Do's and Don't's of Deutschlandpolitik«, in: Weilemann (1986).

– (1986c), »Weder verdrängen noch bewältigen. Geschichte und Gegenwartsbewußtsein der Deutschen«, *Schweizer Monatshefte*, 66, 1986: 689-694.

– (1986d), »Mitten in Europa: Versuchung und Verdammung der Deutschen«, in *Dissonanzen des Fortschritts: Essays über Geschichte und Politik in Deutschland*, München 1986.

– (1986e), »Was Geschichte wiegt«, *FAZ*, 26. Nov. 1986; Wiederabdr. in: *Historikerstreit* 1987: 293-295.
Süssmuth, Hans (Hg.) (1984), *Historische Anthropologie*, Göttingen.
Sydnor, Charles W., Jr. (1977), *Soldiers of Destruction*, Princeton.

Tenfelde, Klaus (1977), *Sozialgeschichte der Bergarbeiterschaft an der Ruhr im 19. Jahrhundert*, Bonn-Bad Godesberg.
– (1982), *Proletarische Provinz: Radikalisierung und Widerstand in Penzburg/ Oberbayern 1900-1945*, München.
– (1984), *Alltagsgeschichte der NS-Zeit: Neue Perspektive oder Idealisierung?*, München.
– (1985), »Workers' Opposition in Nazi Germany: Recent West German Research«, in: Maier et al. (1985: 107-114).
Théolleyre, Jean-Marc (1987), »Le verdict de la mémoire«, *Le Monde*, 4. Juli 1987.
Turner, Henry Ashby, Jr. (1965), *Die Großunternehmer und der Aufstieg Hitlers*, Berlin 1985.

Unterberger, Andreas (1986), »Die Vergangenheit als Seifenoper: Das Anhalten der Vorwürfe aus dem Ausland verunsichert die Alpenrepublik«, *Die Presse*, 29. Dez. 1986.

Veblen, Thorstein (1915), *Imperial Germany and the Industrial Revolution*, New York.

Wagner, Walter (1974), *Der Volksgerichtshof im nationalsozialistischen Staat (Die deutsche Justiz und der Nationalsozialismus*, Bd. 3), Stuttgart.
Waite, Robert G.L. (1977), *The Psychopathic God: Adolf Hitler*, New York.
Walker, Mack (1971), *German Home Towns*, Ithaca.
Weber, Max (1895), »Der Nationalstaat und die Volkswirtschaftspolitik. Akademische Antrittsrede«, in *Gesammelte politische Schriften*, Hg. J. Winckelmann, Tübingen 1958: 1-25.
– (1917), »Parlament und Regierung im neugeordneten Deutschland«, ebd.: 294-431.
Wehler, Hans-Ulrich (1969), *Bismarcks Imperialismus*, Köln/Berlin.
– (Hg.) *Deutsche Historiker*, Göttingen 1973.
– (1973a), *Das deutsche Kaiserreich 1871-1918*, Göttingen.
– (1973b), *Geschichte als Sozialwissenschaft*, Frankfurt.
– (1977), »Kritik und kritische Antikritik«, *Historische Zeitschrift*, 225, 1977: 347-384.
– (1980), *Historische Sozialwissenschaft und Geschichtsschreibung*, Göttingen.
– (1985a), »Geschichte – von unten gesehen. Wie bei der Suche nach dem Authentischen Engagement mit Methodik verwechselt wird«, *Die Zeit*, 10. Mai 1985.

– (1985b), »Königsweg zu neuen Ufern oder Irrgarten der Illusionen? Die westdeutsche Alltagsgeschichte: Geschichte ›von Innen‹ und ›von Unten‹«, Vortrag vor der Fernuniversität Hagen 1985.
– (1987), *Deutsche Gesellschaftsgeschichte*, Bd. 1: *Vom Feudalismus des Alten Reiches bis zur defensiven Modernisierung der Reformära 1700-1815*, München.
– (1988), *Entsorgung der deutschen Vergangenheit? Ein polemischer Essay zum »Historikerstreit«*, München.
Weilemann, Peter R. (1986), *Aspects of the German Question*, Sankt Augustin.
Weizsäcker, Richard von (1985), »Rede am 8. Mai 1985 vor dem Deutschen Bundestag«, in *Verhandlungen des Deutschen Bundestages*, Bonn 1986.
Wiener, Martin J. (1981), *English Culture and the Decline of the Industrial Spirit 1850-1980*, New York.
Willms, Bernard (1982), *Die deutsche Nation*, Köln.
– (Hg.) (1986), *Idealismus und Nation. Zur Rekonstruktion des politischen Selbstbewußtseins der Deutschen*, Paderborn.
Winkler, Heinrich August (1972), *Mittelstand, Demokratie und Nationalsozialismus*, Köln.
– (Hg.) (1974), *Organisierter Kapitalismus. Voraussetzungen und Anfänge*, Göttingen.
– (1984), *Arbeiter und Arbeiterbewegung in der Weimarer Republik*, 3 Bde., Berlin/Bonn 1984-1987.
Wirsing, Sibylle (1986), »Die unerlöste Nation. Deutsche Geschichte im Museum. Nachtrag zu einer Berliner Tagung im Reichstagsgebäude«, *FAZ*, 14. Okt. 1986.
Witt, Peter-Christian (1970), *Die Finanzpolitik des Deutschen Reiches von 1903-1914*, Lübeck.
Wolf, Christa (1976), *Kindheitsmuster*, Berlin/Weimar.
Wollheim, Richard (1984), *The Thread of Life*, Cambridge, Mass.
Wormser-Migot, Olga (1968), *Le système concentrationnaire nazi (1933-1945)*, Paris.

Zayas, Alfred-Maurice de (1986), *Anmerkungen zur Vertreibung der Deutschen aus dem Osten*, Stuttgart.

Personenregister